LIEFDE IN DE WILDERNIS

Miriam Lancewood

Liefde in de wildernis

Een tocht op de rand van leven en dood

Vertaling: Ernst de Boer en Ankie Klootwijk

KOSM•S

Kosmos Uitgevers, Utrecht/Antwerpen

KOSM•S

www.kosmosuitgevers.nl
www.facebook.com/kosmosuitgeverspgs/

Oorspronkelijke titel: *Wild at Heart – The Dangers and Delights of a Nomadic Life*
Oorspronkelijke uitgever: Allen & Unwin, Auckland, Nieuw-Zeeland

Omslagontwerp: Studio Marlies Visser
Foto voorkant omslag: Murdo MacLeod
Vormgeving binnenwerk: Zeno
ISBN 978 90 215 7838 5
ISBN e-book 978 90 215 7839 2
NUR 320

Kosmos Uitgevers vindt het belangrijk om op milieuvriendelijke en verantwoorde wijze met natuurlijke bronnen om te gaan. Bij de productie van het papieren boek van deze titel is daarom gebruikgemaakt van papier waarvan het zeker is dat de productie niet tot bosvernietiging heeft geleid.

Inhoud

Voorwoord 9

1 Frankrijk 13
Het voorjaar tegemoet

2 Zwitserland 43
Het land van de precisie

3 Duitsland 65
In de voetsporen van de koning

4 Bulgarije 93
Onverwachte ontmoetingen

5 Turkije 131
De Lycische Weg in de winter

6 Bulgarije 161
De terugkeer

7 Australië 187
Onverwachte waanzin

8 Australië 205
'Het leven is een reis door de woestijn'

9 Australië 221
H van Hospital

10 Nieuw-Zeeland 241
Een heroïsche vrouwenexpeditie

11 Nieuw-Zeeland 279
Op het randje

Epiloog 299

Dankbetuiging 302

Dit boek is opgedragen aan mijn man Peter Raine,
die velen inspireert met de onbevreesde beslissingen
die hij neemt in het leven.

En aan mijn nichtje Bonnie en neefje Rafael.
Dat ze op een dag allebei
de vrijheid tegemoet durven vliegen.

Gedicht van mijn vader:

In de voren van de aarde
wachten zaden tot de zon
hen doet opstaan uit de grond
als je luistert zingt het koren
hoe van sterven leven komt.

Voorwoord

Ik ben geboren in 1983 en groeide op in een liefdevol gezin in Nederland. Na mijn studie heb ik een jaar in Afrika gewerkt, waarna ik naar India ben gereisd waar ik Peter ontmoette, een Nieuw-Zeelander die vijf jaar daarvoor zijn baan als universitair docent had opgegeven om een vrij, nomadisch leven te leiden. Samen hebben we een paar jaar rondgetrokken in de Himalaya, Zuidoost-Azië en Papoea-Nieuw-Guinea, voor we naar Nieuw-Zeeland gingen.

Na daar een jaar als gymlerares te hebben gewerkt hebben we al onze bezittingen weggegeven, afscheid genomen van familie en vrienden en zijn we de wildernis van het Nieuw-Zeelandse Zuidereiland ingetrokken. We waren benieuwd hoe we fysiek en mentaal zouden reageren op het leven in een uitgestrekt en ongerept landschap. Een jaar werd twee jaar, en uiteindelijk leefden we zeven jaar lang als nomaden in de bergen.

Met een minimale voedselvoorraad leefden we voornamelijk van de jacht en het verzamelen van planten en bessen. Ik leerde jagen met pijl en boog, en later met een geweer, en Peter bereidde smakelijke maaltijden van de geiten, varkens en konijnen die ik schoot. We vergaarden kennis over medicinale planten, Peter leerde me hoe ik een moestuin kon houden, we vingen possums in vallen en van hun vacht maakte ik kleren. We kookten op een houtvuur, hadden altijd wel een snelstromende rivier in de buurt, en op zonnige dagen trokken we de bergen in. Soms zagen we wekenlang geen andere mensen, maar we voelden ons nooit eenzaam in de schoonheid en rust van de Zuidelijke Alpen. We vonden er innerlijke rust, zuiverheid en geluk.

Na zeven jaar in de wildernis besloten we aan een nieuw avontuur te beginnen en Nieuw-Zeeland te verlaten om door Europa te wandelen...

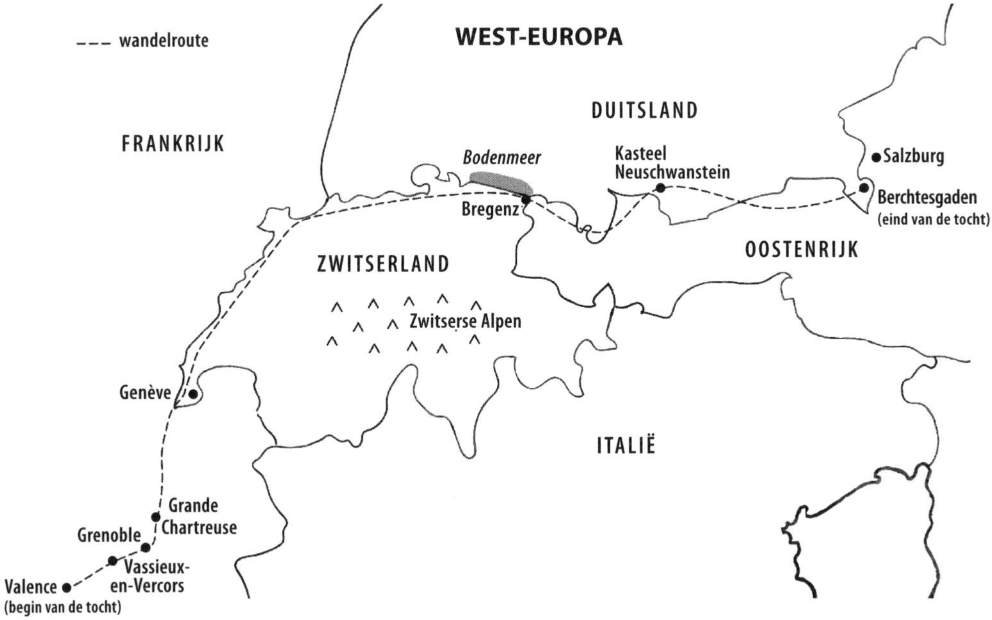
--- wandelroute
WEST-EUROPA
DUITSLAND
FRANKRIJK
Bodenmeer
Kasteel
Neuschwanstein
Salzburg
Bregenz
Berchtesgaden
(eind van de tocht)
ZWITSERLAND
OOSTENRIJK
Zwitserse Alpen
Genève
ITALIË
Grande
Chartreuse
Grenoble
Vassieux-
en-Vercors
Valence
(begin van de tocht)

1

Frankrijk

Het voorjaar tegemoet

We zeiden de besneeuwde bergen en bosrijke valleien, heldere rivieren, ongerepte meren, gletsjers en grillige kusten vaarwel. We keken naar de langzaam dovende kooltjes van ons vuur en voor de laatste keer dronken we het pure water van een heldere rivier. We floten een afscheidsmelodie voor de tūī en de klokvogel, rolden onze tent op, hesen onze rugzak op de schouders en liepen naar het vliegveld. We wilden een nieuw gebied leren kennen: Europa.

'Het is een groot continent, er gaat vast van alles gebeuren,' had Peter gezegd. 'Als ik nu niet ga, komt het er niet meer van.'

We vlogen vierentwintig uur lang boven wolken, oceanen, woestijnen en uitgestrekte wildernissen. In Parijs werden we het vliegtuig uit geloodst en door eindeloze gangen en hallen naar de douane geleid. Het was lang geleden dat ik zoveel mensen bij elkaar had gezien, en ik vergaapte me aan al die verschillende gezichten en luisterde naar de vele talen om mij heen. Op knipperende schermen lazen we waar we heen moesten en wat we konden verwachten. Overal hingen klokken, zodat we konden zien hoeveel tijd er nog van de dag over was, en in de verte riepen mechanische stemmen boardingtijden om. Maar het overheersende geluid was het constante geratel van rolkoffers over de betegelde vloer.

We liepen door lange hallen naar de metro. Daar gingen we op zoek naar een loket met een mens van vlees en bloed om kaartjes te kopen, maar zagen alleen mensen in de rij staan voor een machine. We stonden een poosje naar de gele automaat te kijken. Omdat we niets fout wilden doen, besloten we hulp te vragen.

Een meisje met een vriendelijk gezicht liep onze kant uit, maar schudde haar hoofd toen ik op haar af liep, en verdween in een tunnel. Toen kwam er een jongetje op blote voeten om geld bedelen. Met zijn donkere huid en zijn halflange, ongekamde haar zag hij eruit als een Roma, en zijn korte broek was veel te groot voor zijn dunne beentjes.

'Ticket?' vroeg ik met opgetrokken wenkbrauwen.

'*Billet?*'

Zonder ook maar te kijken drukte hij razendsnel een paar toetsen in. Hij liet ons zien hoeveel de kaartjes zouden kosten, en daar rolden ze al uit de automaat.

'*Merci beaucoup, monsieur!*' Ik schudde zijn plakkerige hand en gaf hem een euro voor zijn moeite. Het muntstuk verdween in zijn zak, hij groette ons en daar ging hij: de kleine chef van het metrostation.

Met ons kaartje gingen we door de tourniquets, en meteen raakten we in een menigte verzeild die zich snel, vastberaden en geconcentreerd voortbewoog.

We lieten ons meevoeren door de stroom, maar instinctief bleef ik met mijn rug naar de muur lopen, zodat ik alles om me heen kon zien. Jarenlang had ik in de bossen gejaagd, waar ik me in de schaduwen verborg, vaak met mijn rug tegen een boom of een rots, wachtend op een beweging. Diezelfde instincten namen het hier in het hart van Parijs weer over.

We moesten veel tunnels door, waar een bedompte, viezige lucht hing. Het was een vreemde gewaarwording om onder de grond te zitten, onzichtbaar, en verstoken van frisse lucht. In de metro hielden we onze rugzak om en stonden heen en weer deinend in het middenstuk waar we ons vasthielden aan de vettige stangen, zoals miljoenen voor ons hadden gedaan. Iedereen zweeg.

Aangekomen bij onze halte liepen we snel de trap op, naar het natuurlijke licht van het perron, blij dat we weer onder de levenden waren.

Na even te hebben gewacht op het prachtige oude station stapten we in een trein naar het zuiden.

We waren in de herfst uit Nieuw-Zeeland vertrokken, maar in Frankrijk was het volop voorjaar. Vanuit de trein zagen we overal bloesem, bloemen en bomen die net in blad stonden. Een zacht glooiend landschap trok aan ons voorbij, velden met heggen, stroken heldergroen bos en in de verte vaak de toren van een dorpskerkje.

Een paar jaar geleden hadden mijn ouders in Nederland hun hele hebben en houden verkocht en waren naar Frankrijk geëmigreerd. In het noorden van de Ardèche hadden ze een watermolen uit de zestiende eeuw gekocht, en door hun achtertuin liep een prachtige beek tussen de rotsen en keien door. Het was een land van heuvels en bossen, kastanjes en bosbessen. En vanaf de heuveltoppen kon je de Franse Alpen zien liggen.

Het was heerlijk om mijn ouders na drie jaar weer terug te zien. We logeerden bij hen in hun ruime huis, waar Peter en ik plannen maakten voor onze voorgenomen trektocht. We wisten al dat wandelen de beste manier is om een land te leren kennen, en we waren vertrouwd met een leven van lange voettochten. We waren allebei redelijk fit, hadden onze hele uitrusting meegenomen en waren klaar voor een nieuw avontuur. In de loop der jaren hadden we onze bezittingen tot het minimum beperkt. Van alles wat niet absoluut nodig was, zoals een camera, telefoon of horloge, hadden we al lang geleden afscheid genomen. Het afgelopen jaar hadden we drieduizend kilometer gelopen, van het noordelijkste puntje van Nieuw-Zeeland naar het uiterste zuiden. Een trektocht door Europa zou minder primitief worden, minder zwaar, maar leek ons wel romantischer. Die riep beelden op van rondtrekkende pelgrims, middeleeuwse zwervers en zigeuners met paard-en-wagen.

We bestudeerden lange-afstandspaden in zonnige landen, en ontdekten dat er tientallen paden door Europa liepen met namen als E1, E2, E3, enzovoort. De E4 liep van west naar oost en leek ons het meest geschikt. Eigenlijk was het een aaneenschakeling van bestaande, kortere wandelpaden. In Frankrijk zouden we de Grande Randonnée 9 volgen, in Zwitserland de Route des Crètes du Jura, en in Oostenrijk en Duitsland de Maximilliansweg. Wat we na Oostenrijk zouden doen, zagen we dan wel weer. Maar ons uiteindelijke doel was Istanbul. De vroegere naam Constantinopel klonk ons exotisch en opwindend in de oren. We stelden ons al voor dat mensen ons onderweg zouden vragen: 'Waar gaan jullie naartoe?' en dat we dan antwoordden: 'We lopen naar Istanbul!'

Ik ben er nooit achter gekomen hoeveel kilometer de hele route besloeg, maar we zouden alvast een begin maken, en daar ging het om.

Het begin van een reis is het belangrijkst, want daarna dient het avontuur zich vanzelf aan.

Het was al in de middag toen mijn ouders ons bij het begin van de route afzetten in een klein dorp bij Valence. We bedankten hen voor alles en namen afscheid met een omhelzing. We hadden een maand samen doorgebracht en wisten niet wanneer we elkaar weer zouden zien.

Mijn vader sloot me in zijn armen en zei dat hij heel blij was dat ik mijn eigen weg had gevonden – en dat het jammer was dat we weer afscheid moesten nemen. 'Maar ik ben vooral erg blij dat je bestaat,' zei hij. 'Dat je er bent.'

'Dag liefke,' zei mijn moeder. Ze hield me vast en keek me aan: 'Heb ik alles gezegd wat ik wilde zeggen?'

'Ja, dat denk ik wel,' zei ik.

'Je hebt ver gereisd, je hebt jezelf vrijgevochten, een eigen weg gebaand. Maar je hebt er ook veel voor moeten opgeven.'

'Ja,' zei ik. De tranen schoten me in de ogen. 'Jullie.'

'Het kan niet anders, liefke.' Ze veegde een traan van mijn wang. 'Vrijheid is je innerlijke vuur. Zonder dat vuur is er geen licht in je hart.'

Ze gaf me mijn wandelstokken aan en zei met een lach: 'Op goed geluk!'

'Op roakeldais!' zei mijn vader op zijn Gronings.

Peter lachte, de woorden begreep hij niet, maar de strekking wel.

'Bye bye,' zei Peter.

'Bye bye,' zei mijn vader en hij nam Peters hand in beide handen.

'Dag laiverds,' zei ik, door mijn tranen heen lachend.

Peter en ik deden onze zware rugzakken om en begonnen aan onze lange wandeling over een smal weggetje. Telkens als ik over mijn schouder keek, zag ik mijn moeder midden op de weg staan zwaaien. Op het laatst was ze nog maar een klein figuurtje, maar ik zag dat ze daar wilde blijven staan tot we de bocht om waren. Want het was de laatste keer dat we elkaar zouden zien in de komende jaren.

Toen we voor de laatste keer zwaaiden, dacht ik aan de levenslessen die mijn ouders me hadden meegegeven. Ze hadden me altijd aangemoedigd het avontuur tegemoet te gaan – om dapper te zijn. Maar ze hebben me ook geleerd dat het belangrijk is je kwetsbaar te kunnen opstellen. Want in kwetsbaarheid schuilt juist de kracht met anderen contact te kunnen maken.

Ik draaide me om en volgde Peter de bocht om. Naast de weg stonden een paar eiken, en ik was ze dankbaar voor hun schaduw. Het was een warme middag, we hadden amper vijftig meter gelopen, maar ik was al drijfnat van het zweet.

We bereikten het eind van de weg, vanwaar een pad steil omhoog liep.

Ik keek Peter aan en vroeg: 'Ben je er klaar voor?'

'Nee. En jij?'

'Ik ook niet. Ik ben nu al moe.'

'Naar Istanbul lopen lijkt een krankzinnig plan,' zei hij.

'Ja, mee eens.'

Hij draaide zich om naar het rotsige bergpad en begon aan de klim. Ik zag alleen zijn grote rugzak met twee benen eronder. Ik keek naar zijn gespierde kuiten, bedekt met wollig blond haar. In tegenstelling tot mij zet Peter zijn voeten altijd recht neer. Hij beweegt behoedzaam, weloverwogen en efficiënt. Hij zal nooit energie verspillen. De kracht van zijn schouders zet hij via zijn wandelstokken om in stuwkracht en zo klimt hij gestaag omhoog.

We hadden vier rechte jonge hazelnootboompjes afgesneden omdat hun lichte hout zich perfect leent om er wandelstokken van te maken. Met een zakmes had Peter de bast er afgeschild, op de onderste dertig centimeter na. Ze zagen er authentiek uit en we raakten er al snel aan gehecht. Ze waren het symbool van langeafstandslopers die in het bos leven.

Het stoffige pad was steil, de vegetatie droog en de aarde had een gelige kleur. Met elke stap door het dichte struikgewas lieten we de ene wereld achter ons en betraden we een nieuwe. We liepen de vrijheid en onafhankelijkheid tegemoet.

Het kostte ons de hele middag om de top te bereiken, waar we wilden kamperen.

'Kijk es om je heen. Geweldig toch?' Peter gooide zijn rugzak af, draaide zich om en nam me in zijn armen. Na de urenlange klim leek hij minder moe dan toen we op weg gingen. En ik had er ook nieuwe energie van gekregen. Hier was ons thuis; we waren weer terug in de wildernis.

We stonden boven op een duizelingwekkend hoge kalkstenen klif en keken uit over een adembenemend landschap. Onder ons zagen we het laagland met zijn velden en bossen, en heel in de verte de stad Valence. Links van ons torende een nog hogere rotswand boven ons uit, die enigszins rond liep en een immense muur vormde. Het leek wel of ik in een amfitheater stond.

Peter slenterde naar het uiterste puntje van de rotswand en ging daar op een rotsblok staan. Het zweet stond in mijn handen.

'Peter, kom alsjeblieft hier!' riep ik.

'Waarom?' vroeg hij verrast. 'Het is hier fantastisch. Je moet hier ook komen staan.'

Peter heeft de gewoonte om in alles tot het uiterste te gaan, om de grens op te zoeken van wat nog veilig is, om een vleugje gevaar te voelen. Om de grens van de orde op te zoeken en zo de chaos te ervaren, de grens van het eindige leven op te zoeken en zo een blik in het oneindige te kunnen werpen. Ik vroeg me af wat dat toch was in hem dat zich verzette tegen alle mogelijke grenzen en begrenzingen in het leven.

Toen hij naar een andere rots liep die er in mijn ogen wat veiliger uitzag, kroop ik naar hem toe en bleven we daar samen een poos zitten.

'Waarom zoek je toch altijd de grenzen op?' vroeg ik.

'Dat weet ik niet,' zei hij glimlachend. 'Ik denk dat leven zonder veiligheid betekent dat je soms in de hemel terechtkomt en soms in de hel. Maar dat vind ik nog altijd beter dan een kleurloos wereldsbestaan waarin ik me meer een robot voel dan een mens. Ik ben ontzettend blij dat ik het huis uit ben. Je familie is heel lief voor ons geweest, en hun huis ligt daar echt prachtig in de bossen. En een paar weken daar zijn oké, maar mijn god...' Hij gaf een klopje op de grond. 'Wat ben ik blij dat ik weer hier in de wildernis ben!'

Ik haalde diep adem en lachte zachtjes. Ik had het gevoel dat we twee kinderen waren die met hun knapzak op avontuur waren gegaan zonder precies te weten waar we naartoe gingen.

'Wat lach je?' vroeg hij. Hij legde zijn hand op mijn knie.

Ik legde mijn arm om zijn schouder. 'Ik ben nog nooit zo gelukkig geweest. Ik hou hier heel erg van. Van jou en je onbevreesdheid. Van het avontuur. Het in Frankrijk zijn. Hier op een rotsblok zitten...'

Sinds ik Peter elf jaar geleden heb ontmoet is het leven geen moment saai geweest. We hebben zonder gids of kookgerei in de Himalaya rondgetrokken en onder de sterren of in een grot geslapen omdat we geen tent hadden. We hebben een boottocht door Indonesië gemaakt, in Papoea-Nieuw-Guinea is Peter bijna gestorven aan de malaria, en we hebben zeven jaar door Nieuw-Zeeland gelopen, met alleen een geweer om wild te kunnen schieten. Afgezien van een jaar waarin ik een baan had, is het één groot avontuur geweest dat voortdurend van vorm veranderde, en al die tijd hebben we nooit de behoefte gevoeld een huis te zoeken. Ons leven speelde zich in de buitenlucht af, onbeschermd tegen de verblindende zon en de kou van maanverlichte nachten, blootgesteld aan duisternis en gevaar, kwetsbaar voor onweersbuien, ijs en sneeuw, overstromingen en stormen, en altijd in contact met de aarde. Slapen aan de voet van een boom met het geluid van de rivier, de wind en nachtdieren in je oren is de meest natuurlijke levenswijze.

Ik zette de tent op onder een paar bomen, een meter of vijf van de rand van de afgrond. Tussen ons en de afgrond stond een stekelige struik waardoor we ons nog enigszins veilig voelden. Ik vond het een geweldige overnachtingsplek omdat we van hier een prachtig uitzicht op de avondlucht hadden, die de meest schitterende kleuren aannam.

Peter maakte vuur met wat droge bladeren. De vlammen kropen knisperend omhoog tussen de twijgen en al snel brandde het goed genoeg om er wat dikkere takken op te leggen. Met drie van onze wandelstokken en een stuk touw maakte ik een driepoot. Aan het eind van het touw zat een lange metalen haak waar we onze kookpot aan hingen, roetzwart geworden door jarenlang op houtvuur koken. Peter schonk voorzichtig wat water in de pot, en ik deed er een kopje rijst, linzen, en wat duizendblad en weegbree bij dat rond de tent groeide.

'Na amper een maand in een huis wonen kan ik al niet meer op mijn hurken zitten,' zei Peter. 'Dat geloof je toch niet?'

Hij ging staan om zijn benen te strekken. 'Verbazend hoe snel je spieren en pezen stijf worden.'

We moesten wel hurken, want alles stond of lag op de grond.

Als we een lepel pakten, een stuk hout op het vuur gooiden of een eindje op moesten schuiven om de wervelende rook te ontwijken. We waren voortdurend in beweging.

'Hoelang denk je dat het duurt voordat je weer soepel bent?' vroeg ik.

'Een week misschien. Het zal ook wel wennen zijn om weer op zo'n dun matje te slapen! Ik zal wel een paar dagen last hebben van mijn rug.'

Toen het eten klaar was gingen we aan de rand van de afgrond zitten om de zon te zien ondergaan. De kalkstenen rotswand nam steeds een andere kleur aan, variërend van gebroken wit tot vuurrood en bijna oranje.

In een boom vlakbij begon een merel te zingen en na enkele seconden viel in de verte een andere hem bij. Donzige wolken dreven in de roze hemel langzaam naar het noorden. Het was een kalme, vredige avond. Duizenden jaren lang waren hier mensen langs getrokken. Hier hadden misschien gevechten plaatsgevonden en waren doden gevallen. Hier boven op deze rotswand waren mensen samengekomen om de volle maan, de dag-en-nachtevening en de zonnewende te vieren en hun goden te vereren. Hier waren goede en slechte dingen gebeurd, maar de plek zelf was daar onaangedaan onder gebleven en was telkens weer teruggekeerd naar zijn natuurlijke staat. Die van vredigheid.

De volgende ochtend en vele ochtenden daarna volgden we een smal pad door het bos. Omhoog door de bergen en omlaag langs glooiende velden. We liepen onder een dak van bloesem en pril groen voorjaarsblad, over open plekken met hoog opschietend gras en snoven de geur van eindeloze weiden vol veldbloemen op. We voelden ons vrij omdat we door een landschap zonder hekken liepen.

Deze streek in het zuidoosten van Frankrijk heet de Vercors en wordt gedomineerd door schitterende kalksteenformaties met steile rotswanden. Het is een indrukwekkend, maar zeer droog gebied. Al het regenwater verdween in spleten en grotten, en voor de zekerheid moesten we vaak ieder vijf zware liters water meenemen.

Na een week lopen wandelden we een lieflijk dorpje met kronkelende straatjes en boogbruggen binnen. Een oude man zat voor zijn huis een sigaret te roken. Door het open raam roken we de geur van gebraden vlees. Verderop zat een oude vrouw op een stoel naast haar deur. Voor ons uit liep een zwarte kat die af en toe omkeek.

De dorpswinkel was gesloten. Op een bordje stond dat hij om drie uur weer openging. We vroegen aan een voorbijganger hoe laat het was. Hij liet ons zijn horloge zien. Tien over twaalf! We gingen in de schaduw van een plataan op een bankje zitten. Peter verdiepte zich in de kaart, probeerde zich de plaatsnamen eigen te maken, en bestudeerde de hoogtelijnen en andere zaken die voor ons van belang waren: hoe steil het terrein was, of er bos was voor brandhout, goed stromende beken om in te wassen, en eventueel dorpen waar we water konden vragen.

'Het geeft niet dat we moeten wachten,' zei hij. 'Kijk jij maar even rond, ik blijf wel bij de rugzakken.'

Het lopen zonder rugzak was zo makkelijk dat ik het gevoel had of ik zweefde. Het dorp stamde uit de middeleeuwen, en de straten waren zo smal dat auto's elkaar amper konden passeren. De huizen stonden gezellig tegen elkaar aan. De deuren hadden een ronde bovenkant, en voor de meeste ramen zaten luiken, sommige waren kromgetrokken en verweerd, andere hemelsblauw of kersenrood geschilderd. Al deze huizen waren gebouwd met grote stenen uit de rivier, die stuk voor stuk tot rechte blokken waren gehouwen en met cement waren vastgezet. De inwoners hadden die stenen vanaf een rivier in de buurt naar het dorp gesjouwd en elke steen had een plek in het bouwwerk gekregen waar hij het best paste. Deze huizen waren voor de eeuwigheid gebouwd: langzaam en zorgvuldig, steen voor steen. De mensen die erin woonden wisten zich verzekerd van een veilige plek in hun familie en in de gemeenschap. Ze voldeden aan hun verplichtingen, gaven hun normen en waarden door aan de volgende generatie en bouwden zo in de loop der eeuwen een duurzame samenleving op.

De deur van de kerk stond open. Binnen was het verrassend koel, en er hing een lichtbedompte geur. Er kwam weinig licht binnen door de smalle hoge ramen, en mijn ogen pasten zich langzaam aan de duisternis aan. Het leek of ik in een dicht naaldbos stond waar slechts een paar zonnestralen doorheen drongen. Ik zong een liedje dat de lege ruimte vulde. De echo stierf weg toen ik weer naar buiten stapte, het zonlicht in.

Tegenover de kerk stond een voornaam uitziend gebouw. Op de gevel stond '*Liberté, égalité, fraternité*'. Een herinnering aan de Franse Revolutie – opdat we nooit vergeten tegen een onrechtvaardig systeem te protesteren.

Op een hoek van het plein was een café waar een paar mensen in de schaduw aan tafeltjes zaten. Ik liep ernaartoe en vroeg verlegen hoe duur de koffie was.

Ik rende de hele weg terug naar Peter.

'Peter, vlak bij de kerk is een cafeetje! Zullen we daar een kop koffie drinken?'

'Maar dat kunnen we ons niet veroorloven,' zei hij toen ik hijgend naast hem stond.

'Wél waar, ik heb het gevraagd en het kost maar één euro. We zijn nu in Frankrijk, de koffie kost hier maar een euro. Zelfs wijn kost er maar een euro. Wil je niet een glas wijn? Dan kunnen we op het terras zitten en een spelletje schaak spelen. We kunnen er de hele middag zitten als we willen!'

Hij grinnikte, en snel gaf ik hem zijn stokken aan en tilde zijn rugzak op voordat ik de mijne op mijn schouders hees.

'Zo kunnen we afsteken,' zei ik, wijzend met mijn wandelstok naar een smalle, omhooglopende straat. 'Je ziet plantenbakken aan piepkleine balkonnetjes hangen en wijnranken in de tuinen van de mensen. Ze besteden hier veel tijd aan het mooi maken van hun dorp!' Ik keek over mijn schouder om te zien of Peter wel luisterde. 'Puur voor de schoonheid. In Nieuw-Zeeland zijn de dorpen en steden niet echt gezellig. Alles heeft vooral een praktisch nut. Het moet vooral het gemak dienen. Maar hier! Hier is alles mooi gemaakt, en kijk, niet alles is even netjes opgeruimd – deze oude ruïne midden in het dorp ligt er waarschijnlijk al decennia lang zo bij. Wat een lief dorpje, vind je niet? Moet je die bomen zien die door het dak heen groeien!'

Ik leidde hem over een stenen bruggetje, door een nauwe steeg die gemaakt was voor mensen en paarden, een oude stenen trap op. Eindelijk kwamen we uit bij de kerk. We staken het plein over, en bij het café deden we onze rugzak af en gingen zitten.

'Fijn hè?'

Peter was voor het eerst in Frankrijk, en ik hoopte maar steeds dat hij het leuk zou vinden.

Hij glimlachte. 'Tja, het is wel heel anders dan die uitgestrekte valleien in Nieuw-Zeeland die door de gletsjerrivieren zijn uitgesleten.'

De ober kwam en we bestelden twee koffie. Toen hij met een zwierig gebaar de twee kopjes op tafel zette, ging ik automatisch wat meer rechtop zitten. Ik hield mijn ellebogen van tafel en sloeg onwennig mijn ene been over het andere.

'Waarom zit je er zo opgeprikt bij?' grinnikte Peter. 'Ik moet altijd om jou lachen.'

'We drinken koffie op een terras,' zei ik, en opeens leek de hele situatie een toneelstukje. Alsof we koninkje en koninginnetje speelden, en de ober de knecht was. We betalen voor dit rollenspel, dacht ik.

We pakten het schaakbord en dronken onze koffie op, genietend van de zon.

Om drie uur stonden we voor de winkel. Er kwam een man naar buiten die achteloos een bordje met *Ouvert* op de stoep zette.

'Laten we iets kopen wat we nog nooit eerder hebben gegeten,' zei Peter, en hij legde een geitenkaasje, zoete tomaten en een potje *crème de marrons*, kastanjepuree uit de Ardèche, in ons mandje.

'Weet je wat dit is?' vroeg hij, terwijl hij een zwarte worst omhooghield.

'*Boudin noir*,' las ik op het etiket. 'Geen idee, nooit van mijn leven gezien.'

Ik ben opgegroeid als vegetariër, en het vlees dat we in Nieuw-Zeeland aten was van wilde dieren die ik had opgespoord, beslopen, geschoten, gevild en van hun ingewanden had ontdaan, en daarna naar ons kamp had gesjouwd en daar in stukken had gesneden. Ik wist alles van vlees, maar met de namen en in plastic verpakte producten in de supermarkt was ik volledig onbekend.

'Bloedworst noemen we dat. Het is gemaakt van bloed, vet en gerst.' Hij deed het pakje in de boodschappenmand. 'En moet je die aardappels zien, wat een rare vorm hebben die! Alsof ze alle misvormde exemplaren bij elkaar hebben gestopt. Welk ras is dat? Kun je dat vragen?'

'*Des rattes*,' zei de kruidenier.

'Kleine ratten?'

'Ja, daar heb ik weleens van gehoord,' zei Peter. 'Ze hebben een nootachtige smaak.' Hij nam er een in zijn hand en poetste hem op of het een kostbaar kleinood was. 'Pas gerooid, denk ik. De aarde zit er nog aan. Die gaan we vanavond eten.'

Peter had iets met aardappelen. In zijn jonge jaren had hij ze op de Nieuw-Zeelandse heuvels gepoot, en hij wist het ene ras feilloos van het andere te onderscheiden. Terwijl ik hem zo bewonderend naar de aardappels zag kijken, vroeg ik me af hoeveel mensen van mijn generatie eenzelfde interesse voor zoiets eenvoudigs zouden hebben.

We liepen het dorp uit en wandelden daarna dagenlang door een nationaal park. Onderweg zagen we schaapskudden die over de open vlakten tussen de bossen dwaalden, gehoed door een herder die dag en nacht met ze samenleefde. We hadden ook borden gezien waarop werd gewaarschuwd voor herdershonden, de *patou*. Op een dag ploeterden we tegen een steile helling op, toen we een kudde schapen tegenkwamen die ons de weg versperde. Midden in de kudde zat een grote witte hond.

'Wacht u voor de hond! Langzaam lopen, niet rennen, niet laten zien dat je bang bent en niet met stokken zwaaien,' herhaalde ik de tekst die we op de waarschuwingsborden hadden gelezen. 'Deze honden vallen mensen aan wanneer ze te dicht bij de schapen komen.'

De hond had ons van veraf al in de gaten en kwam dreigend overeind. Hij liep om de kudde heen en volgde elke beweging die we maakten, en toen we op zijn territorium kwamen, begon hij woest te blaffen.

We werden een beetje zenuwachtig en zorgden ervoor dat we niet te dichtbij kwamen. Een eindje verderop zat de herder met twee kleine zwarte honden onder een eik. Hij droeg wandelschoenen, een korte broek en een hemd, en begroette ons vrolijk. Hij sprak goed Engels, en vertelde dat hij was opgegroeid in Parijs, maar dat hij de hectiek van de stad was ontvlucht.

'Is die witte hond echt gevaarlijk?' vroeg Peter. Zijn vader was schapenhouder geweest, en hij had nog nooit een echt gevaarlijke herdershond gezien.

'Nou ja, het is een patou,' zei de herder. 'Deze hond denkt dat hij een schaap is in plaats van een hond. Van kleins af aan is hij tussen de lammetjes opgegroeid. De eerste jaren van hun leven worden deze honden nooit door mensen geaaid, dus krijgen ze een band met de schapen. Hij heet Remi, maar hij luistert alleen naar de schapen.'

'En waar beschermt hij de schapen tegen?' vroeg Peter.

'Vooral tegen wolven. Natuurbeschermers willen weer wolven en beren introduceren. Er lopen nu zo'n vijfhonderd wolven rond.'

'In Nieuw-Zeeland zijn helemaal geen roofdieren,' zei Peter. 'Daar zouden die patous niet veel nut hebben.'

'Ook geen slangen?'

'Nee. Geen beren, krokodillen of slangen. Het is er volkomen veilig.'

‘Voel je je hier niet eenzaam, zo helemaal alleen?’ vroeg ik.

‘Nee hoor, ik heb mijn twee honden.’ Hij gaf een ervan een liefkozend klopje, en het beest ging meteen kwispelend op z’n rug liggen, opkijkend naar zijn baasje.

‘In de Himalaya,’ zei Peter tegen hem, ‘leven herders maandenlang in de bergen. Ze leiden hun kudden over vijfduizend meter hoge passen om sappiger gras te zoeken en de moesson te ontlopen. Het zijn buitengewoon geharde mensen en ze bewegen zich even makkelijk over dat moeilijk begaanbare terrein als berggeiten. Als Miriam en ik een gevaarlijke pas over moesten, wachtten we altijd tot we een herder met zijn kudde zagen aankomen, omdat die de weg wist.’

‘Misschien ga ik wel een zomer met ze mee,’ zei de herder. ‘Denk je dat dat zou kunnen?’

‘Ja, dat zou geweldig zijn. Maar misschien moet je dan eerst de taal leren,’ zei ik lachend.

‘Welke taal?’

‘Ze spreken voornamelijk Gaddi – een Hindi-dialect – maar ze hebben ook een speciale geitentaal. En de geiten herhalen de geluiden die de herders maken!’

‘Nou maak je een grapje, *non*?’

‘Nee, het is echt waar. Dat hebben we zelf gehoord.’

‘Ja, het is waar,’ zei Peter. ‘Geiten zijn behoorlijk slim, dus zij lopen altijd voorop en de schapen volgen. De herders hebben tussen de vijftien en twintig commando’s voor de geiten. Rare klanken als “ahê”, “ayê” en “wêge”, wat “linksaf”, “rechtsaf” en “omhoog” of “omlaag” betekent.’

‘Echt waar, we hebben ze geobserveerd,’ zei ik. ‘En de geiten luisterden!’

‘En gaven ze ook antwoord?’

‘Ja,’ zei ik lachend.

We zaten nog wat langer te praten, en toen de schemering inviel, lieten we de jonge herder alleen en gingen in het bos op zoek naar een plek om onze tent op te zetten. We sloegen ons kamp altijd op onder de grootste boom die we konden vinden.

We beschouwden de lange takken boven ons hoofd als een enorme hand die ons tegen de buitenwereld beschermde. We sliepen tussen de wortels, die ons koesterden als een moeder haar baby. 's Nachts hadden we bijna het gevoel dat we deel uitmaakten van het bewustzijn van de boom.

Dagenlang liepen we voort en volgden het pad verder naar het oosten. Bergop, bergaf. Onze rugzak was ons huis, en we kropen als slakken over het land. De fysieke belasting van langeafstandlopen is onbeschrijflijk. Alleen al een rugzak van vijfentwintig kilo op je rug te hijsen kostte zoveel moeite dat ik me wel twee keer bedacht voor ik hem afdeed. Bergop lopen was slopend en bergaf was gevaarlijk en inspannend. Het was een warm voorjaar, het zweet liep tappelings van ons lijf, ons shirt plakte tegen onze rug en we hadden altijd honger en dorst.

Maar na twee weken lopen werden we fitter. Tegen de tijd dat de eerste krekels begonnen te tsjirpen en het voorjaarsgroen was overgegaan in een donkerder zomerkleur, hadden we ons ritme hervonden. We vielen af en onze spieren werden weer sterker. De rugzak gaf ons een gevoel van onafhankelijkheid: we hadden alles bij ons wat we nodig hadden en konden onze tent opzetten waar we maar wilden. We sliepen goed, en 's ochtends voelde ik me verkwikt en uitgerust. Toen we eenmaal ons ritme weer te pakken hadden konden we ons geen fijnere manier van leven voorstellen.

Het mooiste moment brak aan toen we een hoge heuvel hadden beklommen en voor het eerst de besneeuwde Alpentoppen zagen, met de Mont Blanc die door de wolken stak. Het was een moment van pure vreugde. De toppen raakten de hemel; ze waren niet vervuild en onaangeroerd door de mens

We prezen ons gelukkig dat we door deze bossen en bergen konden trekken en overal konden slapen, want deze wereld leefde, hier groeide en bloeide alles, zich langzaam een weg omhoog naar de zon zoekend. Onder de heen en weer zwaaiende takken op een vuur koken, door bossen lopen waar elk dier zich moeiteloos in leven kon houden, gaf me het gevoel dat ik deel uitmaakte van een eeuwig ritme.

We kwamen aan in Vassieux-en-Vercors, een wonderlijk, spookachtig dorpje. We hoorden dat het ooit een basis van de maquis was geweest, de Franse verzetsbeweging tegen de Duitse bezetting in de Tweede Wereldoorlog, en dat het toen aan puin was geschoten. In het museum zagen we foto's van rijen inwoners die door de nazi's werden gefusilleerd wegens hun steun aan de partizanen.

'Stel je voor dat je toen in dit dorp woonde,' zei ik tegen Peter. 'Je weet waar de vrijheidsstrijders zich verborgen houden, en je bent er honderd procent van overtuigd dat de maquis Frankrijk op de lange termijn zal bevrijden. Maar dan komen de nazi's en stellen je voor de keus: je vertelt ons waar de partizanen zitten, of je krijgt de kogel. Wat zou jij dan doen?'

Het bleef even stil. 'Ik denk dat ik me zou laten doodschieten, maar het zou beter zijn als ik die keus niet hoefde te maken. Dankzij dit langeafstandlopen heb ik er vertrouwen in dat ik sterk genoeg zou zijn om alles achter me te laten. Ik denk dat ik zo weg zou kunnen lopen uit een grote stad. Ik zou mijn rugzak pakken en de oorlog, de wetteloze chaos en alles achter me laten...'

We lazen de informatie en bekeken de foto's op de borden.

'Wat zou jij meenemen als we op stel en sprong weg moesten?' vroeg Peter.

'Ik zou altijd een jachtgeweer meenemen,' zei ik. 'Ik zou er ergens een moeten opduikelen, en munitie, zoveel als ik kan dragen. En dan nog iets om vuur te maken, lucifers en een vuursteen. En natuurlijk rantsoenen als meel en zout, en een kookpot. Dan zou ik het bos in trekken. Daar kan ik jagen en mezelf beschermen, en als ik geen tent had, zou ik een schuilplaats bouwen.'

'Veel mensen zouden niet in hun eentje weg willen gaan,' zei Peter, 'maar als je met een groep gaat, ben je een makkelijk doelwit.'

'Ja, het zou handig zijn als je de skills hebt om dat in je eentje te doen. We zouden eigenlijk eens moeten proberen of we met jagen en vissen volledig in ons voedsel kunnen voorzien,' zei ik. 'Tot nu toe hadden we altijd voorraden bij ons, maar ik zou weleens willen weten of ik de afgelopen zeven jaar genoeg vaardigheden heb geleerd om te overleven met alleen een geweer en kogels.'

'Met alleen een geweer en een hengel? Dat is best lastig, maar dat moeten we dan in Nieuw-Zeeland proberen, want in Europa krijg jij geen vuurwapenvergunning.'

'Ja, dat zou ik weleens willen proberen,' zei ik, en daarmee was een nieuw plan geboren.

Onze route liep voor het grootste deel door het bos en zo nu en dan kwamen we door een dorp, maar op een dag moesten we dwars door Grenoble lopen. 's Ochtends liepen we een steile helling af, doorkruisten de hele stad, en laat in de avond vonden we een plekje in het bos om ons kamp op te slaan.

Peter maakte een vuurtje, net groot genoeg om wat aardappelen en maiskolven te koken. Onder het eten luisterden we zwijgend naar het avondconcert van de vogels. Het flikkerende licht van het vuur wierp schaduwen op de bomen terwijl de duisternis langzaam inviel. Onder ons in de vallei hoorden we treinen, flarden lawaai van de snelweg, sirenes en toeterende auto's. We hoorden de machines van de beschaving, en toch hadden we het gevoel midden in de wildernis te zitten. We zaten midden in het bos en overal zagen we sporen van dieren. Verrassend hoe dicht ze bij de stad zaten.

's Nachts kregen we te maken met boze reebokken, een klein soort hert met een puntig gewei. Ze beschouwden ons als indringers en probeerden ons weg te jagen. Ze liepen urenlang om de tent heen. En bleven maar blaffen: mensen horen 's nachts in de stad te zitten, niet in het bos.

Vanuit Grenoble liepen we de Chartreuse in, het bergmassief ten noorden van de stad. We trokken twee dagen lang door de bossen tot we bij een dorpje kwamen. In het gouden middaglicht zagen de bloeiende velden en dichtbeboste bergen er prachtig uit. We kochten wat brood en gingen op zoek naar een geschikte plek om de tent op te zetten. Het was een warme dag geweest, en pas 's avonds daalde de temperatuur enigszins.

We volgden het pad over een berg, over bruggetjes en langs een rivier, en uiteindelijk liepen we een bos in met grote, oude bomen waar het heerlijk koel was. We zochten overal, maar konden nergens een vlak stukje voor de tent vinden. Toen de zon al achter de bergen was verdwenen en de vogels aan hun avondlied begonnen, besloten we maar op een overwoekerde, onverharde weg te kamperen. We legden onze rugzakken op de grond en begonnen het gras te pletten, maar ontdekten dat de weg vol kuilen en hobbels zat. Zuchtend hesen we onze rugzak weer op onze schouders en liepen verder over het pad.

En zo kwam het dat we in de schemering aankwamen in het 'stiltegebied'. Dit gebied hoorde bij een eeuwenoud klooster en stond met een speciale markering aangegeven op onze kaart. Het klooster hadden we twee dagen geleden al in de verte zien liggen: een ommuurd sprookjeskasteel met spitse torens, te midden van steile, dichtbeboste bergen. Op een bord lazen we in het Engels dat het Grande Chartreuse-klooster, dat bijna duizend jaar oud was, de hoofdzetel van de kartuizer kloosterorde was. Hier leefden tientallen of misschien wel honderden monniken in volledige stilte. Ze mochten bidden, eten en slapen, maar spreken mochten ze niet. Op een ander bord stond in het Frans iets over *silence*, en over een boete van 135 euro. We gingen ervan uit dat je die kreeg als je lawaai maakte.

Ik wees naar de steile klim voor ons. 'Volgens de wegwijzers moeten we die kant op.'

Peter keek op de kaart. 'Ja, maar daar vinden we echt geen kampeerplaats. Laten we door de vallei langs het klooster lopen. Daar ziet het er een stuk vlakker uit.'

'Maar dat gaat niet!' wierp ik tegen. 'Als je al niet mag praten, is vrij kamperen hier helemaal uit den boze.'

Peter glimlachte. 'Ze zullen ons niet zien, ruiken of horen.'

Ik grinnikte.

Over een klinkerweg liepen we recht op het klooster af. Het avondrood op de bergtoppen vervaagde en in de vallei viel de schemering in. Toen het rond de oude eiken langs de kant van de weg steeds donkerder werd, begon ik me zorgen te maken of we nog wel een geschikte slaapplaats zouden vinden.

We liepen op het klooster af. Het enige geluid was het luide tikken van mijn wandelstokken op de klinkers.

'Je stokken,' fluisterde Peter. Hij droeg zijn stokken in de hand en liep geluidloos over de weg.

We liepen zwijgend verder tot we in de verte iemand zagen lopen. Een donkere gestalte kwam ons tegemoet. Peter zocht dekking tussen de bomen langs de weg en ik liep achter hem aan. Hij draaide zich naar me toe en legde zijn wijsvinger tegen zijn lippen. 'Sst.' We bleven daar gespannen staan wachten tot de man gelukkig een ander pad insloeg.

Elke stap bracht ons dichter bij de hoge muren van het klooster. Als je niet beter zou weten, zou je denken dat iedereen hier al lang geleden was weggetrokken. Het was er spookachtig stil; zelfs de vogels zwegen.

Plotseling hoorden we stromend water. Vlak naast de grote houten toegangspoort in de stenen muur was een drinkfontein. Het leek wel of we in de middeleeuwen verzeild waren geraakt.

Ik keek naar Peter en gebaarde dat ik wilde drinken. Hij keek omhoog naar de toren om te zien of we in de gaten werden gehouden. Toen deed hij een stap naar achteren zodat hij in de schaduw van de muur stond en maakte mijn drinkfles los van mijn rugzak. Ik sloeg mijn ogen ten hemel toen hij iets te hard in het plastic kneep, wat in die verder doodstille omgeving een luid knisperend lawaai maakte.

'Sst!'

Snel vulde ik de fles terwijl Peter verscholen achter een boom bij het laatste licht op de kaart keek. We zaten maar twintig meter van het klooster vandaan, en vanaf hier ging het pad weer steil bergopwaarts.

'We moeten de tent hier maar opzetten,' zei Peter, 'tenzij je helemaal naar boven wilt klimmen om een vlak stuk te zoeken.'

'Zo dicht bij de monniken?' Ik keek over mijn schouder naar de donkere muren.

'Daar?' Hij wees naar een plek onder enorme bomen. Een eindje verder was een beek, en overal lagen rotsblokken ter grootte van een auto. Toen we dichterbij kwamen vonden we een redelijk platte steen en een stukje aarde. Het was duidelijk wie van ons twee op die platte steen zou moeten slapen.

Voor mij was het lopen met een zware rugzak al een hele uitdaging, maar voor Peter was het ronduit zwaar. Hij was nu drieënzestig en zijn lichaam herstelde zich niet meer zo snel als het mijne. Soms deed zijn lijf zo zeer dat hij pijnstillers nodig had om te kunnen slapen. Ik probeerde hem zoveel mogelijk te helpen. Ik droeg al het eten, zodat zijn rugzak lichter was en ik gaf hem de beste slaapplaats omdat hij zijn rust het meest nodig had. We deden allebei wat we konden om deze manier van leven te kunnen volhouden.

Ik zette de tent op en Peter sneed een stokbrood in de lengte doormidden en deed er tomaten, kaas en wat wilde tijm en andere kruiden tussen die we onderweg hadden geplukt. In plaats van thee dronken we water omdat we geen vuur durfden te maken.

Daarna gingen we slapen. Ik lag op een dun slaapmatje, maar ik voelde de steen er dwars doorheen.

Midden in de nacht werden we gewekt door het geklingel van kleine klokjes. Het klonk zo helder dat het leek of we in het klooster zaten. In de stilte van de vallei was deze plotselinge muziek een verrassing, bijna een wonder.

'Tijd voor het gebed,' fluisterde Peter.

Ik stelde me voor dat de monniken uit bed kwamen om te bidden. Het was ongelooflijk om zo dicht bij deze mannen te zitten die in een totaal andere realiteit leefden. Door het klokgelui werden we hun religieuze wereld binnengetrokken. De klanken hadden een betoverende uitwerking op de nacht en de vallei.

We gingen weer slapen, en kort voor zonsopgang klingelden de klokjes opnieuw. Bij het eerste licht stonden we op en aten wat. We hadden bijna alles ingepakt toen we beweging tussen de bomen zagen. Er liep een monnik over de klinkerweg, een onvervalste middeleeuwse monnik in een lang wit gewaad met een capuchon over zijn hoofd.

'Een monnik, een monnik!' fluisterde ik tegen Peter. 'Moet je kijken!'

In de absolute stilte had de aanblik van die monnik iets ontroerends. Zijn tred was doelbewust, maar ontspannen. Hij leek zich hier thuis te voelen, veilig. We keken hem na tot hij uit het zicht was.

We pakten onze rugzakken en stokken en slopen bij het klooster weg zonder een spoor achter te laten. Het pad liep al snel omhoog langs de zijkant van de berg. Die ochtend leek de rugzak heel zwaar.

'Het moet haast een soort marteling zijn om met anderen samen te leven, maar niet met ze te mogen praten. En dat verplichte gebed op dat onchristelijke uur moet ook een kwelling zijn,' zei Peter. 'De kerk heeft bedacht dat lijden goed voor je is. Dat je daardoor op een of andere manier verlicht raakt, of in dit geval "één met God" wordt als je maar genoeg lijdt. Wat een onzin...'

Ik barstte in lachen uit. 'Je zou kunnen zeggen dat wij lijden door met een bepakking van vijfentwintig kilo deze berg op te ploeteren na een hele nacht op een steen te hebben geslapen... en toch bereiken wij nooit geestelijke verlichting!'

Peter lachte mee.

We kwamen bij een uitkijkpunt. Door de naaldbomen zagen we ver onder ons een vallei liggen. Het geluid van een snelstromende rivier dreef ons op een briesje tegemoet. We gingen op de enorme wortels van een boom zitten.

'Kloosters fascineren me,' zei ik. 'Om je volledig te wijden aan een zogenaamd hoger bewustzijn is een extreme levenswijze... Maar op een bepaalde manier is die levenswijze net zo intens als langeafstandwandelen.'

'Ja,' zei Peter, 'en ik denk dat het schrijven van een proefschrift ook vergelijkbaar is met het leven in een klooster. Ik kwam in die tijd nauwelijks buiten, ik was altijd aan het schrijven of ik deed onderzoek. Ik leefde jarenlang als een academische monnik. Het was hard werken en je moest er gedisciplineerd voor zijn, maar het was ook een spannende reis. Als je geconcentreerd bezig bent, ontdek je allerlei verrassende, nieuwe concepten en wil je steeds maar verder.'

Na het behalen van zijn doctorstitel werkte Peter een tijd als docent tot hij op een dag tot de slotsom kwam: ik moet niet alleen schrijven over dit onderwerp, ik moet het leven. Hij verkocht alles en trok naar India. Hij wilde uitzoeken wat vrijheid was. Niet het begrip vrijheid, maar werkelijke vrijheid. Hij vertelde dat hij alles waar hij aan hechtte onder ogen moest zien – mensen, dingen, ideeën en het leven zelf – en het vervolgens moest loslaten.

'In de loop der jaren,' zei Peter terwijl hij langzaam opstond, 'heb ik ontdekt dat je om intens te kunnen leven je hang naar veiligheid en comfort moet opgeven.' Hij pakte zijn wandelstokken en zette ze zorgvuldig tegen de boom. 'Maar je betaalt wel een prijs als je altijd maar de grenzen opzoekt.'

'Welke dan?' vroeg ik.

'Je kunt eroverheen gaan.'

Hij pakte zijn rugzak op en tilde die in één vloeiende beweging op zijn schouders en nam een stok in elke hand.

'Zullen we?'

Na een trektocht van drie weken door de bergen bereikten we de machtige rivier de Rhône, die in de Zwitserse Alpen ontspringt en door het meer van Genève naar de Middellandse Zee stroomt. Het landschap was volledig door de rivier gevormd. Hij had een vallei in de bergen uitgesleten en voorzag de velden en gewassen van water. Al duizenden jaren woonden hier mensen, en ooit, heel lang geleden, hadden er Keltische stammen aan de oevers geleefd.

Een smal kronkelend pad voerde ons door hoog gras waarin veel bloemen bloeiden. Met naast ons de traag stromende rivier. De lucht was broeierig heet en vochtig, en wolkjes insecten dansten boven het spiegelgladde wateroppervlak.

Toen we bij een door wijngaarden omringd dorpje met keienstraatjes kwamen, was het eindelijk wat afgekoeld. Boven op een heuvel stond een eeuwenoude kerk, en we vulden onze waterflessen bij de dorpspomp.

Niet ver buiten het dorp zagen we een lange rij populieren tussen de rivier en een hoge rotswand, en rond de bomen was de grond vlak en dichtbegroeid met gras. Het was een prima plek om de tent op te zetten. Pas nadat we de rugzakken hadden afgedaan zagen we een bord met een bijzonder aanschouwelijke tekening: iets wat leek op een zee met hoge golven en een man tussen de bomen met zijn handen in de lucht, het gezicht vertrokken van angst, mond en ogen wijd open in paniek. Alle lof voor degene die de tekening had gemaakt. De tekst begrepen we niet, maar het was duidelijk dat er stroomopwaarts een dam was die het waterpeil van de rivier reguleerde.

Als we niet zo moe waren geweest, zouden we zeker terug zijn gelopen naar het dorp en hadden we daar het pad genomen dat omhoogliep over de berg. Nu keken we rond. Hier en daar lagen hopen wrakhout van vorige overstromingen. Het waterpeil leek maximaal zo'n drie meter te kunnen stijgen. We kwamen tot de conclusie dat het wekenlang droog was geweest en besloten het risico te nemen. Het was hoogzomer, zeiden we tegen elkaar, hoe groot was de kans op een overstroming nou helemaal?

We zetten de tent op, maakten een groot vuur met het wrakhout en gingen op een boomstam zitten voor onze maaltijd van couscous, bonen en gekookte brandnetel. Overdag zag alles er heel droog en vredig uit, maar ik wist dat de duisternis angst en zorgen met zich mee zou brengen.

Voordat we gingen slapen stopte ik ons geld, paspoort en

andere belangrijke papieren in een waterdicht tasje. Ik bond er zorgvuldig een touw omheen en zekerde het andere eind van het touw om mijn pols, zoals surfers met hun surfplank doen. Ik had bedacht dat als er een overstroming kwam, ik uit de tent zou kruipen, omhoog zou zwemmen en me aan een boom zou vastklampen om het vege lijf te redden. Als we alles kwijtraakten, hadden we in ieder geval onze paspoorten nog.

Ik probeerde me voor te stellen hoe dat dan zou gaan: uit de tent zien te komen was nog het lastigst. Je kon makkelijk verdrinken terwijl je op zoek was naar de ritsen. (Gelukkig lichtten die van ons op in het donker.) We namen het scenario verschillende keren door voor we gingen slapen.

'Komt deze rivier niet uit Zwitserland?' vroeg ik na een paar minuten. 'Stel nou dat het daar in de bergen regent, waardoor er een vloedgolf deze kant op komt? Zetten ze dan de stuwdam open?'

'Ik hoop van niet,' zei Peter.

Daarna was het heel stil, afgezien van het geruis van de wind door de populieren, een geluid dat veel leek op dat van stromend water.

'Toen mijn moeder nog een baby was,' begon ik weer, 'heeft er een enorme overstroming plaatsgevonden in het zuiden van Nederland, waar zij woonde. Het grootste deel van dat gebied was polderland dat onder zeeniveau lag. Mijn opa vertelde er altijd over. Er zijn toen meer dan achttienhonderd mensen verdronken. De dijken en sluisdeuren waren niet opgewassen tegen de combinatie van springtij en een zware storm.

De daaropvolgende dagen gingen veel mannen, onder wie mijn opa, in roeiboten naar het rampgebied om mensen van hun dak te redden. Hij vertelde dat toen hij daar rondvoer, het leek of hij op open zee tussen de schuimkoppen voer. Hij kon zich amper oriënteren.

De storm hield dagenlang aan. Het was begin februari, hartje winter, dus ook nog eens koud en guur. De mensen hadden op zolder de dakpannen opzijgeschoven en waren op het dak geklommen. Mijn opa hoorde ze om hulp schreeuwen. Overal dreven dode koeien, paarden en schapen in het water, en hij heeft zelfs dode baby's voorbij zien drijven. Niet iedereen kon zwemmen, dus een hoop mensen zijn verdronken.

Hij moest een hoogzwangere, dode vrouw identificeren. Ze is hem altijd bijgebleven, want ze had een glimlach op haar gezicht. Ongelooflijk, hè?'

'Nou, dat was een fijn verhaaltje voor het slapen gaan,' zei Peter. 'En zo goed getimed ook. Onbetaalbaar!'

Lachend zei ik: 'Nou ja, ik was het vergeten, tot nu toe.'

We deden die nacht natuurlijk geen oog dicht, maar de volgende ochtend kropen we opgelucht de tent uit. We hadden het overleefd. Niemand had op de knop van de stuwdam gedrukt.

We zochten het gevaar of de spanning niet bewust op, maar raakten er soms toevallig in verzeild. En telkens als ik een gevaarlijke situatie had overleefd, voelde ik me weer een stukje sterker. Voor mij waren die momenten een soort test die ik moest afleggen, en telkens als ik een onweersstorm, een ijskoude nacht of een andere hachelijke situatie had doorstaan, voelde ik mijn zelfvertrouwen groeien.

We pakten onze spullen in en gingen weer op pad. Die middag zigzagden we een steile berg op en kwamen terecht in een gehucht dat uitkeek over de vallei. Er was een stenen *lavoir* uit de zeventiende eeuw, waar de vrouwen vroeger de was deden. De wasplaats had een dak en was aan drie kanten open. We hadden deze lavoirs in vrijwel elk dorp gezien, en ze lagen vaak bij een rivier of natuurlijke bron.

We wasten er onze kleren met een stuk zeep, en terwijl de T-shirts op een struik in de zon lagen te drogen aten we wilde kersen die we onderweg hadden geplukt. Onder ons stond een huis met een tuin vol bloemen, waar twee vrouwen aan een tafeltje zaten. We zwaaiden naar hen, en de jongere vrouw begroette ons in het Engels en riep: 'Kom naar beneden, kom erbij!'

We liepen een keienpad af naar haar tuin.

'Ik heet Aimée,' zei ze. Ze was een knappe vrouw met lang krullend rood haar en hoge jukbeenderen. Ze droeg een zomerjurkje en elegante sandalen. We stonden even te praten en toen ging ze ons voor naar het tafeltje waar een oudere dame zat met een onaangeroerde kop thee voor zich.

'*Bonjour*,' zei ik, en we gingen zitten. Boven ons hoofd groeide een schitterende, zoet geurende blauwe regen. Het was fantastisch om in de schaduw van zo'n prachtige bloeiende plant te zitten.

'*Maman*, dit zijn Nieuw-Zeelanders, en ze lopen naar Istanbul,' zei Aimée tegen haar.

De oude vrouw keek haar dochter aan, maar gaf geen antwoord.

'Ze is vijfennegentig en ze spreekt geen Engels.'

Aimée vertelde dat ze een deel van het jaar in Canada woonde, een paar maanden bij haar dochter in Zuid-Amerika, en 's zomers bij haar oude moeder in Frankrijk. 'Op één plek wonen is dodelijk saai,' zei ze nuchter. 'Ik vind het belangrijk om in beweging te blijven. Want telkens als je verkast, moet je jezelf weer opnieuw uitvinden. Dan word je iemand anders. *Enfin*, niet totaal iemand anders natuurlijk, maar toch voel je je anders als je 's winters in een appartement in Montreal zit en in de zomer in een oud Frans dorpje of in het subtropische Brazilië. Ik kan het met iedereen goed vinden en ik weet me altijd aan te passen. Dat moet wel. Dat houdt mijn geest soepel.'

Aimée sprak snel, alsof ze geen tijd te verliezen had en in één middag zoveel mogelijk wilde vertellen.

'Waar zijn jullie vandaag vandaan gekomen?' vroeg ze uiteindelijk.

'Uit de vallei! We zijn bijna verdronken in de Rhône. We hebben vlak naast de oever gekampeerd,' zei ik lachend.

'*Quoi?*' Ze keek ons ongelovig aan.

Nadat we Aimée het hele verhaal hadden verteld, zei ze: 'Ik loop even naar binnen om een kop thee voor jullie te zetten.'

We zagen hoe haar moeder langzaam naar haar kop thee reikte. Ze leek niet te begrijpen waarom die daar stond. Met haar duim en wijsvinger draaide ze het kopje beetje bij beetje rond, tot het oor naar haar toe stond. Ze richtte haar hoofd op en keek naar Peter.

'Bonjour,' zei hij zachtjes.

Ze gaf geen antwoord en richtte haar blik weer op de tafel. Haar gezicht was spierwit en bedekt met talloze fijne rimpeltjes. Haar gerimpelde, knokige hand bewoog langzaam naar een theelepeltje met aan het eind van de steel een piepkleine ovalen afbeelding van een kerkje. Ze raakte het heel even aan en leunde toen weer achterover. Een paar seconden lang bleef ze daar roerloos zitten. Het was alsof de tijd stilstond. Haar ogen leken in het niets te staren. Langzaam veegde ze een paar onzichtbare kruimels van tafel. Toen greep ze zich vast aan de tafel, boog zich voorover en stond moeizaam op.

'Wat doe je, Maman?' Aimée kwam op dat moment naar buiten lopen, waardoor alles weer tot leven leek te komen. Ze droeg een dienblad met een theepot, kopjes, en een kommetje frambozen uit de tuin. Ze zette het dienblad op tafel en hielp haar moeder voorzichtig weer in de stoel.

We zaten wat te praten, dronken thee en aten een paar frambozen. Aimées levensverhaal sprak ons erg aan. Van het ene continent naar het andere hoppen leek ons een plezierig nomadenbestaan – maar dan wat wereldser dan wij het aanpakten.

'Maar wij hebben geen familie op drie verschillende continenten,' zei ik.

'Nee, maar je zou ergens een huis kunnen kopen of huren,' zei ze. 'Als je goed zoekt zijn er in Griekenland of Italië op het platteland nog wel goedkope huizen te vinden. Zuid-Italië is geweldig; een vriendin van me heeft er voor tienduizend euro een huis gekocht. Ze moet het natuurlijk wel opknappen, maar dan nog. Je moet niet in de stad zoeken, maar op plekken waar niemand wil wonen, waar geen werk is. Als je een eigen inkomen hebt, hoef je geen baan te zoeken. Als je ooit genoeg krijgt van het wandelen wil je misschien ergens een vaste stek hebben, maar je moet je niet op één plek vestigen. Als je te lang op één plek woont wordt de wereld steeds kleiner. Beangstigend, in zekere zin.'

'Ja, het idee om op verschillende plaatsen in de wereld te wonen spreekt me wel aan,' zei ik.

'*Oui, oui,* hou je ogen open,' zei Aimée. 'Op je trektocht door Europa kom je door een heleboel halfverlaten streken, misschien zie je daar iets wat naar je zin is.'

We namen afscheid van Aimée en haar moeder, en liepen het dorp uit en het bos in. Tussen de bomen hing de heerlijke zoetige geur van dennennaalden. Het pad was vlak en makkelijk begaanbaar, zodat we geen wandelstokken nodig hadden. We hadden het erover in welke landen we graag zouden willen wonen. Misschien kwamen we in Frankrijk wel iemand tegen die een huisje te koop had tegen een schappelijke prijs. Het was leuk om erover te fantaseren, maar tegelijkertijd kon ik het beeld van Aimées moeder niet uit mijn hoofd krijgen.

'Wat vond je van die oude vrouw?' vroeg Peter.

'Ik moest net aan haar denken. Ze is vijfennegentig jaar! Allemachtig.'

'Zo oud zou ik niet willen worden.'

'Nee? Ik zou wel honderd willen worden.'

'Nee, niet in die toestand. Als je maar lang genoeg leeft, gaat je lichaam langzaam achteruit. Het begint met je gezichtsvermogen, daarna word je doof, kun je niet meer lopen en moet je misschien met pijn leren leven, en ten slotte laat je verstand het afweten. Nee, nee, dan sterf ik liever voor die ellende begint. Je kunt ook te lang leven. Ik wil niet zo oud worden dat ik niet eens meer weet waar ik ben.'

'Nee, maar ik zou wel gezond oud willen worden.'

'Mijn grootste schrikbeeld is dat ik door allerlei apparaten in leven word gehouden. Ik hoop dat ze in Nieuw-Zeeland een wetswijziging aannemen waardoor euthanasie mogelijk wordt. Het is toch te gek dat ze je tegen je wil in leven houden? Het leven is toch geen gevangenis?'

'Nee,' zei ik, en ik pakte zijn hand.

Op onze laatste dag in Frankrijk, op enkele kilometers van de Zwitserse grens, kampeerden we aan de rand van een beukenbos. We vonden een vlak stuk om de tent op te zetten, en keken uit op een open plek vol gele bloemen. We wasten ons in de bosbeek en vonden voldoende droog hout voor een vuur. Een licht briesje deed de bladeren ruisen, de zon stond al laag aan de hemel en kleurde de lucht en het hoog opschietende gras rood. Terwijl we op een boomstam onze maaltijd van rijst en bruine linzen met verse kruiden zaten te eten, hoorden we opeens geritsel, geknor en een luid getrappel. We stonden op, en vlak voor ons kwam een kudde van een stuk of twintig wilde zwijnen de heuvel op draven. Ze weken niet van hun koers en waren totaal niet bang voor ons. Het was een adembenemend gezicht. De grote mannetjes met hun stevige lijven en sterke schouders, de kleinere zeugen met hun biggetjes – hele families waren op de been.

Het was werkelijk fantastisch om te zien en we werden er ontzettend blij van. Als wilde dieren hier vrij konden leven, zou het ons ook wel lukken.

Na in een maand tijd bijna driehonderd kilometer te hebben afgelegd, waren we echt van Frankrijk en de Fransen gaan houden. Van hun laisser-faire-houding, van die rommelige, enigszins chaotische sfeer die overal hing, van het feit dat ze hun middagrust belangrijker vinden dan commercieel gewin, dat er niet overal hekken staan, dat ze zulke fijne cafés hebben, zo van lekker eten houden en zoveel levensvreugde lijken uit te stralen. Wat ons betreft was 'in slow motion' reizen de beste manier om de essentie van Frankrijk te ervaren.

2

Zwitserland

Het land van de precisie

'Ik denk dat het komt doordat ik op een eiland geboren ben dat ik helemaal niets begrijp van het concept landsgrenzen,' zei Peter. Hij klonk oprecht verwonderd. 'Vooral niet als er geen geografische grens is of als mensen niet eens een andere taal spreken.'

We hadden al zigzaggend een pad heuvelafwaarts gevolgd. Aan de voet van de heuvel was een asfaltweg, en volgens de kaart lag Zwitserland aan de overkant. We staken de weg over, gingen een hek door en liepen een omheind weiland in – we waren in Zwitserland aangekomen.

'Ongelooflijk dat we de grens kunnen oversteken zonder ook maar iemand te zien! Ooit zouden mensen er alles voor over hebben gehad om dit land binnen te komen!' Hij wees naar Frankrijk. 'Daar liep je leven gevaar, en hier was je veilig! Kun je je dat voorstellen?'

We liepen vanuit het weiland het bos in, en diep tussen de bomen zagen we een eerste bewijs dat we nu in Zwitserland waren: keurige stapels brandhout. Elke stapel was een kunstwerkje van grote precisie. De identieke stukken hout waren precies één meter lang en waren kaarsrecht afgezaagd. Het hout was op een pallet gestapeld voor de luchtcirculatie, en het bouwsel was afgedekt met een stuk golfplaat dat op z'n plaats werd gehouden door een stevig touw dat netjes en ordelijk aan de houtblokken was vastgebonden. Deze ogenschijnlijk onbelangrijke stapels brandhout waren een voorbode van wat we van de Zwitsers konden verwachten: dit was het land van de precisie.

Ons Franse pad sloot aan op de Chemin des Crètes du Jura. We zouden een maand lang door de bergen van de Jura lopen, een kalksteengebergte tussen de Rhônevallei en de Rijn, compleet met spectaculaire kloven, rotsen en ravijnen. Jura betekent 'bos' in de taal van de oude Keltische Galliërs, en tot op de dag van vandaag is dit gebied voor het grootste deel bebost. Het pad loopt van Nyon naar Dielsdorf en is 310 kilometer lang, met hellingen die goed te doen zijn en een uitstekende bewegwijzering. Verdwalen was hier onmogelijk.

In Frankrijk mocht je overal één nacht wild kamperen, maar in Zwitserland waren de regels ons niet duidelijk. Voor de zekerheid probeerden we onzichtbaar te zijn en geen sporen achter te laten. Op de eerste dag volgden we een smal bergpad, door de bossen.

Het was een afgelegen gebied, maar toen het tijd werd om ons kamp op te slaan liepen we toch maar zo diep mogelijk het bos in zodat niemand ons kon zien. Het was gaan regenen, en we maakten een klein vuur met nat hout dat heel erg walmde. Naast het vuur legden we hout te drogen om de volgende ochtend ontbijt te kunnen maken, en die nacht sliepen we erg onrustig uit angst te worden ontdekt.

Toen we de volgende dag het eerste dorp naderden, zagen we in de verte de karakteristieke vlag van een wit kruis op een rood veld. Mijn Zwitserse zakmes hing zoals altijd aan mijn riem, en ik vroeg: 'Hoe is het nou om in je vaderland te zijn?'

'Je praat ertegen of het een mens is,' zei Peter.

'Ja, het is het enige ding dat ik heb sinds –'

Lachend zei hij: 'Ja, ja, ik weet het: sinds je tiende.'

'Ik heb er duizenden boterhammen mee gesmeerd, een miljoen appels mee geschild, een ontelbaar aantal dieren mee gevild, en het is nog steeds niet kapot. Het is een fantastisch mes!'

'Die messen zijn niet voor niks zo beroemd,' zei Peter. 'Alles wordt hier gemaakt om honderd jaar mee te gaan.'

Grijze wolken hingen boven ons hoofd toen we de eerste huizen bereikten. Vergeleken bij Frankrijk zag het dorp er deprimerend, leeg en levenloos uit, en veel te keurig en aangeharkt. Het leek of de straten met een tandenborstel waren schoongemaakt en het gras met een schaartje was geknipt. We waren zo gewend geraakt aan de levendigheid van Frankrijk dat we het liefst weer terug de grens over waren gerend.

Net voordat we naar de bank wilden om wat euro's te wisselen in Zwitserse francs, bleven we staan bij een groentewinkel waar wat meloenen uitgestald lagen. De eigenaar kwam naar buiten met een doosje aardbeien.

'Wat kost deze meloen?' vroeg ik, met een kleine in mijn hand.

'Zeven franc,' zei hij.

'Meer dan zes euro! Twee keer zo duur als in Frankrijk!' Ik legde de meloen terug.

De groenteboer lachte. '*Bienvenue en Suisse!*'

'Hoe moeten we dat nou doen met eten?' vroeg Peter vertwijfeld.

'Ik heb gehoord dat de meeste mensen over de grens boodschappen doen,' zei ik. 'Ook de Zwitsers zelf.'

We keken op de kaart en zagen dat onze route nergens ver van de Zwitsers-Franse grens liep. Ik zou elke week naar Frankrijk kunnen liften om boodschappen te doen, en over een paar weken waren we dicht bij Duitsland om daar hetzelfde te doen. Zo hoefden we ook geen euro's om te wisselen in Zwitserse francs.

We volgden het pad omhoog, over de bergkam, vanwaar we vaak een spectaculair uitzicht hadden op de besneeuwde Alpen in het oosten. Het was een schitterende en relatief rustige route. Bijna elke dag vonden we wel bessen, andere vruchten, kruiden en eetbare planten langs het pad waarmee we onze eenvoudige maaltijden konden aanvullen.

Op een avond dronk ik water bij een ouderwetse pomp midden in een dorp terwijl Peter de kaart bestudeerde. 'Zie je die berg daar?' zei hij. 'Daar gaan we naartoe.'

Ik keek naar de ongelooflijk scherpe bergkam in de verte, en kon met veel moeite een pad onderscheiden dat recht naar boven leek te lopen.

We kropen over de uitlopers van de berg omhoog met tien liter water bij ons. Toen de ondergaande zon de hemel rood en roze kleurde, vonden we eindelijk een open plek tussen een groepje reusachtige oude bomen die aan de voet met mos waren bedekt. De lucht was bezwangerd met de geur van dennennaalden en de wind ruiste zachtjes door de boomtoppen en maakte een specifiek geluid – als van een liedje. We zetten de tent op, boven op een dikke laag dennennaalden.

We zaten net rustig bij het kampvuur toen er een klein muisje verscheen. Het beestje kwam uit een holletje, schoot over de naalden en verdween in een ander hol. Vlak daarna dook er weer een muis op, en daarna een derde, die de ingang van zijn hol begon schoon te maken. We zaten pinda's te eten en gooiden ze een paar kruimels toe.

'We zitten in Mouse City!' zei Peter opgetogen. 'Hieronder zit een compleet tunnelsysteem, een hele stad!'

Midden in de nacht werden we wakker van felle windstoten en onweer in de verte. Toen ik naar buiten ging om te plassen, zag ik de boomtoppen al dreigend heen en weer zwaaien. Ik zette een pan onder de tentflap om regenwater op te vangen, en toen ik de tent weer in kroop, hoorde ik donderslagen, maar dit keer dichterbij. Het onweer bevond zich precies boven ons hoofd en ik voelde me heel kwetsbaar, zo boven op een heuvel tussen twee enorme bergen. Het feit dat het nog steeds niet regende, maakte het allemaal nog griezeliger en onheilspellender. Al mijn zintuigen fixeerden zich op de volgende bliksemschicht en donderslag. Tijdens het wachten op de klap bleef het een paar seconden doodstil tot de donderslag, die zo oorverdovend hard was dat ik mijn handen tegen mijn oren drukte. En zelfs met mijn ogen dicht zag ik de bliksemflitsen door mijn oogleden heen.

Het was een hele opluchting toen het eindelijk begon te regenen. De lucht koelde af en de storm trok verder. Ik probeerde weer te gaan slapen, maar het volgende moment begon het hevig te waaien, de wind gierde door de boomtoppen, rukte aan de scheerlijnen en blies de tent bijna plat. Ik was bang voor vallende takken en verstijfde telkens als er een rukwind door de bomen trok. Toen de wind eindelijk ging liggen, hoorden we het onweer weer terugkomen! Wéér lagen we angstig af te wachten of we door een bliksemschicht zouden worden getroffen, wéér deden de donderslagen de grond onder de tent trillen, en wéér trok het onweer verder. Zoals altijd.

De volgende ochtend regende het nog steeds en bleven we in de tent. Tegen de middag was het opgeklaard en liep ik over een steil pad naar beneden met mijn rugzak vol lege waterflessen. Onder aan de berg liep ik nog een paar kilometer over een asfaltweg, tot ik een huis zag – een soort restaurant, dat er leeg en verlaten uitzag. Het had een enorme eetzaal met massieve houten tafels en stoelen en aan de muur hing een hele collectie koeienbellen van uiteenlopende grootte. Van de eigenaresse, die een traditionele witte dirndljurk droeg en een schort, mocht ik de flessen buiten bij een kraan vullen.

Met de volle flessen was mijn rugzak loodzwaar en leek het pad opeens veel steiler. Ik was doodop toen ik weer bij het kamp was.

'Heb je water kunnen vinden?' vroeg Peter. Hij zat in de tent ons enige boek te lezen, *Aldus sprak Zarathustra*.

Ik vertelde hem over het koeienbellenrestaurant en ging met mijn rug tegen een den zitten. Geleidelijk aan hield het op met motregenen en braken er een paar zonnestralen door de wolken. Mijn oogleden voelden zwaar, en ik sloot mijn ogen. Er kwam een sereen gevoel over me, dat me als een rustgevend aroma omhulde en mijn gedachten kalmeerde. Ik hoorde een licht geritsel en deed mijn ogen weer open. Een piepklein muisje kwam uit zijn holletje kruipen, niet meer dan een meter van me vandaan, en keek me nieuwsgierig aan.

'Hallo Ieniemienie,' fluisterde ik.

Het muisje bleef roerloos in een zonnestraal zitten. De tijd leek langzamer te gaan. De zon had de aarde, de struiken, de bomen en de lucht opgewarmd. Een paar grotere bomen stonden te dampen, en hun dampwolken dreven door de takken omhoog. Een duif scheerde tussen de bomen door zonder ook maar een tak te raken. Alleen het geklapwiek van zijn vleugels was te horen. Daarna werd het weer stil. Zo stil en mooi dat de hele wereld in een toestand van rust leek te verkeren.

De muis bleef daar stil zitten tot de zon opschoof en de schaduw over de bergen viel. Daarna schoot hij zijn holletje weer in.

'Dag muis,' zei ik.

Een paar weken later kampeerden we in een ravijn en regende het toen we opstonden.

'Denk je dat je het vuur aankrijgt met die regen?' riep Peter. Hij schuilde onder een grote beuk en had net de pan en de mokken tevoorschijn gehaald. We hadden de tent aan de voet van een berg opgezet, vlak bij een kloof waar een rivier doorheen stroomde. Het was een prachtige plek, maar door de regen was alles lastig.

'Weet ik niet!'

Ik zat op mijn hurken in mijn regenjack en schermde het vuur af met mijn bovenlijf. De regen kletterde zo hard op mijn capuchon dat we moesten schreeuwen om elkaar te verstaan.

'Heb je droger hout nodig?'

'Misschien nog wat aanmaakhout.'

Peter legde alles op de grond en liep het druipende bos in om met zijn jachtmes droge stukjes bast van de onderkant van een omgevallen boom te schrapen. Ik concentreerde me weer op mijn zielige vuurtje.

Voor elke maaltijd en elk kopje thee moesten we een vuur

maken. Het was een wezenlijk onderdeel van ons nomadische bestaan. We brachten uren rond de vlammen door, en alles was doortrokken van rook: onze kleren, ons lijf, ons haar en al onze spullen. De potten en pannen waren zwart van het roet en ook onze vingers zaten vaak onder de zwarte vlekken. We waren altijd bezig met hout sprokkelen en lucifers drooghouden.

Toen Peter terugkwam met een stuk harsrijke bast, werd het vuur groot genoeg om water te koken. Daarna konden we eindelijk platbrood bakken voor het ontbijt. Ik deed een kopje bloem en een snuf zout op ons grote plastic bord, voegde er wat water bij en kneedde alles tot een deegbal. De honingpot fungeerde als deegroller waarmee ik kleine balletjes uitrolde tot pannenkoekjes die ik in de koekenpan roosterde. Na al die moeite leken de chapati's lekkerder te smaken dan ooit.

Toen het eindelijk ophield met regenen pakten we de natte tent in en liepen verder door de kloof. We volgden een magnifiek pad door het bos: aan weerszijden verrezen hoge rotsen die een natuurlijk reservaat vormden voor de reusachtige oude bomen die hier stonden.

Ik vond het altijd heerlijk om een nieuwe dag in te wandelen, benieuwd naar wat er zou gebeuren, welk avontuur zich voor ons zou ontvouwen. We wisten 's ochtends nooit hoe de dag zou eindigen. Dat niet-weten hield mijn geest alert en gaf me energie. Deze manier van leven was zo intens, zo extreem en veeleisend dat we geen moment het idee hadden dat we iets misten. Iedere minuut van de dag beleefden we ten volle.

Dit deel van het pad was ook heel populair bij andere wandelaars, maar zodra de zon achter de bergen verdween werd het weer heerlijk stil. Vroeg in de avond vonden we een plek onder een paar sparren, vlak onder een bergkam. Nadat we de tent hadden opgezet, gingen we in het zachte gras liggen. Een duif zat te koeren in een boom en plotseling leek er een heel speciale, serene sfeer neer te dalen op ons plekje. We gaven ons zwijgend over aan dit vredige gevoel. Er heerste zo'n ongewoon diepe stilte dat ik er in mijn dagboek een notitie van maakte. De omgeving was niet eens zo spectaculair, maar de intense stilte maakte het heel bijzonder.

Opeens hoorden we niet ver van ons vandaan de waarschuwingsroep van een ree. We keken omhoog, maar zagen geen beweging.

Een paar minuten later keek ik weer. En daar was hij. Mijn eerste gedachte was: een tijger! Ik was totaal niet bang, hoewel het dier er enorm groot uitzag.

Het was natuurlijk geen tijger maar een lynx, een prachtexemplaar. Hij was zo groot als een flinke hond, had een lichtgekleurde vacht met een witte borst, en zacht haar op zijn rug. Hij nam ons aandachtig op, geconcentreerd, alert en kalm. De pluimpjes op zijn grote oren wezen naar voren. Hij was nieuwsgierig, en stond een tijdlang naar ons te kijken. Daar twintig meter boven ons hoofd leek hij zich heel veilig te voelen.

Uiteindelijk ging hij weg. Lichtvoetig en met lenige bewegingen sprong hij tegen de heuvel op, en verdween over de bergkam naar de andere kant. Dit was het mooiste wilde dier dat ik ooit had gezien. Het was een bijna bovenaardse ervaring. Zijn aanwezigheid leek een magische uitwerking op de hele omgeving te hebben.

We bleven daar nog een hele tijd stil zitten, nederig en diep onder de indruk van deze korte ontmoeting met een bedreigde diersoort.

Het Jurapad voerde ons afwisselend door bossen en grazige weiden met koeien. Het vee graasde 's zomers in de bergen en 's winters in de lager gelegen dalen. We hoorden de koeienbellen al van heel ver. Van een afstand klonk het al behoorlijk luid, maar van dichtbij was het zo oorverdovend dat we onze handen tegen onze oren legden. We hadden erg te doen met de arme dieren. Met hun gevoelige gehoor moesten ze haast wel ondraaglijk lijden.

We passeerden een dorp met de naam Prés de la Montagne, en een paar kilometer verder kwamen we uit in Stierenberg, waar de mensen alleen Duits spraken. Ik gaf mijn Franse dictionaire weg en kocht een Duits woordenboekje. Van nu af aan zou ik nieuwe woorden leren om de taal die ik lang geleden op school had geleerd, langzaam bij te spijkeren.

Elke week liftte ik naar Duitsland om daar boodschappen te doen. Op een van die terugtochten liep ik naar de rand van het stadje en bleef langs de weg naar Zwitserland wachten tot iemand me meenam. Na een halfuur zag ik tot mijn geluk eindelijk een oude rode auto stoppen.

Toen ik het portier opendeed, zag ik dat de passagiersstoel al bezet werd door een grote teddybeer en twee kussentjes.

'*Gutentag, ich heisse Johannes,*' zei de bejaarde bestuurder vriendelijk. Toen ik aanstalten maakte om in te stappen, zette hij de teddybeer op de achterbank. 'Die kan daar wel zitten,' mompelde hij.

Waarschijnlijk kwam het door de manier waarop hij met de beer omging dat ik begreep dat die niet bestemd was voor een kleinkind, maar diende om hem gezelschap te houden.

'Waar moet je naartoe?' vroeg hij.

Hij droeg een gekreukt overhemd en een licht verschoten colbertjasje. Op zijn hoofd had hij nog amper haar zitten, maar des te meer op zijn borstelige wenkbrauwen; en zijn wangen zagen rood van de talloze gesprongen adertjes.

Toen ik vertelde waar ik naartoe ging, bood hij vriendelijk aan me helemaal naar Zwitserland te brengen.

'Dat is best ver. Weet u het zeker?' Al dat oefenen van Duitse woordjes bleek sneller vruchten af te werpen dan ik had gedacht.

'O ja hoor, ik heb toch de hele dag niks te doen, dus ik breng je graag weg. Waar kom je vandaan, jongedame?'

'Oorspronkelijk uit Holland,' zei ik, 'maar ik ben naar Nieuw-Zeeland geëmigreerd.'

'Ik ben weleens in Holland geweest,' zei hij. 'Ja, ik ben met Magdalena in Vlissingen geweest, dat was in 1989.'

'O, naar het strand; en vond u het leuk?'

'Jazeker. Het was een mooie zomerdag.'

Hij vertelde een poosje over Vlissingen. Ik kon niet het hele verhaal volgen, maar dat gaf niet. Ik vond het allang mooi dat ik contact had met een onbekende, ondanks de taalbarrière. Dat is het mooie van liften, de onverwachte ontmoetingen. Dat de oude man een tikje zonderling was deerde me niet in het minst.

Toen we het stadje uitreden, vroeg hij me: 'Gaan we zo goed?'

'Ja,' zei ik. Ik was op de heenweg ook over deze weg gekomen en herkende de route. We moesten een paar kilometer over de snelweg rijden om uit te komen bij de plek waar ik Peter had achtergelaten.

'Hoelang woont u hier al?' vroeg ik, wijzend naar het dorp achter ons.

'Sinds 1984,' antwoordde hij, waarna hij me alles over de geschiedenis van de stad begon te vertellen.

Ik wilde hem net weer een vraag stellen toen hij opeens vroeg: 'En waar kom jij vandaan, kind?'

Ik voelde het bloed uit mijn gezicht wegtrekken. Een seconde lang leek de wereld stil te staan. Mijn mond werd droog en ik voelde me verstijven. Mijn ogen schoten van zijn handen naar het achteruitkijkspiegeltje, het verkeer, zijn bewegingen, de verkeersborden... Het dorp lag al achter ons en we reden nu tussen de weilanden door en waren bijna bij de snelweg. Het was al te laat om uit te stappen.

We naderden een grote oprit van de snelweg. En het was de bedoeling dat we hier snelheid zouden maken om in te kunnen voegen tussen de Porsches, BMW's en Mercedessen. Maar tot mijn afgrijzen ging de oude man niet harder rijden, maar juist langzamer. Op het punt waar we hadden moeten invoegen, zette hij de auto zelfs helemaal stil!

Hij keek naar links en naar rechts, alsof we op een kruispunt in een dorp stonden. 'We moeten daarheen!' Hij wees naar links, naar het tegemoetkomende verkeer.

'Nee!' zei ik paniekerig. 'We moeten díé kant op.' Ik wees naar rechts. 'Dit is een snelweg!'

'Nee, nee. Ik woon dáár!' Hij zat bibberig met zijn hoofd te schudden.

Twee auto's scheurden vlak langs ons, en ik werd bijna misselijk van angst.

Hij draaide het stuur naar links, in de richting van het tegemoetkomende verkeer.

In een impuls greep ik het stuur en trok het naar rechts.

'Déze kant!' Mijn handen trilden. Ik was niet van plan om op zo'n stomme manier aan mijn eind te komen.

Hij draaide naar rechts en gelukkig maakten de andere auto's ruimte voor ons. Maar nu reed hij maar vijftig kilometer per uur. De andere automobilisten leken met tweehonderd per uur langs ons heen te razen. Vergeleken bij hen stonden we praktisch stil.

'Dit is een snelweg, we moeten wat harder rijden,' zei ik, en keek zenuwachtig over mijn schouder. We konden elk moment van achteren worden aangereden. 'U woont daar,' zei ik, naar achteren wijzend, 'en u neemt straks de volgende afslag en dan rijdt u weer terug naar huis.' Ik wilde zo snel mogelijk die auto uit.

'Das ist ein Autobahn, wir müssen etwas schneller fahren.' Dat mantra bleef ik om de twee minuten herhalen terwijl ik het andere verkeer via de spiegels in de gaten hield. Ik zat klaar om een ruk aan het stuur te geven als het nodig was. Als hij iets stoms deed, zou ik de auto de berm in sturen.

Hij wist de snelheid tot tachtig kilometer te verhogen. Mijn hart klopte in mijn keel.

'Dit is een snelweg, we moeten wat harder rijden,' zei ik voortdurend, want herhaling heeft een kalmerend effect, zo hield ik mezelf voor. Johannes zei ondertussen geen woord terug.

Na tien slopende minuten kwam de volgende afslag in zicht. Ik sloot mijn ogen even en slaakte een zucht van opluchting. Ik wees naar de afslag.

'Kijk, hier gaan we eraf,' zei ik, en bleef nadrukkelijk in de goede richting wijzen. Nu mochten er geen fouten meer worden gemaakt. Hij nam de afslag en naderde een rotonde. 'U gaat straks deze kant weer op,' zei ik zo rustig mogelijk, 'en misschien kunt u hier even stoppen, zodat ik kan uitstappen.' Ik wees naar een plek waar hij veilig kon stoppen.

Hij stopte midden op de rotonde terwijl er vier auto's achter ons zaten. Maar ik vond het allang best. Zonder nadenken rukte ik het portier open en met een verontschuldigend gebaar naar de andere automobilisten strompelde ik de auto uit.

Mijn hart bonkte, ik kon amper ademhalen en had een trillerig gevoel in mijn benen. Ik ging in de berm zitten en had veel zin om in huilen uit te barsten.

Toen Johannes wegreed, realiseerde ik me dat ik hem eigenlijk bij de politie aan moest geven – een demente automobilist is een gevaar voor zichzelf en anderen. Maar in de haast om de auto uit te komen had ik niet op het kenteken gelet. Ik wist alleen zijn voornaam, dat hij in een oude rode auto reed en een teddybeer op de stoel naast zich had.

Daarna kreeg ik een lift van een vriendelijke vrouw die me aan de rand van het bos afzette. Ik stapte uit en verdween tussen de bomen, waar ik een smal pad volgde tot ik ons beekje zag. Toen ik over de rotsen klom, rook ik de vertrouwde geur van ons vuur al. Ik waadde op mijn sandalen door het water en liep naar de grote oude spar die boven op een enorme rotspartij stond. Peter stond daar op mij te wachten alsof hij me al aan had horen komen. Achter hem zag ik rookslierten door de takken omhoog kringelen.

'De thee staat klaar. Ik dacht al dat je nu wel ongeveer zou komen.' Hij gaf me een hand en trok me omhoog. 'Hoe ging het?' Er klonk bezorgdheid door in zijn stem.

'Ik heb het overleefd!' Ik zette mijn rugzak neer en liet me min of meer in zijn armen vallen. Ik schudde mijn hoofd. 'Deze keer was het wel kantje boord.'

Op een dag hadden we ons kamp opgeslagen onder een oude eik. De boom had door de jaren heen talloze bladeren laten vallen, die een zachte ondergrond vormden waarop het heerlijk slapen was.

Bij het krieken van de dag kroop ik stilletjes de tent uit en daalde de berg af. In mijn rugzak had ik acht lege flessen, wat vuile was en een stuk zeep. Als ik die ochtend water kon vinden, konden we een rustdag nemen. Hoe eerder ik terug was, des te langer ik de tijd had om eens goed uit te rusten.

Op de kaart had ik gezien dat er verderop langs het pad een boerderij was waar ik om water kon vragen. Het bospad liep alleen maar bergafwaarts, mijn rugzak woog bijna niets en ik verkeerde in een prima stemming, tot ik iets warms in mijn broek voelde. Ik ging achter een bosje staan en zag dat ik het in mijn broek had gedaan. Gelukkig had ik wat toiletpapier in mijn zak zodat ik mezelf een beetje schoon kon maken. Maar waar kon ik nu water vinden? Als ik nu bij een huis kwam kon ik de eigenaar toch moeilijk vragen of ik daar mijn onderbroek mocht wassen! Ik voelde me zo ellendig dat ik begon te huilen. De laatste keer dat ik had gehuild omdat ik het in m'n broek had gedaan, was ik vijf jaar. Ik liep door, maar kon niet ophouden met huilen. Ik had heel erg met mezelf te doen. We waren nu zes weken onderweg en ik was uitgeputter dan ik dacht, en dit ongelukje was de druppel die de emmer had doen overlopen.

Uiteindelijk droogde ik mijn tranen en kwam bij een omheind weiland aan. Ik keek om me heen of ik ergens een trog zag staan. Maar ik zag niets en besloot toch maar naar de boerderij te lopen.

Achter het hek rond het huis zag ik drie honden. Eentje liep los en de twee andere zaten vast. Alle drie begonnen ze te grommen en te blaffen. Ik stond een tijdje naar ze te kijken en durfde niet dichterbij te komen.

'Is daar iemand?' riep ik. Geen antwoord.

Mijn oog viel op een kraan vlak naast de voordeur.

Ik keek naar de bordercollie die vlak achter het hek stond.

'Brave hond,' mompelde ik met kloppend hart.

Ik was behoorlijk bang, maar deed uiteindelijk toch het hek open terwijl ik voortdurend over mijn schouder keek. De aangelijnde honden begonnen woest te blaffen en op en neer te springen, maar werden onmiddellijk naar achteren getrokken, waardoor ze nog kwader werden. En de loslopende bordercollie rende al blaffend om me heen. Ik dwong mezelf op mijn hurken te gaan zitten en mijn hand naar hem uit te steken zodat hij me kon ruiken. Als hij wilde kon hij me nu makkelijk bijten. Maar ik moest het risico nemen omdat ik bij die kraan wilde komen.

'Brave hond, rustig maar,' zei ik, net als Peter zou hebben gedaan.

De hond kwam dichterbij en ging zitten. Toen ik hem aaide vielen de twee andere honden ook stil.

Snel vulde ik de flessen bij de buitenkraan, liep het erf af en verstopte me achter een paar struiken om mijn kleren te wassen. Toen alles weer schoon was, voelde ik me enorm opgelucht en kon ik er weer tegenaan.

Ik liep een uur lang bergopwaarts terug naar ons kamp, en hing daar de was aan een boomtak te drogen. Het vuur brandde en ik ging tegen de boom zitten.

Peter gaf me een kop thee en een warme chapati met schijfjes tomaat en gesmolten kaas. Ik zat daar rustig mijn 'pizza' te eten en keek naar de vallei onder ons. In de verte riep een koekoek, en ik deed hem zachtjes na. Het was verder doodstil, de zon scheen door de bladeren en tekende prachtige schaduwpatronen op de grond. Om mij heen was het warm en droog, ik droeg weer schone kleren, en voelde me gelukkig.

We volgden een koeienpad over een heuvel waar volop veldbloemen en bramen stonden. Het was warm en hoog in de lucht dreven een paar sluierwolken. Er zat een steentje in mijn sandaal en ik bleef even stilstaan om het eruit te halen. Peter liep door en mijn rugzak piepte als een nest kuikens toen ik begon te rennen om hem in te halen.

Hij liep ongeveer twintig meter voor me uit toen er plotseling vanuit het niets een angstaanjagend hard lawaai klonk, dat van zo dichtbij kwam dat ik een adrenalinestoot door mijn lichaam voelde gaan. Ik liet meteen mijn stokken op de grond vallen om mijn hoofd met mijn handen te beschermen.

Vlak boven ons hoofd vloog een ultramoderne, supersnelle straaljager laag over. Hij produceerde een oorverdovende herrie. Ik had nog nooit zoiets meegemaakt.

'Wauw!' gilde ik.

Peter draaide zich om. 'On-ge-loof-lijk! Wat ging die laag! Hij vloog echt vlak boven ons hoofd! Maar het is wel oorlogstuig,' zei hij ernstig. 'Stel je voor als hij bommen op ons had laten vallen.'

In de weken daarna hoorden we dat Zwitserland veel belang hecht aan zijn militaire slagkracht. Alle gezonde volwassen mannen moeten in dienst, en wat wapenbezit betreft staat Zwitserland in de top 3 van de wereld. We hoorden vaak schoten in de verte, waarschijnlijk van soldaten op schietoefening.

Op een middag volgden we een bospad dat geleidelijk omhoog liep. Het was die dag bewolkt, in de verte zagen we koeien in een wei staan en de wind voerde het ondertussen vertrouwde geluid van hun koeienbellen met zich mee. Weggestopt in de flank van de berg zagen we een met mos begroeid betonnen bouwsel.

'Dat lijkt wel een bunker,' zei Peter. 'Laten we eens kijken!'

Hij liep op de deur af en probeerde hem open te maken. 'Hij zit op slot.'

'Zou het een atoomschuilkelder zijn?' vroeg ik.

'Geen idee, maar het hele land staat er vol mee. In de Koude Oorlog hebben ze een wet aangenomen die iedere Zwitser recht geeft op een plek in een bunker.'

'Stel je voor,' zei ik. 'Er vindt een nucleaire ramp plaats en je weet net op tijd een bunker te bereiken. Ze laten je binnen en doen de deur achter je dicht. En vervolgens zit je dagen, weken of misschien wel jaren opgesloten met tientallen of honderden anderen.'

'Lijkt mij te veel op een gevangenis,' zei Peter.

'Het is dat of doodgaan door radioactieve straling.'

'Hmm, ik heb ooit eens iets gelezen over die beroemde bunker in Luzern. Toen die in de jaren zeventig werd gebouwd, konden er 20.000 mensen worden opgevangen. Dan heb je het over een volledige stad onder de grond met zeven verdiepingen! Ze hadden aan alles gedacht, zelfs aan cellen. Een gevangenis in een gevangenis! Typisch Zwitsers!'

Later op de dag zijn we waarschijnlijk een oude verdedigingslinie overgestoken want overal tussen de bomen in het bos zagen we betonnen blokken zo groot als een auto. Dat waren antitankobstakels uit de Eerste Wereldoorlog.

Een week later kwam ik wat meer te weten over dit aspect van Zwitserland. Ik was weer eens naar een supermarkt gelift, en op de terugweg kon ik meerijden met een man in een gitzwarte Mercedes sportwagen. Het hele interieur, ook het stuur, was met zacht leer bekleed. De bestuurder was een horlogefabrikant die vloeiend Engels sprak. Hij was klein van stuk en had een smal gezicht met scherpe jukbeenderen en heldergroene ogen.

Hij droeg een horloge dat ongetwijfeld een vermogen had gekost, en mijn oog viel op zijn chique leren handschoenen.

'Waar dienen die handschoenen voor?' vroeg ik met een lachje.

Hij hield zijn blik op de weg gericht, zette zijn richtingaanwijzer aan en glimlachte even.

'Die krijg je cadeau bij de auto.'

'Woont u hier in de buurt?' vroeg ik.

'Ja, ik woon in een klein dorpje hier vlakbij en ik werk in Zürich. Ik moet iedere dag ongeveer vijftig kilometer rijden, behoorlijk veel dus. Maar dat is hier heel gewoon; de meeste Zwitsers blijven wonen in het dorp waar ze geboren zijn en rijden elke dag naar hun werk. Mensen veranderen om de paar jaar van baan, dus het heeft weinig zin om steeds te verhuizen als je weer een nieuwe baan hebt.'

We praatten over van alles en nog wat, en op een gegeven moment bracht ik het gesprek op de strijdmacht.

'We hoorden militaire oefeningen in het bos. Hoe komt het

dat Zwitserland op militair gebied zo actief is?' vroeg ik. 'Wie is de vijand?'

'De Duitsers,' antwoordde hij bloedserieus.

'Dat meent u toch niet? De oorlog is vijfenzeventig jaar geleden.'

'Ja.'

Ik wachtte op nadere uitleg maar die bleef uit. Dus vroeg ik: 'Hebt u ook ergens een bunker?'

'Mijn neef heeft er een. Die heeft hij van zijn vader geërfd, maar ik ben er nog nooit geweest. Ik heb wel ooit een openbare ondergrondse bunker voor burgers vanbinnen gezien.'

'Echt? En hoe zag die eruit?'

'Wel fascinerend eigenlijk.' Hij zweeg even om zich de details voor de geest te halen. 'De muren zijn anderhalve meter dik. Er zijn ventilatoren en speciale douches om mensen die binnenkomen schoon te spoelen. En niemand heeft een eigen bed, want ze werken met een roulatiesysteem. Omdat er geen daglicht binnenkomt mag je acht uur slapen, en daarna mag de volgende acht uur slapen. Ze hebben het allemaal heel goed uitgedacht. Het is eigenlijk het beste systeem ter wereld. Er ligt ook een gigantische voorraad brandstof om de luchtfilters werkend te houden, en er zijn veiligheidskleppen en luchtsluizen geïnstalleerd om te voorkomen dat er verontreinigde lucht binnenkomt. Communicatie loopt via traditionele systemen omdat de satellieten dan waarschijnlijk vernietigd zijn en mobieltjes en het internet het niet meer doen. Verder is er een enorm waterreservoir. En vroeger had elke bunker ook een grote voedselvoorraad, maar nu niet meer, omdat de mensen niet meer zo bang zijn voor een kernramp. Veel bunkers zijn nu omgebouwd tot hotel of privékluis. Dat soort dingen.'

'Hoeveel bunkers zijn er in Zwitserland?'

'Ik zou het je niet precies kunnen zeggen, maar iets van twintigduizend publieke atoombunkers en nog eens driehonderdduizend particuliere schuilkelders. Maar sommige zijn buiten gebruik gesteld.'

Toen we bij mijn afslag aankwamen, moest ik bijna uit de auto kruipen, zo laag waren de stoelen.

'Sorry,' zei ik. 'Ik heb wat modder op de vloer achtergelaten.' Ik zat ermee dat ik zijn smetteloze bolide had besmeurd.

'Geen probleem. Ik heb een stofzuiger.'

Terwijl ik mijn rugzak op mijn schouders hees zag ik dat hij het verkeer in zijn spiegels in de gaten hield. Hij deed zijn richtingaanwijzer aan en reed voorzichtig de weg op. Na een paar seconden zat hij al op volle snelheid en spoot over het gladde asfalt naar Zürich.

Ik wachtte tot het weer stil was en glipte het bos in. Het eerste halfuur volgde ik een voetpad tot ik bij de witte steen kwam die ik op het pad had gelegd. Vanaf dat punt moest ik op zoek naar de droge rivierbedding, dieper in het bos. Ik liep ernaartoe, klom langs de andere kant van de bedding omhoog naar een uitloper van de berg. Mijn volgende oriëntatiepunt was een grote boom naast een hulststruik. Daar floot ik zachtjes en deed het geluid van de Nieuw-Zeelandse boeboekuil na. In de verte werd mijn roep beantwoord.

De Chemin des Crêtes du Jura is een schitterend langeafstandspad met diepe kloven en indrukwekkende vergezichten. Elke dag beklommen we dichtbeboste bergen en daalden weer af naar weelderig begroeide valleien. We voelden ons fit en sterk, maar na bijna twee maanden lopen hadden we allebei behoefte aan een paar dagen rust.

Midden in een bos stuitten we op een verlaten parkeerplaats met een watertappunt, en een halfuur verderop vonden we een omheind weiland, een uitgelezen plek om te kamperen. Daar zetten we de tent op met de bedoeling er een paar dagen te blijven. Elke dag vulden we onze waterflessen bij de buitenkraan, we zaten rond het vuur, bereidden maaltijden, deden een spelletje schaak, lazen Nietzsche en deden verder zo weinig mogelijk.

Op de derde dag zagen we opeens een lange magere man met een hoed op bij de omheining staan. Hij maakte geen aanstalten eroverheen te klimmen en vroeg in gebroken Engels: 'Vhen. Are. You. Leafing?'

We keken elkaar stomverbaasd aan.

'Morgen!' riep Peter.

Daar nam de man kennelijk genoegen mee, want hij liep zonder een woord te zeggen weer weg. De volgende ochtend vertrokken we, blij dat we in ieder geval drie dagen rust hadden gehad.

In Zwitserland eindigde het wandelpad officieel in het dorpje Dielsdorf, maar wij liepen nog een paar dagen door langs de oevers van de rustige, traagstromende Rijn, die daar de natuurlijke grens met Duitsland vormt. Er stonden veel bomen langs de oever en het was duidelijk dat de rivier niet vaak overstroomde. Hij maakte een betrouwbare, stabiele indruk – een beetje zoals de mensen die daar woonden. We kampeerden tussen de wilgen en volgden de rivier gedurende een aantal dagen tot aan het Bodenmeer, waar we de grens met Oostenrijk overstaken. Ons pad eindigde aan de rand van Bregenz, waar we liftend de andere kant van de stad probeerden te bereiken, wat niet lukte. Dus liepen we maar verder. De wegen zaten stampvol toeterende auto's en zware vrachtwagens, het was zo druk en lawaaierig dat het een martelgang was, en de tranen sprongen me in de ogen.

Tegen de avond bereikten we eindelijk het centrum van het stadje waar we in een mêlee van mensen terechtkwamen die genoten van een zomerse zaterdagavond. We vroegen de weg naar een jeugdherberg, maar kregen te horen dat alles vol zat. 'De volgende keer kun je beter reserveren met je telefoon,' zei een jonge man.

We gingen weer verder. Ik was die ochtend vol energie aan onze tocht begonnen, maar na tien uur lopen met zware bepakking was elke stap me te veel.

'Waar moeten we in vredesnaam overnachten?' zei ik en ik bleef even staan.

'We moeten gewoon door blijven lopen,' zei Peter zonder zijn pas ook maar een moment in te houden, 'dan vinden we wel ergens een plek. Zelfs in het donker lukt het ons wel de tent op te zetten met onze hoofdlampjes op. Geen probleem.'

Vlak voordat het helemaal donker werd, zagen we een strook bos die er veelbelovender uitzag dan wat we tot dan toe gezien hadden. Toen we beter keken, bleek het een drassig stuk land te zijn. Ik kon geen stap meer zetten en wachtte op een bankje terwijl Peter de boel ging verkennen. Hij kwam terug en zei dat hij een droge plek had gevonden die net groot genoeg was voor de tent, aan de oever van een rivier die in het Bodenmeer uitkwam.

We liepen ernaartoe en konden eindelijk onze rugzakken afdoen.

'En nu maar hopen dat de rivier niet overstroomt,' zei hij. Hij stond zijn modderige sandalen in het water te wassen. De kampeerplek lag maar twintig centimeter hoger dan de rivier, maar ik was te moe om me zorgen te maken over een rivier die misschien buiten zijn oevers zou treden en onze tent onder water zette.

Peter ging op zoek naar brandhout en terwijl de kleuren van de zonsondergang zich weerspiegelden in het water, zette ik de tent op. In het halfduister zaten we daarna rond ons kleine vuurtje en aten onze maaltijd van rijst met linzen.

Na zo'n lange dag vol lawaai leek het alsof de bomen mijn verpulverde, uitgeputte geest weer heelden. Alles om ons heen zag er zacht en lieflijk uit. Ik voelde hoe mijn lichaam zich ontspande en mijn geest weer nieuwe energie kreeg.

Toen het volledig donker was geworden, gooiden we zand op het vuur en gingen slapen, met in de verte het gebonk van muziek.

'*Hey, was machst du hier? Es ist verboten zu campen!*' hoorden we tegen het ochtendgloren iemand zeggen. De diepe mannenstem klonk kwaad en geërgerd.

Ik schoot overeind en keek Peter aan. 'Politie?' fluisterde ik.

Peter wees naar mij – ik was degene die Duits sprak. Zenuwachtig ritste ik de tent open.

Voor ons stonden twee mannen met een verrekijker om hun

nek. Ze zeiden dat dit een plek voor vogelaars was en dat wild kamperen streng verboden was. Ze hadden een camouflagetentje bij zich dat ze zo snel mogelijk wilden neerzetten op de plek waar onze tent stond.

'We gaan wel weg,' zei ik, en we begonnen onmiddellijk onze slaapzakken op te rollen.

De mannen bleven ongeduldig staan wachten terwijl we als een haas onze spullen inpakten.

'Welkom in Oostenrijk,' fluisterde ik, terwijl ik mijn mat oprolde en aan mijn rugzak vastbond.

Peter keek naar me op en grinnikte zachtjes.

3
Duitsland
In de voetsporen van de koning

Maximiliaan II was de koning van Beieren. Van zijn onderdanen hoorde hij verhalen over schitterende meren verscholen in eeuwenoude bossen, over watervallen en over bergen met zulke hoge, scherpe pieken dat het wel kerktorens leken. Sommigen hadden op de bergtoppen dusdanig hevig onweer meegemaakt dat de rotsen door blikseminslagen in tweeën werden gespleten. Anderen waren getuige geweest van hevige stortbuien die kleine kreken in kolkende rivieren veranderden. Iedereen had de schoonheid en grandeur van het ruige hooggebergte gezien – behalve de koning zelf. En dus besloot hij in de zomer van 1858 om zelf een rondreis door zijn koninkrijk te maken.

Hij koos een stel sterke mannen uit en begon aan een lange voettocht, te beginnen bij het Bodenmeer. Met zijn gevolg trok hij door de bergen, langs de Oostenrijkse grens, en vanaf de toppen had hij een fenomenaal uitzicht op zijn geliefde Beieren. Maar de koning werd ook snel moe, en moest vaak gedragen worden. Weer en wind trotserend klom het gezelschap omhoog, omlaag of volgde de bergkam, en na een tocht van 350 kilometer arriveerden ze in Berchtesgaden.

De mensen wisten nog waar de koning had gelopen, markeerden de route en noemden die voortaan de Maximiliansweg.

Na een 650 kilometer lange tocht door Frankrijk en Zwitserland zouden we nu in de voetsporen van de koning en zijn gevolg treden.

Vanuit Bregenz staken we de grens met Duitsland over en trokken vandaar de bossen in en verder omhoog naar het woeste berglandschap. We legden talloze vuurtjes aan en vonden altijd wel een slaapplaats onder de bomen. We hoorden spechten, zagen eekhoorntjes langs de boomstammen omhoog en omlaag rennen en vingen vis in spiegelgladde meertjes.

Op een dag klommen we naar een hoge bergpas en volgden vandaar het pad naar beneden naar een magnifieke ongerepte vallei zoals we die in Europa nog niet hadden gezien. De lucht was er koel en fris en een windje voerde het geluid van een bulderende rivier mee. Een valk hing doodstil in de blauwe lucht en in de verre omtrek was geen spoor van menselijk leven te bespeuren. Uiteindelijk stopten we bij een prachtige, snelstromende rivier.

Er was een klein strandje bij met wit zand. We deden onze rugzakken af en schrobden ons schoon met het fijne zand. In een wat dieper gedeelte van de rivier waste ik mijn haar. Het water was glashelder en toch aangenaam van temperatuur, en het was heerlijk om de kracht van het snelstromende water te ervaren. Deze rivier liep al duizenden jaren lang door dit landschap, doorsneed bergen en diende als levensbron voor alle dieren die er leefden. Dag in dag uit stroomde er schoon, zuiver water doorheen. Voor ons stond de rivier symbool voor de regenererende kracht van de Aarde. De bron was altijd puur, ongeacht de kwaliteit van het water wanneer het uiteindelijk de zee bereikte.

We dompelden ons onder in het water en wasten onze kleren. Terwijl ze in de zon lagen te drogen, maakten we een vuurtje van wilgenhout dat geen rook gaf. Niemand zag ons. Ik plukte wat brandnetels en vogelmuur om als spinazie klaar te maken, bakte een ei en rolde een paar chapati's terwijl Peter water kookte voor de thee. We waren opgetogen: het was een schitterende namiddag en we hadden een prachtige, paradijselijke plek gevonden met volop zuiver, schoon drinkwater.

We liepen twee zonnige dagen door deze vallei, tot we ergens een plek in het bos vonden waar we wat langer wilden blijven. Om ons heen was alles bedekt met een dikke laag mos. Er was een klein zijriviertje en daar vlakbij was een kleine opening tussen de bomen vanwaar we uitzicht hadden op de vallei. De hele middag zaten we daar op een zachte, met mos begroeide boomstam thee te drinken. Voordat we naar bed gingen zochten we wat brandhout bij elkaar en die nacht sliepen we heerlijk op een mostapijt. We besloten hier een hele week te blijven.

Tegen zonsopgang werd ik wakker van het geluid van regen en wierp een blik op onze houtvoorraad in de voortent. We konden met behulp van wat droge takken een vuurtje maken en er daarna nat hout op leggen. Op deze manier konden we het zeker een paar regenachtige dagen lang uithouden. En toen begon opeens het lawaai: het hoge, schelle gejank van kettingzagen; gekraak van takken; een daverende klap toen een reusachtige boom tegen de grond ging. We lagen in onze slaapzak ontzet naar het kabaal te luisteren. De houthakkers waren niet ver weg – ze leken met z'n drieën of vieren te zijn.

Ik probeerde een boek te lezen terwijl het bos rondom ons werd omgezaagd.

'Stel je voor,' zei Peter, 'dat je al generatieslang in het bos woont, zoals de Braziliaanse indianen, en dat de gevreesde witte man op een dag met zijn machines alle bomen om komt hakken rond de plek waar je woont. "Opdonderen!" schreeuwen ze. "Opkrassen! Wegwezen uit het bos. Ga maar in een reservaat wonen of in de stad, in een stenen huis. Doe wat je wordt gezegd!"'

Zijn woorden klonken messcherp en ik kreeg er tranen van in mijn ogen. Nooit eerder had ik zo'n situatie aan den lijve ondervonden. Ik vond het beangstigend.

De dagen daarna bleven de kettingzagen maar doorjanken en begon ik steeds banger te worden. Het was alsof mijn diepste kern werd doorboord en een vorm aannam die mij vreemd was en waarmee ik me ook nooit zou kunnen vereenzelvigen. Ik sloot mijn ogen en wachtte. Dit was de mooiste plek waar we ooit waren geweest en tegelijkertijd ook de gruwelijkste.

Op de vierde dag losten de wolken op en kwamen de houthakkers niet opdagen. We legden een groot vuur aan en maakten een uitgebreide maaltijd klaar. De zonnestralen verwarmden de bodem van het bos en we zagen de damp langzaam opstijgen. De kwastjes van dennennaalden aan de takken lichtten op in het zonlicht en bewogen zachtjes in de wind. Hoog in de hemel vlogen twee buizerds. Ze waren een heel eind van elkaar verwijderd, maar het leek of ze in grote wijde cirkels om elkaar heen draaiden. Ze zweefden steeds hoger en lieten zich moeiteloos meevoeren op de thermiek.

Vanaf het moment dat we in Duitsland aankwamen had Peter het voortdurend over een bepaald kasteel. Als kind had hij namelijk foto's gezien van Neuschwanstein en die waren hem altijd bijgebleven.

Koning Maximiliaan had een zoon die Ludwig heette. Hij was voorbestemd om koning te worden maar helaas lag zijn hart niet bij de politiek. Er werd van hem verwacht dat hij een erfgenaam zou voortbrengen en hij verloofde zich ook met een meisje, maar tot een huwelijk is het nooit gekomen. Sommige mensen fluisterden dat hij meer in mannen was geïnteresseerd. Na de Duitse eenwording van 1871, waarbij koning Wilhelm I tot keizer van Duitsland werd uitgeroepen, trok Ludwig zich terug in een fantasiewereld van ridders en kastelen. Hij liet verscheidene extravagante kastelen bouwen, maar had op een gegeven moment geen geld meer en leende toen veertien miljoen Duitse mark van andere Europese koningen om nog meer kastelen te kunnen bouwen. Zijn schuldenlast bracht de Beierse regering in grote verlegenheid, waarop zijn ministers hem krankzinnig lieten verklaren. Drie maanden later, in 1886, werd de koning dood aangetroffen in een meer. Niemand wist wat er was voorgevallen, maar velen vermoedden dat hij was vermoord.

Al zijn kastelen zijn sprookjesachtig: met heel veel torens, hoektorentjes, fresco's en troonzalen. Maar het meest adembenemende aspect van Neuschwanstein is toch wel de locatie ervan. Aan de noordkant liggen golvende heuvels en twee meren, en aan de andere kant kijkt het uit op de Alpen. De vele torens weerspiegelen als het ware de omringende bergpieken, klippen en steile rotswanden.

'Precies zoals ik het me had voorgesteld,' zei Peter toen hij het kasteel eindelijk in het echt zag. Zijn ogen glinsterden.

Daarna wandelden we over de asfaltweg naar de Marienbrücke, een spectaculaire brug op negentig meter boven de rivier. Het leek of de berg door een blikseminslag in tweeën was gespleten en dat de koning de ontstane spleet had laten overbruggen.

Verderop in de vallei was het verrassend rustig omdat de meeste toeristen niet verder gingen dan de brug. We gingen op zoek naar een plek om ons kamp op te slaan, maar werden aan alle kanten omringd door verticale rotswanden, waardoor we ons gedwongen zagen steeds hoger te klimmen tot we de laatste sporen van de beschaving achter ons hadden gelaten. Tegen het invallen van de schemering bereikten we een bergpas. Vanaf dit hoge punt konden we aan alle kanten om ons heen kijken, wat ons een weids gevoel van ruimte gaf. Oranje en rode wolken werden door de wind afgeplat en dreven één kant op. In de verte konden we de talloze bergpieken van de Ammergauer Alpen zien liggen.

We vonden een vlak stukje terrein en zetten de tent op. Hoewel het een lange dag was geweest hadden we nog genoeg energie. Het was alsof we weer terug waren in de echte wildernis. Ik had het gevoel dat ik hier eindeloos door kon blijven rennen, leven van de frisse lucht en drinken van het schone water dat uit de rotsen sijpelde. De woestheid van het landschap, de hoogte, de ongetemde kracht van de natuur creëerden een ander soort energie. Er begon een vreugdevol vuur in me te branden waardoor ik me tegelijkertijd heel kwetsbaar en onverschrokken voelde.

De volgende ochtend liepen we naar een nog hoger gelegen bergpas. Op het laatste stuk werden we aan alle kanten omringd door puin en rotsblokken en moesten we op handen en voeten verder omhoogklimmen. Boven aangekomen rustten we even uit, met uitzicht op de oostelijke bergketens die tot diep in Oostenrijk doorlopen. Nadat we wat gegeten hadden, gingen we weer op pad en daalden de berg af. Het terrein was behoorlijk steil, en hier en daar kronkelde het langs een rotswand omlaag. Het was bloedheet – op de heenweg hadden we al flink gezweet – en we moesten nog een heel eind naar beneden, maar we hadden geen druppel water meer.

Toen zagen we in de verte iets glinsteren. Terwijl Peter uitrustte, pakte ik de flessen en klom naar beneden naar een waterval, die veel verder weg lag dan ik dacht. Onderweg zag ik een grote kudde gemzen. Deze fantastische dieren, verwant aan de antilope, zijn niet veel groter dan een geit en hebben een bruine vacht en een klein wit gezicht, met aan weerszijden een bruine streep vanaf hun neus tot hun oren. En ze hebben fraaie puntige hoorns die aan het eind naar achteren buigen. We hadden ze weleens in Nieuw-Zeeland gezien, waar ze vanuit Europa waren geïntroduceerd. Ze worden daar nu echter officieel als plaag bestempeld, en de Nieuw-Zeelandse regering doet er alles aan om de aantallen zo klein mogelijk te houden. Het was heel bijzonder om ze hier in hun natuurlijke habitat te zien. Ze stonden heel rustig te grazen en keken naar me, maar waren absoluut niet bang. Enkele leiders leken naar de lucht te kijken, en de kudde bewoog zich langzaam naar beneden, richting vallei. In de verte zag ik wolken aankomen en het leek opeens harder te gaan waaien.

'Volgens mij gaat het stormen,' zei ik tegen Peter toen ik terugkwam. 'We kunnen vannacht maar beter beschutting zoeken onder de bomen.'

Ik wilde niet te diep de vallei in, maar zo lang mogelijk hierboven blijven op deze woeste, ruige plek in de bergen, en daar de onmetelijke kracht van de storm ervaren om mijn hart sterker te maken. Dus zetten we onze tent op bij het eerste groepje bomen dat we zagen.

De reusachtige, oude knoestige bomen stonden onder aan

een eeuwenoude puinhelling, kromgetrokken en gegeseld door weer en wind, blikseminslagen, overstromingen en aardverschuivingen. Ze stonden hier heel lang en we hadden het gevoel dat ze ons beschermden.

Terwijl de hemel een merkwaardige paars-groene gloed aannam, maakten we een vuurtje om onze avondmaaltijd te bereiden. Ondertussen was de zon achter de bergen verdwenen en werd het snel kouder in de vallei. We trokken al onze kleren aan en gingen op een rots zitten kijken hoe de kolossale wolken langzaam naar ons toe dreven. De kale toppen van de bergpieken leken te wachten tot al dat natuurgeweld zou losbarsten. Het was griezelig stil, zelfs de vogels zwegen. Ik voelde dat de spanning zich opbouwde en moest me enorm beheersen om me niet in de tent te verschuilen.

Het begon met een gerommel in de verte en lichtflitsen aan de horizon. Naarmate het onweer dichterbij kwam zagen we dat de hemel doorkliefd werd door gigantische, zigzaggende bliksemschichten die een vreemd gelig licht verspreidden. Sommige schoten in de richting van de Aarde en andere sprongen van de ene naar de andere wolk. Het was beangstigend en tegelijkertijd verkwikkend. Toen de storm dichterbij kwam, hoorden we de ene na de andere forse donderslag door de bergen echoën; de lichtflitsen volgden elkaar zo snel op dat het een stroboscopisch effect veroorzaakte. Ik kreeg er een vreemd gevoel van in mijn hoofd, alsof onzichtbare handen me naar de hemel optilden. Mijn lichaam en geest werden één met de onweersstorm. Mijn ik hield even op te bestaan en ik ontving een enorme lading energie.

In de dagen daarna zagen we overal geknakte bomen en rivieren die buiten hun oevers waren getreden, allemaal het gevolg van de zware storm. Het was één grote ravage, maar zodra er een boom was omgevallen kreeg een jong boompje de kans om te groeien. Nieuwe zaden hadden al die tijd in de aarde liggen wachten op deze vernietiging. Dood betekende in de wildernis ook leven.

Onderweg zagen we regelmatig jagershutten – eenvoudige houten plateautjes in de bomen die op een open plek uitkeken. In de buurt waren voederzakken opgehangen om herten en zwijnen te lokken. De jager zat in de boom te wachten en als hij een dier zag, legde hij zijn geweer aan de schouder en schoot. Het was een heel andere manier van jagen dan ik in Nieuw-Zeeland was gewend – waar ik tegen het vallen van de avond op jacht ging, en voortdurend om me heen keek, op zoek naar een beweging of een kleur die op de aanwezigheid van een dier duidde, en niet die van een plant of een steen.

Tijdens de jacht maakte ik deel uit van de natuur. Dan was ik onbevreesd en alert, als een tijgerin die haar territorium verkent. Het jagen zat me in het bloed, in mijn genen, net als bij mijn voorouders. Het voelde heel natuurlijk en vanzelfsprekend. Om me heen was het doodstil en er hing een spanning in de lucht waardoor ik nog waakzamer werd. De bomen, hellingen en open plekken werden door een gouden licht bestreken, maar ik hield me verborgen in de schaduw en maakte geen enkel geluid. Ik zat alleen maar geduldig om me heen te kijken en luisterde zo ingespannen dat ik als het ware ophield met denken. Met het invallen van de schemering kwamen er steeds meer dieren tevoorschijn, en dan liep ik geruisloos naar een goed uitkijkpunt of klom ik in een boom. Als de eerste ster aan de hemel verscheen, begonnen de dieren te grazen en heen en weer te lopen, en bleef ik aan de rand van het bos tot het te donker was om nog enige beweging te zien.

Ik miste het jagen en ik miste het vlees van wilde dieren, waar ik altijd zoveel energie van kreeg, maar als buitenlander was het moeilijk om aan de benodigde jachtvergunning te komen. Onze reis door Europa was niet te vergelijken met de jaren die we in de Nieuw-Zeelandse wildernis doorbrachten. De bergen lagen minder ver van de buitenwereld, maar dat nam niet weg dat de Beierse Alpen met hun hoge bergtoppen en pieken zeker zoveel indruk op ons maakten als de Nieuw-Zeelandse Alpen.

Het was ondertussen eind augustus, en na drie maanden stevig doorwandelen en duizend kilometer te hebben afgelegd, konden we alleen nog maar denken aan een plek om uit te rusten. Tegen de tijd dat we het eind van de Maximiliansweg in Berchtesgaden hadden bereikt, in de buurt van Salzburg, was ik moe, en Peter uitgeput. We dachten zelfs niet na over verdere plannen, en hadden het allang niet meer over Istanbul, want Turkije lag nog eens tweeduizend kilometer verder.

We hadden dringend een plek nodig om een paar weken uit te rusten. Meer dan tien jaar geleden, toen Peter nog in India woonde, was hij bevriend geraakt met Simon, een man met een Indiase moeder en een Oostenrijkse vader. Door de jaren heen hadden ze zo nu en dan contact gehouden en Peter wist dat hij terug was gegaan naar Oostenrijk. We gingen naar een bibliotheek waar Peter hem een e-mail stuurde, en gelukkig reageerde Simon meteen met een hartelijke uitnodiging om bij hem te komen logeren.

Vanaf het eind van het wandelpad was het een uur rijden in oostelijke richting naar Simons huis. We zaten in een grote, lege bus, die ons over kronkelige wegen voerde, dwars door de bergen, langs meren en keurige stadjes. Maar toch was het allemaal minder mooi dan de ongerepte natuur waar we doorheen getrokken waren. We voelden ons opeens opgesloten in die bus. We konden onze longen niet vullen met koele berglucht of de steilte van de berghellingen aan den lijve ondervinden. We konden de stilte niet horen of vogels horen zingen. Maar dit ging wel sneller dan lopen.

We stapten uit in een dorp met keurig aangelegde tuinen, omringd door al even keurige velden, met uitzicht op ruige, dichtbeboste bergen en een indrukwekkend witte steile rotswand.

Simon had gezegd dat we te allen tijde welkom waren – maar wel na drie uur 's middags. Toen we bij zijn huis aankwamen vertelde hij dat hij net wakker was. Hij was een jaar of vijftig en zag er heel Indiaas uit, met lang, zwart zijdezacht haar, elegante vingers, een vredige glimlach, volle lippen en vriendelijke bruine ogen in een rond gezicht. Hij had ook een dikke buik waar twee magere benen onder uitstaken.

Hij verwelkomde ons hartelijk, omhelsde ons en zei dat hij nu Chunmay heette. Hij vertelde dat zijn vroegere goeroe in India hem die nieuwe naam had gegeven, en dat die 'ultieme bewustwording' betekende. Toen hij zich omdraaide om ons voor te gaan naar de zitkamer, keek ik Peter aan. Hij trok een wenkbrauw op. Ik moest grinniken.

We gingen zitten en vertelden wat over onze reis, en op een goed moment vroeg ik terloops wat voor werk hij deed.

'Heeft Peter je dat niet verteld?' vroeg Simon verbaasd, en zei toen: 'Ik ben zoals dat heet, een Advaita Vedanta-leraar. Ik hou niet van de naam goeroe, omdat het leven zelf een goeroe is, een persoon kan nooit een goeroe zijn, maar ik geef *satsang*, wat in het Sanskriet "samenzijn in waarheid" betekent. Ik vraag de mensen één te zijn met alles; om in het moment te leven en zich niet met iets of iemand te identificeren. Want dat is totale vrijheid.'

Ik luisterde aandachtig, want het was duidelijk dat hij veel over dit onderwerp had gelezen.

'De waarheid opent je hart en brengt je geest tot rust. Maar gedachten, angst, enzovoort, doen het hart samentrekken en daardoor krijgt de geest het drukker, snap je?'

'Ja,' zei ik, en Peter knikte.

'We houden ook veel stilteretraites,' zei Simon.

Ik vertelde hem dat we vlak naast het klooster La Grande Chartreuse hadden geslapen, waar de monniken ook in stilte leefden. Peter vertelde hem over de lynx die we hadden gezien en ik over de lift die ik had gekregen van een oude demente man. Daarna kregen we het over de wildernis in Nieuw-Zeeland en wat we daar allemaal beleefd hadden.

'Ik kan me nog goed herinneren wat voor geweldige gesprekken we in India hadden, Peter,' zei Simon. 'In die tijd was Peter de *Mahabharata* aan het lezen, de oude Indiase heilige geschriften.'

'Ja, ik vond de raadsels van Yaksha interessant,' zei Peter. 'Hoe gingen die ook alweer? O ja. Wat is sneller dan de wind?'

'De geest!' zei Simon grijnzend.

'Wie is waarlijk gelukkig?' vroeg Peter.

'Iemand die vrij is van schulden, van welke aard dan ook,' antwoordde Simon.

'En in het Nederlands heeft schuld twee betekenissen,' voegde ik eraan toe.

'Wat is het grootste wonder?'

'De mens ziet de dood overal om zich heen, en toch gelooft hij dat hij zelf nooit zal sterven,' zei Peter.

Simon zette een kop thee voor ons en vroeg: 'Zeg, als jullie onder een grote boom slapen, voelen jullie dan de energie van die boom?'

'Soms wel,' zei Peter, 'en als er andere grote bomen in de buurt staan, voel je dat de wortels onderling met elkaar verbonden zijn. Niets staat helemaal alleen.'

'Het is heel fijn om jullie hier te hebben,' zei Simon. 'Mijn vrienden uit de wildernis.' Hij boog zich voorover en nam mijn hand in zijn linkerhand en Peters hand in zijn rechter. 'Jullie weten als geen ander wat een-zijn is.' Hij ademde diep in en ademde weer langzaam uit terwijl hij ons glimlachend aankeek. 'Jullie beoefenen satsang met elke porie van je lichaam zonder erbij na te denken. Het enige geluid in de wildernis is de fluistering van de waarheid.'

Ik knikte heel lichtjes. 'Dat zal wel, ja.'

'Hebben jullie in de wildernis weleens een moment van non-dualiteit ervaren of een mystieke ervaring gehad, zoals dat heet? En hebben jullie weleens psilocybine genomen, want dat geeft je ook veel nieuwe inzichten. Ikzelf heb mijn grote doorbraak beleefd met behulp van ayahuasca.'

'Nee, wij hebben nooit zoiets gebruikt,' antwoordde ik.

'Maar er gebeurt wel van alles als je rustig in het woud woont. Alles is daar tijdloos, zonder klok, zonder technologie en andere afleidingen,' zei Peter.

We bleven nog een poos praten en toen vroeg Simon of we in een van zijn ashrams wilden logeren.

'Ashrams?' zei Peter. 'Waar?'

'Op ongeveer een halfuur rijden van hier,' zei Simon. 'Suhina komt jullie wel halen, dan brengt ze jullie erheen.'

Simon bleek vijf ashrams te hebben. De ashram waar wij zouden logeren was het appartement van een van zijn volgelingen, en lag midden in een stadje. De eigenaresse was een jonge vrouw, een alleenstaande moeder met twee zoontjes. Ze vertelde dat ze vroeger Else heette maar nu Suhina werd genoemd, wat schoonheid betekende. Omdat ik al die vreemde benamingen niet kon onthouden, noemde ik haar gewoon Schoonheid. Ze was inderdaad heel mooi, had lang blond haar, een slank en atletisch lichaam en vrolijke ogen.

Ze liet ons de gastenkamer zien. Ze wilde geen geld aannemen, maar we stonden erop om bij te dragen in de onkosten. Voor de eerste keer in drie maanden konden we slapen zonder ons druk te maken of we wel genoeg drinkwater hadden. Toen ik mijn rugzak leeg had gemaakt, nam ik een warme douche, en de waterstraal was zo krachtig dat het bijna eng was. Terug op onze kamer rook ik opeens de doordringende rooklucht die we met ons mee hadden genomen van al die kampvuurtjes. Schoonheid liet ons zien hoe de wasmachine werkte en al snel waren we weer toonbaar voor de buitenwereld.

De jongens speelden in de zitkamer met hun houten treintje, en wij gingen rond de keukentafel zitten. Peter maakte een vegetarische curry klaar en Schoonheid was rode uien aan het snijden. Met haar vlijmscherpe mesje sneed ze de ui flinterdun. Terwijl ik de tomaten sneed voor in de salade, betrapte ik mezelf erop dat ik me afvroeg of Schoonheid ergens een vriendje had of dat ze zich een spiritueel celibaat had opgelegd.

'Het zit zo: we zijn volledig toegewijd aan Chunmay,' vertelde ze met een vluchtige glimlach. 'Zoals je kunt zien.' Ze gebaarde achter zich naar een ingelijste foto van Simon die op een tafel stond. 'Ik voel me volledig in harmonie met mezelf als ik bij hem in de buurt ben. Hij leert ons dat we ons kunnen bevrijden van onze conditioneringen, dat we alles weg kunnen gooien wat ons niets brengt, zoals privébezit, privé-echtgenoten, privé-ego's.'

'Wil je daarmee zeggen dat je Simons minnares bent?' vroeg Peter.

Ze grinnikte. 'Ik ben een van zijn minnaressen.'

'Hoeveel heeft hij er dan?'

'Op dit moment heeft hij er vijf. Maar daar zijn geen specifieke grenzen aan gesteld.' Ze haalde haar schouders op. 'Hij is niet mijn eigendom.'

Vijf? dacht ik. Waar zijn die dan allemaal? 'En jij, heb jij ook vijf minnaars?'

'O nee, ik ben nog lang niet zo verlicht als Chunmay. Dat zou te verwarrend zijn voor mijn geest. Mijn geest is nog niet volledig leeg. In dit stadium is het belangrijk voor me om me op één enkele leer te focussen. Chunmay is mijn gids. Hij ziet alles heel helder.'

De volgende dagen deden we boodschappen voor ons allemaal, kookten eten, maakten schoon, aten met elkaar en speelden met de kinderen. En er kwamen ook regelmatig andere mannen en vrouwen in onze ashram langs om de goeroe te ontmoeten.

Simon kwam altijd aanrijden op zijn Moto Guzzi. Toen ik hem voor de eerste keer aan zag komen vroeg ik me onwillekeurig af hoeveel die motor wel niet kostte. Terwijl Simon in de gang zijn helm afzette, vroeg ik Schoonheid hoe dat zat met die motorfiets.

'O, die is heel duur geweest,' zei ze. 'Ik kan je vertellen dat die een klein fortuin heeft gekost.'

'Is het niet vreemd dat Chunmay zoveel dure materiële zaken bezit?' vroeg ik, terwijl ik de tafel dekte en servetjes neerlegde.

'Voor ons wel, ja. Omdat wij ons ermee zouden identificeren en eraan gehecht zouden raken. Maar Chunmay is nergens aan gehecht, en al helemaal niet aan materiële bezittingen als een motorfiets. Of hij nou iets in eigendom heeft of niet, het doet hem niets. Dat is vrijheid.'

'Waar haalt hij het geld vandaan? Verdient hij dat alleen met het lesgeven in satsang?'

'Dat komt van overal en nergens.' Lachend stak ze een kaars aan. 'Hij maakt zich nooit druk om geld en hij heeft altijd genoeg. Als hij iets wil kopen, lijkt het geld op wonderbaarlijke wijze ergens vandaan te komen. Het universum voorziet in alles.'

Simon kwam met zes volgelingen de eetkamer binnen en we gingen allemaal om de tafel zitten. Iedereen sprak goed Engels en we raakten met elkaar in gesprek. Terwijl Simon aan het woord was, keek ik of ik tekenen van verlichting bij hem zag. Ik was benieuwd of die authentiek was of geconstrueerd. Afgezien van zijn zachte stem en zijn glimlachje, die hij zich ook zou kunnen hebben aangeleerd, leek hij inderdaad nog een andere kwaliteit te bezitten. Hij zat heel rustig om zich heen kijken. Het leek of hij altijd achterovergeleund in een stoel zat en de wereld om zich heen met een glimlach observeerde. Het viel moeilijk uit te maken of hij altijd zo was of alleen in gezelschap van anderen. Hoe dan ook, op die avonden straalde hij een soort sereniteit uit.

Ons behandelde hij als koninklijke gasten, maar zijn volgelingen werden voortdurend gecommandeerd. Hij riep dan bijvoorbeeld: 'Wijn!' en knipte zelfs met zijn vingers. En meteen sprong er iemand overeind om hem nog wat wijn in te schenken.

'Waar doe je dit allemaal voor?' vroeg Peter aan een van de jonge mannen.

Peter stelde die vraag niet om hem belachelijk te maken, maar puur uit nieuwsgierigheid.

'Verlichting!' antwoordde hij, alsof het nogal logisch was. Hij had een hoog voorhoofd, droeg zijn rossige haar in een paardenstaart en bewoog zich als een rugbyspeler. 'Hoe langer ik bij Chunmay blijf, des te meer ik leer en des te sneller ik verlichting zal bereiken. Het leven is niet de moeite waard geleefd te worden zonder nirvana. Ik heb bewust voor de positie van dienaar gekozen en wil de arrogantie van mijn ego observeren. Na verloop van tijd zal mijn ego langzaam oplossen.'

'Heeft dat geen invloed op de persoon die gediend wordt?' vroeg ik.

'Niet als die persoon verlicht is,' antwoordde hij met een blik naar Simon.

'Als je je ego eenmaal hebt afgebroken, hebben beledigingen, complimenten of dienstbaar gedrag van anderen er geen vat op,' zei Simon met een brede glimlach.

We leerden de vijf vriendinnen vrij goed kennen. Het waren allemaal knappe, blonde vrouwen, en ze waren niet ouder dan vijfendertig. De meesten van hen hadden kleine kinderen en de vader was niet in beeld. Maar Chunmay's nieuwste vriendin was pas twintig. Hij had haar Madhuri genoemd, Honingzoet.

Op een dag trof ik haar huilend aan in de keuken. 'Wat is er?' vroeg ik. Ik gaf haar een klopje op de schouder en nam rustig plaats aan de keukentafel.

Het duurde even voor het eruit kwam, maar uiteindelijk vertelde ze snikkend: 'Ik weet niet meer zo zeker wat ik nou wil. Ik ben echt heel gelukkig met Chunmay, maar misschien wil ik toch een vriendje voor mezelf, maar dat is een ontzettend egoïstische gedachte.'

'Moet je horen,' zei ik. 'Je hóéft zijn vriendin niet te zijn, je hóéft hier niet te wonen. Je kunt elk moment weg, wanneer je maar wilt. Je kunt ook terug naar je vrienden en je familie in Frankfurt, als je dat wilt. Dit is geen gevangenis.'

'Mijn familie in Fránkfurt?' zei ze opeens met een hele normale stem.

Heel even dacht ik dat ik me had vergist in de naam van de stad, maar toen zei ze: 'Nee, die hebben geen idee van hoe ik leef. Mijn vader is heel conservatief. Hij zou een hartverzakking krijgen als hij wist dat ik de vriendin van een goeroe ben. Nee, het zou me geen goed doen om mijn ouders te zien. Die zouden me direct terug naar huis slepen.'

'Oké, je vrienden van vroeger dan. Die zullen je toch wel beter begrijpen?'

'Nee, die studeren iets onbeduidends als business administration of iets met marketing of zo. Nee, ik hou van de spirituele energie hier en ik woon graag in een ashram. Chunmay zegt dat de chaos in mijn hoofd wordt veroorzaakt door mijn ego, dat alles in de vernieling probeert te helpen. Mijn geconditioneerde zelf komt met allerlei argumenten om hier weg te gaan. Maar daar moet ik niet naar luisteren, omdat dat het ego alleen maar versterkt.'

'Maar hoe kun je ooit een beslissing nemen, wat voor beslissing dan ook, als je er niet op kunt vertrouwen dat je eigen gedachten waar zijn?'

Ze staarde naar de tafel. 'Dat is het probleem. Mijn eigen gedachten kan ik niet vertrouwen, maar Chunmay wel. Ik hou vreselijk veel van hem. Terwijl het in mijn hoofd één grote chaos is, is hij mijn leidsman. Hij leidt me naar een spiritueel pad. Niet iedereen kan dat aan, zegt hij. Je moet volhouden. Je komt veel obstakels tegen op de weg.'

'En een van die obstakels is het ego, bedoel je?'

'Het is altijd het ego. In plaats van te mediteren over belangrijke zaken, houdt het ego zich bezig met domme oppervlakkige dingetjes, het probeert in oppervlakkige dingen te vluchten, en creëert op een slimme, sluwe manier allerlei vormen van afleiding... Dus dit is een van de vele moeilijkheden waarmee ik word geconfronteerd. Daar moeten we allemaal doorheen. En daar leren we van. En uiteindelijk' – ze keek even op – 'zal ik het nirvana bereiken.' Ze glimlachte voor ze haar ogen weer neersloeg.

Het had de hele dag geregend, maar nu waaide er een zacht briesje door het open keukenraam naar binnen. De zon kon elk moment ondergaan en de hemel kleurde roze.

Dit begon op een echte sekte te lijken, dacht ik. Simon had de wereld vergeleken met een doolhof, en had deze jonge vrouwen verteld dat de verlossing in het midden ervan lag. En als je maar lang genoeg liep, het lang genoeg probeerde, zou je daar uiteindelijk aankomen. Het probleem was dat niemand ooit het midden wist te bereiken. En als je eenmaal in zijn doolhof zat, had Simon de uitgang heel slim laten verdwijnen.

Simon kwam regelmatig eten, waarna hij tot drie uur 's nachts bleef zitten. Niemand durfde te gaan slapen tot hij besloot naar huis te gaan. Het was ontzettend vermoeiend omdat de kinderen iedere ochtend vroeg wakker werden. Peter en ik konden daarom niet echt uitrusten van onze reis, zoals we hadden gehoopt. Integendeel zelfs, het ging steeds slechter met ons. Eerst werd ik fysiek moe, en daarna raakte ik geestelijk uitgeput. Ik compenseerde mijn vermoeidheid net als de andere vrouwen met een overdosis koffie om de dag door te komen, en werd daardoor letterlijk uit mijn evenwicht gebracht. Aan de ene kant kon ik niet wachten om te vertrekken, maar aan de andere kant was ik geïntrigeerd geraakt. Ik had wel boeken over sektes gelezen, maar had er nog nooit een van dichtbij meegemaakt. Dit was zeker niet de meest extreme sekte die er ooit had bestaan – absoluut niet streng, het ging er eigenlijk heel gemoedelijk aan toe – maar uiteindelijk bleven we uit pure nieuwsgierigheid toch nog wat langer in de ashram hangen.

We waren er al ruim een week toen een van Chunmays vriendinnen me benaderde. Ze heette Goddelijke Energie. We zaten wat te kletsen toen ze opeens zei: 'We zijn naar Zweden geweest voor een retraite, en de Zweedse vrouwen waren echt dol op Chunmay. Ze waren zo open en liefdevol; ze wilden Chunmay voortdurend aanraken. Gewoon heel mooi om te zien.'

Ik koesterde onmiddellijk achterdocht. Deze boodschap leek aan mij persoonlijk gericht te zijn. En ja hoor, een paar dagen later begon ze er weer over, en deze keer vroeg ze: 'Heb jij dat ook gemerkt? Dat je een heel speciaal gevoel krijgt wanneer je Chunmay aanraakt?'

'Eh, ja, een beetje,' mompelde ik.

'De energie die hij uitstraalt is zo zuiver, zo licht. Ik voel het telkens als ik hem aanraak. Als je wilt kun jij dat intieme gevoel ook met Chunmay ervaren.'

Mooi niet, dacht ik.

Tussen de regenbuien door liepen Peter en ik in onze warmste kleren samen naar de supermarkt. Onderweg zagen we een kind dat iets achter zich aan trok aan een touwtje. Het leek op een vod, of misschien een lappenpop.

'Ken je die grap over een hond die Bobby heette?' vroeg Peter.

'Nee?' Ik begon al te glimlachen.

'Er was eens een man, George heette hij, die in een gekkenhuis woonde. Elke dag liep hij heen en weer door de gang met een baksteen aan een riem. Hij was ervan overtuigd dat de baksteen een hond was. Een hond die hij Bobby noemde. Op een dag moest hij voor een commissie verschijnen die zou beoordelen of hij nog steeds gek was.

"En hoe gaat het vandaag met je hondje?" vroeg een van de commissieleden na afloop van het gesprek.

"Mijn hond?" vroeg George verbaasd. "Dat is geen hond! Dat is gewoon een baksteen!"

Terwijl George de kamer verliet, zei de psycholoog: "Nou, dat is een goed teken. Het gaat veel beter met hem."

George liep naar buiten met zijn baksteen aan een touwtje. En terwijl hij de deur achter zich dichttrok, mompelde hij tegen de baksteen: "We hebben ze weer goed voor de gek gehouden, hè, Bobby?"'

Ik lachte. 'Hij weet dat het een baksteen is en hij gelooft dat het een hond is. Het lijkt een beetje op dat raadsel in de *Mahabharata*: we weten dat we ooit dood gaan, maar we geloven dat we het eeuwige leven hebben. Ik vraag me af hoe vaak dat in het dagelijkse leven gebeurt.'

'Mensen die in een disfunctionele relatie zitten, weten dat ze de ander verafschuwen en toch willen ze geloven dat ze van hun partner houden,' zei Peter. 'Dat deed ik vroeger ook.'

'Denk je dat Simon ook gelooft dat hij verlicht is?' vroeg

ik. 'Maar dat hij ergens, diep in zijn hart, weet dat dat niet zo is?'

'Ik denk dat hij het wil geloven en daar naar handelt, en het zo tot realiteit maakt. En dat werkt net zolang tot de zeepbel om een of andere reden barst.'

De volgende dag kwam Simon op bezoek en zonder het hardop te zeggen gebaarde hij dat ik naast hem op de bank moest komen zitten. De bank zakte zo diep door dat ik vanzelf naar hem toe gleed, en tot mijn schrik sloeg hij ook nog eens zijn arm om mij heen. Aan de andere kant zat Schoonheid naast hem. Simon had de situatie volmaakt onder controle. Ik keek Peter aan, die grijnzend terugkeek.

'Wat doet dat met je bewustzijn, als je altijd in de bossen en de bergen leeft?' vroeg Simon hem.

'Dan realiseer je je hoe beperkt je geest is,' antwoordde Peter. 'Hoe onbeduidend wij zijn. Wij zijn piepklein vergeleken bij die gigantische bergen.'

'En onze gedachten en zorgen stellen helemaal niks voor,' voegde ik eraan toe. 'In plaats van eindeloos alles te moeten analyseren, lijken al die problemen zich als sneeuw voor de zon op te lossen.'

Het gesprek kabbelde voort, maar het viel me op dat Honingzoet aan de andere kant van de kamer er stijfjes bij zat. Ze zei niets en zag er heel ongelukkig uit. Ik had het idee dat zij normaal gesproken naast Simon zat en ik voelde me schuldig omdat ik haar verdrietig maakte.

De avond daarop kregen we nog een staaltje van Simons overwicht te zien. We zouden een satsang-sessie bijwonen. Simon ging er op zijn motorfiets heen en de rest van ons reed in een busje naar een schitterend oud gebouw in het hartje van de stad. Zijn volgelingen hadden de ruimte versierd met bloemen en de grote ramen opengezet, matten op de grond gelegd en vooraan twee stoelen klaargezet. Er waren ongeveer twintig mensen van allerlei nationaliteiten en leeftijden. We gingen allemaal in de lotushouding zitten en werden geacht te mediteren tot de goeroe zou arriveren.

Hij kwam binnen en nam zwijgend plaats op zijn stoel. Zijn dikke buik deinde op en neer. Na een paar minuten keek hij om zich heen. Zijn hoofd bewoog van links naar rechts terwijl hij ons een voor een aankeek.

'Nu mogen jullie ontspannen,' zei hij langzaam in het Engels. 'Ontspan je volledig. En luister naar de stilte.'

Er kwam heel veel lawaai van buiten. Een ambulance kwam langsscheuren met gillende sirenes, auto's reden voorbij, kinderen waren aan het gillen en roepen op straat...

'Laat alles daarbuiten even voor wat het is. Je geest, je gedachten, je verleden en je ideeën over de toekomst. Laat het los. Ga nu naar de kern van je zijn. Als je in deze toestand verkeert, kan er dan een schepper zijn?'

Ik keek onrustig naar de anderen. Werden we geacht antwoord te geven op deze vraag?

'Nee,' zei Simon uiteindelijk. 'Er is geen schepping of schepper. Niemand creëert iets. Het zijn onze gedachten die een virtuele identiteit creëren.'

Hij zweeg even en vroeg toen: 'Wat creëert de schepper normaal gesproken?'

Hij gaf antwoord op zijn eigen vraag. 'Alles wat je maar wenst,' zei hij. 'We creëren geluk, romantiek, succes in zaken, enzovoort. En de schepper raakt gehecht aan het resultaat. Maar die creatie is een illusie. Je hebt een denkbeeldige zonnige kant gecreëerd en die zonnige kant brengt automatisch een donkere kant met zich mee. En na een tijdje gaan we walgen van die donkere kant en doen we er alles aan om die te mijden. Maar dat kan niet. We kunnen niet de zonnige kant behouden en de duisternis vernietigen.'

De hele sessie nam twee uur in beslag en op het eind waren we getuige van een naamgevingsceremonie. Het tien jaar oude zoontje van een van zijn vriendinnen zou nu officieel toetreden tot de ashram. Hij zat vol spanning in de grote stoel te wachten tot Simon hem zijn Hindoenaam zou geven. Simon zei dat de jongen onschuldig en sterk was, en ver zou komen als hij maar zijn innerlijke licht zou blijven volgen. Hij noemde hem Tejas, Licht.

Na tien dagen in de ashram wilden Peter en ik weer verder trekken en bespraken we wat we hierna zouden doen. Het warme, zomerse weer had plaatsgemaakt voor regen en kou. De bladeren aan de bomen begonnen te vergelen en de herfst zat eraan te komen. We vonden het geen aanlokkelijk idee om in die weersomstandigheden door Oostenrijk te blijven lopen en overwogen een trein naar warmere oorden te nemen.

Toen kreeg ik een e-mail van een Nederlandse vrouw. Ze had mijn boek *Mijn leven in de wildernis* gelezen en nodigde ons uit om haar en haar gezin op te zoeken in hun yurt in Bulgarije.

'Waar ligt Bulgarije ook alweer?'

'Ten zuiden van Roemenië, ten noorden van Griekenland, ten westen van Turkije en ten oosten van Servië,' zei Peter vanaf de bank. 'Ik zou denken dat je dat op school hebt geleerd – je bent tenslotte wel in Europa geboren.'

'Ja, maar dat is alweer lang geleden. Maar luister, een Nederlands gezin in Bulgarije heeft ons uitgenodigd om in hun yurt te komen logeren. Ze hebben de Nederlandse samenleving met alle regeltjes de rug toegekeerd, en willen hun kinderen niet naar school sturen. Ze willen in de natuur zijn en samenleven met gelijkgestemde zielen.'

'En hebben die gelijkgestemde zielen een sekte opgericht?'

Ik lachte. 'Dat denk ik niet, maar zeker weten doe ik het niet.'

'En het Bulgaarse onderwijssysteem maalt er niet om dat kinderen niet naar school gaan?'

'Dat weet ik niet – ze reizen nu rond in Roemenië en komen volgende week weer thuis. Ze schrijft dat je er volop druiven kunt plukken, en paddenstoelen en bessen, en appels en peren en kersen, en walnoten. In de communistische tijd hebben ze daar fruitbomen geplant waar iedereen van kon plukken.'

'Hoor ik je nou druiven zeggen?' vroeg Peter. 'Want dat betekent dat ze daar een fantastisch klimaat hebben. Ik ga overal heen waar druiven willen groeien. Denk je dat ze het goed vinden dat we nog een weekje in de ashram blijven logeren?'

'Ze willen dat we hier voor altijd blijven wonen, zolang we maar in Chunmay geloven.'

'Ja. Wij geloven absoluut in Chunmay!' zei Peter grinnikend.

Die avond kwam Simon weer op bezoek. Deze keer stelde hij voor ons een officiële naam te geven zodat we deel uitmaakten van de ashram. Toen Peter aarzelde, richtte Simon zijn aandacht op mij. Ik wist niet goed hoe ik nee moest zeggen.

Aan het begin van de volgende satsang zaten we weer in stilte bij elkaar. Maar in plaats van te mediteren dacht ik na over wat ik zou zeggen tijdens mijn naamgevingsceremonie. Simon had het eerst over de Waarheid, en een paar mensen kwamen naar voren om hem daar vragen over te stellen. Toen stond zijn vijfde vriendin op. Ze heette Shrijani, Creatief. Ze woonde in een van de andere ashrams en we kenden haar niet echt.

Creatief liep naar de stoel naast Simon. Haar weelderige bos haar waaierde als een mantel uit over haar schouders. Ze had hoge jukbeenderen en een fraaie Romeinse neus. Ze ging zitten, sloeg haar lange slanke benen over elkaar en liet haar handen in haar schoot rusten. Ze zei dat ze de laatste tijd in verwarring verkeerde en vertelde dat ze met haar zus een therapeutische sessie had bijgewoond, een zogeheten Familieopstelling.

'We zijn daar verleden week naartoe gegaan en toen heb ik ontdekt...'

'Hoe bedoel je, je bent daar verleden week naartoe gegaan?' vroeg Simon langzaam op superieure toon, maar met zijn eeuwige glimlach op zijn gezicht.

Haar handen grepen de leuning van de stoel vast en ze schoof een stukje achteruit.

'Nou, we zijn daar dus heen gegaan om de psychodynamische...'

'Hoezo ben je dáárheen gegaan?' viel hij haar in de rede. Hij keek haar geen moment aan, maar hield zijn blik op het publiek gericht.

Toen ze begon te stamelen, zei hij: 'Maar waarom ben je daarheen gegaan?'

Ik kreeg opeens een beklemmend gevoel, want de ondervraging nam een nare wending.

Ze begon te praten, maar weer viel hij haar in de rede en zei: 'Je bent in te veel verschillende dingen verstrikt geraakt... Je lijkt wel een vrouw die met iedereen slaapt, en niet weet bij wie haar diepste liefde ligt. Dit duidt op totale onwetendheid en verwarring.'

Het was beschamend om hier getuige van te moeten zijn. Het klonk eerder als een huiselijke ruzie.

'Waarom ben je daarheen gegaan? Nou? Vertel eens.'

'Ik ben verschillende methoden aan het verkennen om...'

'Nee, je bent aan het zwalken,' zei hij, met zijn ogen nog steeds op het publiek gericht. 'Dit is geen devotie of loyaliteit, dit lijkt op verraad.'

'Nee, het is geen verraad,' zei ze, en vouwde haar handen krampachtig in haar schoot.

Hij zweeg even.

'Nee? Wat is het dan wel?'

Ze aarzelde. 'Ik weet het niet.'

'Nee, je weet het niet. Als je verder wilt met de waarheid, blijf je nu zitten waar je zit. Als je in chaos wilt blijven leven met een gefragmenteerde, warrige geesteshouding, ga dan maar. Dit is je kans. Dan zullen we eens zien wie zo pedant en onbezonnen is om alle kanten op te zwalken.' Hij zweeg even. 'Ga maar weg! Het is heel simpel. Je kunt nu zo weglopen. Ga dan!' Hij gebaarde in de richting van de deur.

Ik had het idee dat ik naar een realityprogramma op tv zat te kijken.

'Nee.' Ze bleef met licht gebogen schouders zitten.

Peter keek naar me en maakte een oogbeweging naar de deur,

ten teken dat hij hier weg wilde. Ik wilde opstaan, maar aarzelde. Als we nu weg zouden lopen, zouden we daarmee steun betuigen aan Creatief, maar zouden we ook ruzie krijgen met Simon. Bovendien waren dit onze zaken niet. Al deze mensen waren volwassenen die hun eigen keuzes konden maken.

De discussie ging nog heel lang door. Simon bleef kalm maar zijn woorden waren verpletterend. Dit leek eerder op een machtsstrijd dan op een zoeken naar de waarheid.

'Ik noem dit verraad,' vervolgde Simon. 'Geen verraad aan mij, maar verraad aan de waarheid. Je hebt satsang, de waarheid, achter je gelaten. Je kunt gaan wanneer je maar wilt.'

Ik wilde dat het meisje opstond en wegging, maar dat deed ze niet.

Niemand zei iets.

'Wat wil je, Srijani?' Voor het eerst keek hij haar aan en klonk zijn stem wat vriendelijker.

Ze keek naar haar handen, boog haar hoofd en begon te huilen. Ze drukte haar vingers tegen haar ogen.

'Ik weet het niet.'

'Luister, Srijani, onwetendheid is de beste geestestoestand.' Hij schoof naar voren in zijn stoel. 'Wanneer je durft toe te geven dat je onwetend bent, kun je helder zien. Maar als je denkt de waarheid te kennen, ben je verloren. Een pot ontleent zijn nut aan het feit dat hij leeg is. Maak jezelf volkomen leeg en laat je geest tot rust komen. Volg je me?'

'Ja,' snikte ze onderdanig.

'Kijk me aan.'

Ze keek hem aan. Hij glimlachte nu heel vriendelijk.

'Voel jezelf tot rust komen. Heel kalm worden.'

Ze sloot haar ogen. Voor ons gevoel duurde het een eeuwigheid.

'Iedereen hier heeft jou lief,' zei hij uiteindelijk.

Ze keek naar hem op. Haalde diep adem en leek enigszins te ontspannen.

'Wees in het nu voor de volle honderd procent. Ga dit moment aan. Dit is je kans om het volledig in je op te nemen. Dit is de waarheid: iedereen hier heeft je lief.'

Ze keken elkaar glimlachend en zwijgend aan. Na een minuut of tien kwam ze langzaam overeind en liep terug naar haar plaats.

Hoe vaak hadden dit soort incidenten al plaatsgevonden? In mijn ogen had Simon haar voor het oog van alle aanwezigen diep vernederd. Daarna was ik aan de beurt – met de naamgevingsceremonie – maar ik had mijn lesje geleerd en besloot het spel mee te spelen of in ieder geval te proberen de sfeer wat te verbeteren.

Simon keek me aan, knikte, en ik stond op en liep naar hem toe.

'Welkom,' zei hij. De ruzie met zijn vriendin leek hij alweer vergeten te zijn.

Ik ging op de stoel zitten. We keken elkaar aan. Mijn hart klopte in mijn keel. Rustig blijven nou, niks aan de hand, zei ik tegen mezelf.

'Waarom heb je erin toegestemd een andere naam aan te nemen?'

Daar gaan we, dacht ik. Dit is de test. Ik moet de juiste woorden zien te vinden. Zijn symbolische taal gebruiken.

'We wonen niet in een huis,' begon ik, 'maar in een tent. We leven in de bossen, de bergen, in de natuur. We kennen de wind, en hebben geleerd om met de wind mee te gaan; flexibel te zijn. We kennen de stralen van de zon en weten hoe we van binnenuit warm kunnen worden. We kennen de donder en de bliksem door en door. We hebben geleerd om te wachten, als dat nodig is. We hebben geleerd om moeilijke tijden te weerstaan. We kennen de bergen en weten hoe we stil moeten zijn. En met kennen bedoel ik niet de kennis in je hoofd, maar het weten vanuit je kern.'

Dat was in ieder geval waar. Door die woorden verdween de vreselijke discussie van daarnet naar de achtergrond en mijn gedachten gleden als vanzelf naar de natuur, die volstrekt onverschillig is, die je dodelijk kan treffen met de bliksem, maar die je nooit kan kwetsen en manipuleren met woorden.

'We kennen de goddelijke kracht in de natuur, maar niet in de mensenwereld.' Ik keek hem even aandachtig aan: geloofde hij mij? 'Ik zal de naam dragen die jij me geeft. En met die naam neem ik jouw energie mee. Van de stad naar de bergen...' Ik wees naar buiten. 'Op die manier nemen wij jouw zegening mee. Zodat de bossen en de rivieren gezegend zijn, overal waar we gaan.'

Simon knikte langzaam en haalde diep adem. We bleven elkaar minutenlang aankijken.

'Jij zult Diana heten,' zei hij uiteindelijk. 'De godin van de jacht. Zij wist hoe ze leven moest nemen om zichzelf en anderen te voeden. Ze begreep de principes van leven en dood en de cycli van de natuur. Alles wat leeft moet ooit sterven. Als godin van de jacht begreep ze de dieren en het bos beter dan wie dan ook, en daarom was zij ook de hoedster van de flora en fauna. Ze was puur en getalenteerd – en soms ook onvoorspelbaar. Wil je die naam aanvaarden?'

'In dankbaarheid,' zei ik. Ik vouwde mijn handen voor mijn borst zoals de hindoes doen. Daarna draaide ik me om naar de anderen. 'En jullie ook bedankt, dierbare vrienden.' Ik maakte een buiging.

Om mij heen zag ik alleen maar stralende, glimlachende gezichten. Op één na, namelijk dat van Peter. Hij glimlachte wel, maar om een heel andere reden. Zijn ogen twinkelden en hij leek te grinniken... nee, te lachen. Hij maakte geen geluid, maar ik zag zijn buik trillen. Ik knipoogde naar hem en ging weer naast hem zitten.

'We hebben ze weer goed voor de gek weten te houden, hè, Bobby?' fluisterde hij.

Die avond dacht ik na over de scène waarvan ik die dag getuige was geweest. Simons vriendin had het gewaagd zijn autoriteit in twijfel te trekken. En daar had hij haar voor gestraft door haar voor schut te zetten, door te dreigen haar te verstoten. Hij had geprobeerd haar te isoleren, haar tot een paria te bestempelen. Ze had zich verweerd, maar uiteindelijk had ze toch berouw getoond. Het was Simon gelukt haar het gevoel te geven dat ze helemaal alleen was, maar daarna mocht ze weer terugkomen – zolang ze beloofde zich te zullen gedragen.

Ik moest denken aan een boek dat ik ooit gelezen had over paarden temmen. De auteur, Monty Roberts, had de zogeheten 'join up-methode' ontwikkeld door kuddes wilde paarden te observeren. Wanneer een jong paard zich misdroeg, werd het agressief uit de kudde geduwd door de alfa-merrie. Daardoor voelde het jong zich plotseling alleen en angstig, en deed het alles om weer tot de kudde toegelaten te worden.

Hoe langer ik erover nadacht, hoe duidelijker het me werd dat in elke groep gehoorzaamheid is vereist om goed te kunnen functioneren. Datzelfde had ik ervaren op school, in families, vriendengroepen, en zelfs in mijn relatie met Peter. Wangedrag wordt gestraft met de dreiging verstoten te worden. Het drong plotseling tot me door dat we ons aan de regels houden uit angst alleen te komen staan.

Als ik die angst nou niet had, vroeg ik me af, hoe zou mijn leven er dan uitzien? In hoeverre wordt mijn leven beïnvloed door die angst? Die vraag bleef me nog lang bezighouden.

Een paar dagen later bedankten we Simon voor zijn gastvrijheid en namen afscheid van hem. Goddelijke Energie, Schoonheid en haar zoontje Axel brachten ons naar het station, waar we de trein naar de stad zouden nemen en vandaar een bus naar Slovenië. Ik zette de kleine jongen voor de laatste keer op mijn schouders en gaf hem een knuffel, waarbij zijn voeten boven de grond bungelden.

In de trein gingen we bij het raam staan zwaaien. Toen de trein in beweging kwam, rende Axel mee tot aan het eind van het perron. Toen hij merkte dat hij in de regen liep omdat hij voorbij de overkapping was, bleef hij stilstaan, zwaaide ons na en maakte vliegbewegingen met zijn armen.

We gingen op weg naar Bulgarije.

ROEMENIË
SERVIË
Velico Tarnovo
Balkangebergte
Sofia
BULGARIJE
Zwarte Zee
Plovdiv
Rhodopegebergte
Svilengrad
NOORD-MACEDONIË
Smolyan
TURKIJE
GRIEKENLAND

4
Bulgarije
Onverwachte ontmoetingen

Onderweg door Oostenrijk regende het aan een stuk door. De bus reed dwars door de bergen, verdween in lange donkere tunnels en kwam weer tevoorschijn aan de andere kant, waar het nog harder regende en de wereld er nog mistroostiger uitzag. De bergen waren constant in mistwolken gehuld en kondigden het begin van een natte herfst aan.

Maar zodra we de grens met Slovenië waren overgestoken, veranderde de sfeer. De hemel was blauw. Het werd droog en aangenaam warm. Ik slaakte een zucht van verlichting toen ik de warme zonnestralen op mijn gezicht voelde. Het was alsof we in een land waren waar de mensen belangrijker zijn dan de wet. We voelden ons opeens vrij en ontspannen. Om een of andere reden hadden we het idee dat we uit een gevangenis waren ontsnapt.

Na een paar dagen reizen met de bus arriveerden we in Belgrado, de hoofdstad van Servië. We hadden verwacht hier meteen te worden geconfronteerd met de naweeën van de oorlog van twintig jaar geleden, maar we vonden de stad allesbehalve bedreigend overkomen. Het gras mocht hier overal doorschieten, veldbloemen mochten bloeien waar ze maar wilden. Het verkeer was weliswaar één grote chaos, en auto's zwenkten om de gaten in het asfalt heen, maar Belgrado was een bruisende, levendige stad.

We vroegen een jonge vrouw of er ergens een camping was,

en ze bracht ons naar het busstation. In de overvolle bus namen we met onze rugzakken en wandelstokken behoorlijk veel ruimte in.

'Waar willen jullie heen?' vroeg een vriendelijke oude man. We noemden de naam van de camping en hij keek op zijn telefoon hoe we daar konden komen. Er kwam ook een vrouw bij staan. En terwijl zij op haar telefoon stond te kijken, zochten twee jonge mannen achter in de bus ook mee. Uiteindelijk werd ons door vijf verschillende mensen de weg gewezen. Toen we bij onze halte uitstapten werden we door de hele bus nagezwaaid. Omdat er geen straatverlichting was, moesten we de laatste kilometer in het pikkedonker afleggen – maar op de camping werden we door de eigenaar hartelijk verwelkomd en schonk hij ons meteen een glaasje *rakia* in.

De volgende dag was het stralend weer en we zagen dat we aan de oever van de Donau zaten – de derde grote Europese rivier waar we kampeerden. Elke rivier had een heel eigen karakter. De Donau was een gigantische rivier die door uitgestrekte vlakten stroomde.

We voelden ons er meteen thuis. De camping was betaalbaar, op de eerste avond leerden we al mensen kennen, we vonden een wilde appelboom en van de campingbaas mochten we in het kurkdroge gras een kookvuur maken.

We zaten net een emmer vol wilde appels te schillen toen de campingbaas langskwam, een lange, magere man met kort haar en een weelderige zwarte snor. Hij hurkte naast ons neer en begon een gesprekje. En uiteindelijk vroeg hij waar we hierna naartoe gingen.

Peter wees naar het oosten. 'Naar Bulgarije.'

'Slechte keus.' De man schudde zijn hoofd. 'Jullie zullen daar teleurgesteld worden. Vergeleken bij Servië zijn de mensen daar onvriendelijk en afstandelijk.'

'Zegt iedereen dat niet over zijn buren?' vroeg ik lachend. 'Daarom hebben ze ook grenzen getrokken, ja toch?'

'Vroeger had Bulgarije acht miljoen inwoners, en nu nog

maar vijf miljoen. Iedereen is weggetrokken om een baan in het Westen of in Rusland te zoeken. Dat zegt toch al genoeg? Ze noemen Bulgarije het snelst krimpende land ter wereld! Ik ben er nooit geweest, maar ik heb genoeg verhalen gehoord.'

We namen de bus tot over de grens met Bulgarije en waren inderdaad niet erg onder de indruk van wat we zagen. Alles in Bulgarije zag er afgeleefd en verwaarloosd uit; de steden waren lelijk en de hoofdstad Sofia maakte een vervallen, verkrotte indruk. Met behulp van EU-geld was er een duur metrostelsel aangelegd en vanuit de bus zagen we opzichtige, poenige gebouwen met op de gevels namen van automerken als Citroën, BMW, Toyota en andere grote namen. Deze grote bedrijven hadden zich pal naast de splinternieuwe snelweg genesteld, alsof ze zaten te wachten tot Bulgarije zich zou ontwikkelen.

'Wat gaan we hier doen?' vroeg Peter.

'Geen idee,' zei ik.

We waren niet erg enthousiast over het land. Misschien had Snorremans dan toch gelijk.

Na twee dagen reizen kwamen we in het stadje Veliko Tarnovo aan, waar we werden opgewacht door de vrouw die ons in Oostenrijk had ge-e-maild: Susan.

Ze was lang, had een zongebruinde huid en hoge jukbeenderen, donker haar dat tot haar schouders reikte, en een pony. Net als ik – en veel andere Nederlanders – had ze een luide stem, lachte ze luidkeels en maakte ze een bijdehante, enthousiaste indruk. Ze reed de stad uit naar het platteland en onderweg zagen we golvende heuvels aan ons voorbijtrekken, velden met gewassen erop, maar ook een heleboel kale, braakliggende stukken land. Verder naar het zuiden zagen we het dichtbeboste Balkangebergte liggen.

Onze eindbestemming was een klein dorpje aan de oevers van de rivier de Yantra. Er stond een oude fabriek die nu gesloten was en waarvan alle ramen waren ingegooid. Sommige huizen stonden leeg en waren al half ingestort. De stille straten waren verlaten en het onkruid had het dorpsplein al overwoekerd, maar de bomen waren alleen maar groter geworden en in de tuinen stonden de druiven er prachtig bij. Overal zagen we fruitbomen en notenbomen staan. Nieuw-Zeeland was dan wel de beste plek om op wild te jagen, in Bulgarije kon je overal in het wild voedsel vinden.

Susan vertelde honderduit terwijl ze ons bomen en mooie plekjes aanwees. We reden langs een huis met een grote tuin en ze vertelde dat daar een jong Bulgaars stel met twee kinderen woonde. 'Die weten alles van tuinieren, fruit inmaken, paddenstoelen zoeken, jam maken en rakia stoken. Het is echt ongelooflijk hoeveel kennis ze hebben! Ik zal jullie morgen aan ze voorstellen. Of willen jullie ze nu al ontmoeten?' Ze trapte op de rem en we stonden meteen stil.

'Morgen is ook goed,' glimlachte Peter.

Susan woonde met haar man en drie kinderen in een yurt op een klein lapje grond. We kampeerden bij haar om de hoek, in de grote tuin van haar Bulgaarse vriendin Galya.

Nadat we de tent onder de eikenbomen hadden opgezet, ging ik languit in de droge bladeren liggen. Op wat vogelgezang na was het doodstil. We waren in een land waar nauwelijks mensen woonden – en elke dag werden dat er minder. Ik sloot mijn ogen en het leek of er een last van me afviel.

De lucht was droog en rook naar bladeren, hout en gras. De boomtoppen deinden zachtjes heen en weer in een briesje. Ik hoorde geritsel en zag een zwart eekhoorntje naar de top van een boom rennen en van tak naar tak springen. Een seconde later gevolgd door een tweede.

Voor het eerst sinds we in Europa waren, kon ik echt ergens tot rust komen. Welke prijs betalen we, dacht ik, voor de onophoudelijke drukte en het achtergrondlawaai?

Diezelfde middag maakten we kennis met Galya, die samen met Rada, haar dochtertje van vier, een eindje verder in een pittoresk natuurstenen huisje woonde. Galya was negenentwintig en was lerares Engels en Hindi. Ze had veel gereisd en veel verschillende culturen leren kennen. Nadat ze Rada had gekregen, had ze besloten uit de hoofdstad weg te trekken en op het platteland te gaan wonen om haar kind op een heel andere manier groot te brengen.

We zaten wat te praten met Galya en ik had haar dochtertje even gedag gezegd, maar had haar verder min of meer genegeerd omdat ik ervan uitging dat ze geen Engels sprak. Maar uiteindelijk ging ik op mijn hurken zitten en zei langzaam: 'Hallo. Hoe... heet... jij?'

'Ik heet Rada,' antwoordde ze. 'Mijn moeder heeft jouw boek gelezen en me heel veel verhalen over je verteld! Dat je in een tent woont, en op wilde dieren jaagt en zo. Ik vind het heel leuk om je te leren kennen.'

Mijn mond viel open. Dit Bulgaarse meisje van vierenhalf sprak vloeiend Engels.

'Soms ga ik zelf ook op ontdekkingstocht en dan ga ik naar het bos,' vervolgde ze. 'Ik vind het echt leuk dat jij in het wild overleeft met je... hoe heet dat ding waar je gewoonlijk mee jaagt?'

'Mijn boog?' Ik kon mijn oren niet geloven. Ze gebruikte Engelse constructies die ik pas had leren kennen toen ik al twintig was.

In dit dorp woonden nog vijf andere families van over de hele wereld, die allemaal dezelfde ideeën hadden over het onderwijssysteem. De kinderen speelden elke dag samen en leerden terloops elkaars taal, en leerden lezen en schrijven – zonder dat het leerproces een vast stramien volgde. De ouders hechtten veel waarde aan het ontwikkelen van natuurlijke vaardigheden en in de buitenlucht zijn. Ik bewonderde hun moed om zich te verzetten tegen een onderwijssysteem dat ze niet voor hun kinderen wensten.

Rada kwam vaak op bezoek bij de tent. Ze had een platte steen uitgekozen bij wijze van stoel en die paste goed bij haar: het was net een kleine troon. Rada straalde zelfvertrouwen en blijmoedigheid uit, en haar gezichtsuitdrukkingen en gebaren waren ook heel voorlijk. Zo jong als ze was leek het kleine meisje nu al een indrukwekkende persoonlijkheid te bezitten. Toen we haar goed hadden leren kennen, vonden we dat Rada eigenlijk meer recht had op de naam Chunmay – ultieme bewustwording – dan Simon.

Het was ons opgevallen dat Bulgaarse mensen knikken als ze 'nee' bedoelen, en met hun hoofd schudden als ze 'ja' bedoelen. Toen ik Rada vroeg waarom dat was, keek ze naar de grond en dacht even na. 'Daar weet ik het antwoord eigenlijk niet op. Maar ik denk dat die gebaren altijd abotrair zijn. Abotrair?'

'Arbitrair.'

'Ja, arbitrair. Want is er eigenlijk een reden waarom het omgekeerd zou moeten zijn?'

Ze bleef nog even kletsen en zei toen dat ze terug naar huis moest omdat haar opa en oma op bezoek kwamen. Ze beloofde dat ze later terug zou komen.

Een uur later dook ze weer op uit het struikgewas. Ze had al zigzaggend vijftig meter door het pikkedonker gelopen zonder zaklamp. De dag daarvoor hadden zij en ik op datzelfde pad een grote slang gezien.

'Ben je niet bang in het donker, Rada?'

'Het is de achtertuin maar.' Ze haalde haar schouders op en nam weer plaats op haar stenen troon. 'Daar ben ik al honderd keer geweest.'

'En die slang, dan?'

'Ik stamp op de grond als een olifant. Dan gaat hij wel weg. Toch?'

Een andere keer zat ik walnoten te kraken toen Rada bij me kwam zitten. Op een gegeven moment kwam er een grijze kat aan lopen; een van de twee katten die we daar al vaker hadden gezien. Het beestje sprong bij Peter op schoot en begon te spinnen toen hij het aaide.

'Leuke kat,' zei Peter. 'Hmm. Heel leuk. Misschien ook erg lekker,' mompelde hij. 'Ik zou hem wel op willen eten. Mag ik je kat opeten?' vroeg hij voor de grap aan Rada, en ik vroeg me af of ze wel snapte dat hij een grapje maakte.

'Nee!' antwoordde ze, totaal niet geschokt of verbaasd. 'Nee, dat mag niet.'

'Waarom niet?'

'Omdat het mijn kat niet is!'

Op een dag maakten we een wandeling met Rada en leidde ze ons van het pad af, dieper het bos in. Na een tijdje kwamen we bij een enorm rotsblok uit. Ze liep er met ons omheen en klom er toen bovenop.

'Dit is een heel speciale rots,' zei ze en keek ons verwachtingsvol aan. 'Zien jullie dat?'

'Wat moeten we zien?' vroeg ik, maar ze gaf geen antwoord. We begrepen niet helemaal wat ze ons duidelijk wilde maken. En ik vroeg me af wat voor energievelden of entiteiten wij niet meer konden zien – welke zintuiglijke vermogens wij als volwassenen waren kwijtgeraakt.

Ze leidde ons terug naar het pad en daarna kwamen we bij een rivier, waar ze in een boom probeerde te klimmen. Ik zette haar op de onderste tak en het viel me op dat ze zich ongemakkelijk voelde. En het was niet het typische ongeduld van een vierjarige die alles zelf wil proberen. Het was alsof ze het lastig vond dat ze zo klein was en hulp nodig had. Bijna alsof ze zich erover verbaasde dat ze in een kinderlichaam gevangen zat.

'Pas op, pas op!' zei ze in het Nederlands toen ze naar beneden sprong.

'Spreek je nou ook al Nederlands?' vroeg ik.

'Niet echt, maar ik hoor de Nederlandse kinderen altijd praten.'

Ze vertelde welke andere woorden ze geleerd had, en ik stond versteld van haar onberispelijke uitspraak.

We brachten een paar heerlijke weken door in het dorpje. De avond voor ons vertrek kwam iedereen afscheid van ons nemen.

'Jullie zijn heel leuk gezelschap geweest,' zei Rada op de laatste ochtend tegen ons, toen we met zijn drieën waren. 'Dank jullie wel voor je bezoek. Vergeet niet het lekkers mee te nemen dat mijn moeder voor jullie heeft gemaakt.' Ze schoof het Bulgaarse gebak wat dichter naar ons toe. 'Gaan jullie vandaag naar huis?'

'Nee, we hebben geen huis!'

'O ja, dat was ik vergeten. Jullie gaan de wereld weer ontdekken. Maar jullie mogen ook in mijn huis blijven wonen.' Ze trok haar wenkbrauwen op en knikte. 'Voor altijd, als je wilt. Jullie zijn hier altijd welkom.'

We namen de bus terug naar Sofia waar we hadden afgesproken met onze vriendin Marilyne, die van Frankrijk naar Bulgarije was gevlogen om ons te zien. We hadden Marilyne acht jaar geleden leren kennen toen ik in Nieuw-Zeeland als gymlerares werkte, en sindsdien hadden we contact gehouden. Ze had vaak voettochten gemaakt in Frankrijk, Canada en andere landen, en had nu een maand vakantie genomen om Bulgarije te verkennen, een land waar ze erg nieuwsgierig naar was. Dus in plaats van verder te reizen naar Turkije besloten we in Bulgarije te blijven en samen met haar een voettocht door het Rhodopegebergte te maken.

Marilyne is Française, ongeveer even oud als ik, en heel aardig en makkelijk in de omgang. Je kunt je bijna niet voorstellen dat ze ooit kwaad kan worden. Ze is ecologe, weet heel veel van haar vak en kan je tot in detail alles vertellen over de kleinste plantjes en diertjes. Ze kan ook heel goed tekenen en aquarelleren. Peter en ik mochten haar heel graag en we vormden samen een goed team.

Geen van drieën waren we ooit in Oost-Europa geweest en we spraken geen woord Bulgaars. We hadden geen idee waar we naartoe wilden en alles was nieuw voor ons, wat spannend was, maar ook wel een beetje eng. We vonden ergens een tamelijk onnauwkeurige, grove kaart van het Rhodopegebergte, namen een bus en reden de stad uit.

Op de vlakten was het heet en droog, en ongeveer 25 graden. Vanuit de zuidelijke stad Plovdiv reden we de bergen in, en hoe hoger we kwamen des te kouder het werd. Het was ondertussen oktober, en de bladeren begonnen al te verkleuren.

In een lelijk stadje met betonnen gebouwen uit het stalinistische tijdperk stapten we over in een minibusje waar Bulgaarse popmuziek uit de speakers schalde. De klanken en de taal gaven me het idee dat we in Centraal-Azië zaten, en ik vond het echt geweldig. Ik keek Marilyne aan, die opgetogen teruglachte.

Het busje ploeterde langzaam omhoog over de kronkelwegen, langs diepe ravijnen en steile rotswanden, en stopte voor iedereen die langs de kant van de weg liep. Onderweg passeerden we aftandse Russische bromfietsen, paarden en ezels, en af en toe werden we ingehaald door een dure, snelle auto.

Naarmate we hoger kwamen werden de dorpjes steeds rustieker. Door de bergen had de tijd hier stilgestaan en waren de vooruitgang en de technologie slechts mondjesmaat doorgedrongen. Hier leidden de mensen nog een traditioneel bestaan. Hun huizen waren gebouwd van natuursteen uit de omgeving en elk huis had een eigen moestuintje.

Tegen de tijd dat we het eindpunt bereikten, zaten er alleen nog twee oude vrouwen bij ons in de bus. Ze droegen ouderwetse geborduurde rokken en hadden een sjaal om hun hoofd geknoopt, maar ze waren nog verrassend lenig. We stapten uit en voelden meteen dat het hierboven op vijftienhonderd meter een stuk kouder was. Het was misschien tien graden boven nul, en tussen de dichtbeboste heuveltoppen hingen mistflarden.

De straten waren stil en leeg. Er kraaide een haan, en uit de schoorstenen kringelde de aangename geur van een houtvuur omhoog. Terwijl wij onze rugzak op onze rug hesen pakten de vrouwen hun plastic boodschappentassen uit de bagageruimte van het busje. Ze vroegen ons iets in het Bulgaars.

'Waar slapen jullie vanavond?' vertaalde de buschauffeur.

'In onze tent,' antwoordde Peter.

'Deze oude dame nodigt jullie uit om bij haar te overnachten.'

'Dank u wel, dat is heel vriendelijk. Maar wij gaan… daarnaartoe.' Hij wees naar de vallei voorbij het dorp.

'Ze gaan daarheen,' zei de chauffeur tegen de vrouwen, en hij wees ook naar de vallei.

Ze keken ons ongelovig aan en zeiden weer iets tegen de chauffeur.

'Heel koud daar. Jullie bevriezen. Daar zijn beren. En wolven. Beter dat jullie binnen slapen,' zei hij.

'Nah, we redden het wel,' zei Peter.

De buschauffeur vertaalde het voor de vrouwen, waarna we hen gedag zeiden en op weg gingen.

We volgden de weg omhoog, die al snel overging in een rul zandpad. We verkeerden in een prima stemming, maar ik was hun waarschuwing niet vergeten. Ik had geen enkele ervaring met gevaarlijke dieren en alleen al bij het woord beer werd ik een beetje zenuwachtig. Ik was er niet gerust op.

'Beren vallen geen mensen aan,' zei Peter.

'Hoe kun jij dat nou weten?' vroeg ik. Hij was nog nooit in Europa geweest en was nog nooit in zijn leven een beer tegengekomen.

'Ach, misschien pakken ze wel eens een lammetje of zo,' zei hij, 'maar ze eten geen mensen. Beren weten dat mensen niet te vertrouwen zijn en blijven bij ons uit de buurt. Ze ruiken ons al van ver en lopen dan met een grote boog om ons heen.'

'In Canada heb ik tien dagen lang in mijn eentje door een berengebied gelopen,' zei Marilyne. 'Ik maakte voortdurend geluid en had een belletje om mijn enkel gebonden om ze te waarschuwen. Ik heb daar geleerd dat ik mijn eten een eind van de tent in een boom moest hangen, en dat ik op een andere plek moest eten dan waar ik sliep.'

'En dan heb je het over Canada en grizzlyberen,' zei Peter. 'Hier zijn de beren een stuk vriendelijker. Ik heb nog nooit gehoord dat iemand in Oost-Europa door een beer is gedood.'

Rond deze tijd van het jaar begonnen de dagen merkbaar te korten, en hoewel het pas laat in de middag was, voelde het alsof de avond al was gevallen. We liepen een kilometer of vijf het dorp uit en net toen de zon achter de bergen begon te verdwijnen, kwamen we aan bij een vallei waar een rivier doorheen stroomde. We zetten de tent op onder een boom, maakten een vuurtje, dronken water uit de rivier en kookten een maaltijd van rijst met groenten. We zaten niet heel ver van het laatste huis, maar toch hadden we al het idee dat we in de wildernis waren, en ik keek voortdurend om me heen of ik geen beren of wolven zag.

Zodra de zon helemaal was ondergegaan daalde de temperatuur tot onder nul. We volgden Marilynes advies op en hingen ons eten in een boom, een eindje bij de tenten vandaan.

'Ehm, Peter? Misschien kunnen we beter niet tandenpoetsen bij de tent,' zei Marilyne. Ze sprak met zo'n zachte stem, dat je haar onmogelijk kon tegenspreken.

'O,' zei Peter, met zijn mond vol tandpasta. 'Te laat. Ik heb het al op de grond gespuugd. Kijk.'

We keken naar de witte klodder in het gras.

'Tandpasta heeft een heel sterke geur,' zei Marilyne. 'Die kan beren aantrekken.'

'Als de beer dat kan ruiken, kan hij ook mijn tandpasta-adem ruiken als ik in de tent lig,' zei ik benauwd.

'Nou ja, laten we in ieder geval doen wat we kunnen om te voorkomen dat we een beer op bezoek krijgen,' zei Marilyne.

'Moeten we onze tanden dan maar niét poetsen?'

'Hmm.' Ze dacht er serieus over na. 'Misschien alleen je mond goed spoelen? Of de tandpasta in de rivier spugen.'

We gingen dicht rond het vuur zitten en dronken thee. Rondom ons werd het nu donker en doodstil, en de eerste sterren verschenen aan de hemel. Toen het te koud werd, kropen we in onze slaapzak.

Een paar uur later werd ik wakker omdat ik moest plassen. Buiten was het steenkoud, en toen ik terug kroop in mijn slaapzak kreeg ik het niet meer warm. Ik was met al mijn kleren aan gaan slapen en had zelfs een wollen muts over mijn hoofd getrokken, en toch bleef ik het koud hebben. Er was maar één manier om mijn bloedsomloop weer op gang te krijgen.

'Wat doe jíj nou?' fluisterde Peter.

'Ik doe push-ups,' fluisterde ik terug. 'Om het warm te krijgen!'

We gingen weer slapen en een tijdje later werd ik opnieuw wakker van een geluid in de verte. Ik lag roerloos te luisteren, al mijn zintuigen stonden op scherp. Het was beslist een groot dier, maar het viel onmogelijk uit te maken wat voor dier. Het kwam steeds dichterbij en ik hoorde nu ook stappen op stenen. En daarna een snuivend geluid en het gekletter van hoeven.

'Paarden!' fluisterde ik tegen Peter. We ritsten de tent open, keken naar buiten en zagen de scherp afgetekende silhouetten van vijf schitterende paarden die in de rivierbedding stonden te grazen. In het bleke maanlicht waren de wolkjes van hun adem zichtbaar. Ze zetten hun hoeven voorzichtig neer tussen de stenen en liepen met langzame, gracieuze bewegingen verder. Het was een prachtig, verstild beeld.

Hun aanwezigheid gaf me een veilig gevoel. Het voelde volstrekt natuurlijk om midden in de nacht grazende paarden rond onze tent te hebben. Ze waren niet bang voor ons en waren waarschijnlijk van de mensen in het dorp.

De volgende dag bereikten we na drie uur lopen een gehucht aan het eind van een zandweg. Het was er doodstil en de helft van de huizen leek onbewoond. Een oude vrouw stond midden op de weg houtblokken te kloven met een dubbele bijl, die ik alleen maar van middeleeuwse schilderijen kende.

Een ander oud vrouwtje zat voor haar huis in de zon. We groetten haar, en haar echtgenoot kwam ook naar buiten en begon enthousiast met handen en voeten een gesprekje te voeren. Hij vroeg waar we gingen slapen.

Marilyne tekende een tentje in haar opschrijfboekje, en de vrouw begon te stralen en riep: '*Palatka!*' blij dat ze het begrepen had. Ik haalde mijn eigen boekje tevoorschijn en schreef daarin mijn eerste Bulgaarse woord fonetisch op: *palatka*.

Daarna tekende Marilyne een beer.

'*Mechka*!' De oude vrouw schudde haar hoofd, wees naar het bos en trok een angstig gezicht.

'*Matchka*,' schreef ik op.

'En dit?' Marilyne tekende een houtvuurtje.

'*Ogun*.'

'Vuur goed?' gebaarde Marilyne.

Ze schudden hun hoofd, wat ja betekende. Ja, vuur was oké. Geen probleem. En zo leerden we onze eerste Bulgaarse woorden: tent, beer, vuur. De rest van de dag herhaalden we die woorden hardop.

Met behulp van de kaart volgden we een zandweg die evenwijdig leek te lopen aan de grens met Griekenland. De weg liep naar een leegstaand huis en van daaraf ging hij over in een smal voetpad. We waren van plan vijfhonderd meter omhoog te lopen naar de top van een berg, daar de bergkam te volgen en aan de andere kant weer naar beneden te gaan, waar volgens de kaart weer een dorpje lag. Dit deel van de reis zou ongeveer een week in beslag nemen.

We bleven het pad volgen, maar het werd steeds vager en uiteindelijk moesten we raden welke kant we op moesten. Toen het pad helemaal was verdwenen, stopten we even. De zon stond hoog aan de hemel en we aten wat brood met kaas en walnoten.

'Ik ben blij dat jullie zulke ervaren wandelaars zijn, maar weten jullie ook waar we zitten?' vroeg Marilyne voorzichtig.

'Nou, precies weten we het niet,' zei Peter. 'Er staan geen hoogtelijnen op deze kaart, dus ik kan niet zien waar de bergpas ligt. In feite hebben we niet zo veel aan deze kaart. En de boomgrens ligt hier hoog, dus we kunnen ook niet even tot boven de boomgrens klimmen om een beter zicht te krijgen. Op dit moment is het lastig om ons te oriënteren.'

Marilyne zette haar telefoon aan. Een paar geldverslindende minuten lang staarden we verwachtingsvol naar de GPS op haar scherm. We zagen een vage kaart van een enorm groot gebied, maar Marilyne kon niet vaststellen waar we precies zaten. Uiteindelijk gaf ze het op en zette haar telefoon uit.

'Het maakt eigenlijk niets uit,' zei ik. 'We hebben genoeg eten bij ons voor een hele week en we kunnen nog een hele tijd blijven rondzwerven. Je komt altijd wel ergens uit. En je kunt dagenlang zonder eten. Zolang we maar water kunnen vinden.'

'Daar zeg je wat,' zei Peter. 'Hoe komen we aan water?'

We zwegen allemaal, in de hoop het geluid van een stromende beek op te vangen.

'Er is vast wel water in de buurt,' zei ik. 'Dit is nou niet wat je noemt een droog land.'

'Zullen we anders op het kompas in zuidoostelijke richting lopen?' stelde Peter voor.

Ik voelde iets van opwinding. Dit begon op een echt avontuur te lijken, een heuse expeditie.

Peter liep voorop, Marilyne in het midden en ik achteraan. In het begin stonden de bomen nog ver uit elkaar en liepen we over vlak terrein. We schoten aardig op. Maar daarna werd de vegetatie steeds dichter en moesten we ons een weg banen door braamstruiken en dicht op elkaar staande bomen, en kwamen we maar langzaam vooruit.

Op een gegeven moment naderden we een open plek in het bos, waar Peter bleef stilstaan en naar de grond staarde. We kwamen zonder een woord te zeggen om hem heen staan en zagen een duidelijke voetafdruk in de modder. Net een reusachtige menselijke voet. De bal van de voet, vijf tenen en vijf nagels: *een beer.*

De modder was vochtig, de afdruk vers. Ik sloot mijn ogen even. Hier waren we, verdwaald in een Bulgaars bos, geen mens te zien, maar wel beren om ons heen.

Marilyne liet zich op haar knieën vallen. 'O! Moet je kijken! Wat een fantastische voetafdruk!' riep ze uit. '*Magnifique!* Moet je die tenen zien!'

Terwijl Peter en zij de voetafdruk bestudeerden, keek ik om me heen of ik ergens een beer zag.

'Ik denk dat hij zeker driehonderd kilo weegt!' Marilyne pakte haar camera en maakte een heleboel foto's.

‘Wat ben ik blij dat Bulgaarse beren niet gevaarlijk zijn,’ zei ik.

‘Ja, hoewel...’ Marilyne kwam weer overeind. ‘Ik wilde het jullie niet vertellen omdat ik je niet bang wilde maken... maar twee goeie vrienden van me uit Parijs zijn vorig jaar op vakantie gegaan in Roemenië. En, nou ja, Roemenië ligt hier niet ver vandaan zoals je weet. Ze wilden overnachten op een camping, maar omdat die zo lawaaierig was hadden ze hun tent vijftig meter verderop gezet. En toen het donker was, is een jonge mannetjesbeer de tent binnengedrongen en heeft het been van het meisje er bijna afgebeten. Terwijl ze probeerde weg te kruipen, viel hij haar vriend aan en heeft die van zijn keel tot zijn buik opengereten.’ Marilyne wees de verwonding op haar eigen lijf aan. ‘De mensen hoorden hun geschreeuw en zijn ze te hulp geschoten. En toen is die beer gevlucht. Maar ze moesten allebei onmiddellijk naar het ziekenhuis om daar geopereerd te worden want ze waren ernstig gewond. Ze hebben geluk gehad dat ze het kunnen navertellen.’

‘Jezus...’

‘Ja, het was volslagen onduidelijk waarom dat beest hen aanviel. De beer was niet op voedsel uit, maar leek gewoon agressief te zijn. Misschien kwam het omdat ze in de buurt van een camping waren. Ik weet het niet. Maar beren vallen soms mensen aan. Mijn vrienden wonen nu in een appartement in Parijs en zijn nog steeds bang in het donker. Ze slapen met het licht aan, en ze lopen bij een psycholoog.’

We bleven nog even naar de voetafdruk staan kijken, en toen hees Marilyne haar rugzak weer op haar schouders.

‘Wil je verder lopen?’ vroeg Peter, ‘of zullen we teruglopen naar het vorige dorp en daar de weg vragen? Aan deze kaart hebben we helemaal niets.’

‘Weet jij dan hoe we terug moeten?’ vroeg Marilyne.

‘Natuurlijk. We volgen al een hele tijd deze uitloper van de berg en als we in westelijke richting door blijven lopen, komen we weer in de vallei uit.’

Op de terugweg zwegen we. Onze voetstappen in de bladeren klonken opeens heel luid, ik keek voortdurend om me heen of ik beweging zag en schrok van elk vreemd geluid. Na Marilynes verhaal voelde ik me een stuk onveiliger in de bergen en ik vroeg me af hoe het 's nachts zou zijn als de angst vrij spel had.

Tegen de tijd dat we terug waren bij de zandweg was het al bijna donker en besloten we op een plek te kamperen vanwaar we in de verte een paar huizen konden zien liggen. In de veronderstelling dat beren met een wijde boog om dorpen heen lopen voelde ik me veilig en sliep ik die nacht redelijk goed.

De volgende ochtend liepen we terug naar het dorp, waar het bejaarde echtpaar weer voor hun huis zat. Ze waren verbaasd ons weer zo snel terug te zien. De oude vrouw liep snel naar binnen en kwam weer naar buiten met een fles dunne yoghurt, die ze aan ons gaf. Peter wilde haar betalen, maar daar wilde ze niets van weten.

In het dorpswinkeltje troffen we een man die een paar woorden Engels sprak en hij tekende een kaartje voor ons en liet ons zien hoe we het snelst naar de andere kant van de berg konden komen. We gingen weer op weg en deze keer waren we vastbesloten om niet te verdwalen.

Na een urenlange tocht bereikten we de top van de berg, vanwaar we naar alle kanten een indrukwekkend uitzicht hadden. We pauzeerden even en dronken de dunne yoghurt. Ik nam een slok van het zure spul en trok een vies gezicht. Gelukkig had Marilyne wat vanillepoeder uit Frankrijk meegenomen waardoor het veel beter smaakte. Terwijl Peter en ik genoten van het schitterende panorama met zijn dichtbeboste berghellingen, begon Marilyne om zich heen te kijken, op zoek naar tekenen die op de aanwezigheid van wilde dieren duidden.

'Hier liggen wolvendrollen!' riep ze opeens. 'Kom eens gauw kijken! Hier!'

We tuurden naar de uitwerpselen, terwijl Marilyne tot in detail uitlegde waarom de drollen van een wolf afkomstig waren en niet van een hond. Met een stokje begon ze ze uit elkaar te halen om te laten zien wat de wolf had gegeten.

'*O là là*, we zitten echt in het hart van de wildernis!' Ze keek stralend naar ons op.

De dagen daarna volgden we het pad door de bergen langs de grens met Griekenland. Meestal liepen we door de bossen, maar soms stonden de bomen wat verder uit elkaar en konden we in de verte de hoge bergpieken zien liggen van zich eindeloos uitstrekkende bergketens. We wisten eigenlijk niet zo goed waar we precies zaten, tot we op een dag een klooster in de verte zagen liggen, dat ook op de kaart stond aangegeven. Het was een vreemde en tegelijkertijd heel bijzondere ervaring om door de wildernis te zwerven en dan ineens in de verte een eeuwenoud teken van menselijke beschaving te zien.

Aan het eind van de dag vonden we een open plek langs een beekje met schoon water. Het terrein was hier vlak en het was een perfecte plek om te overnachten. Marilyne en ik zetten de tenten op terwijl Peter op zoek ging naar brandhout.

Nadat we de tenten hadden ingericht, aten we een maaltijd van pasta met weegbree, duizendblad en paardenbloemen die we onderweg hadden geplukt. Daarna hingen we al ons eten een eind verderop in een spar.

De duisternis viel al snel in en vanaf de bergen kwam de kou naar beneden rollen.

'Er zouden hier best eens wolven kunnen zitten,' zei Marilyne opgewekt, terwijl we rond het vuur zaten. 'Als ze boven op de berg zijn, kan het niet anders of lopen ze hier ook rond. Zullen we ze roepen?'

'Ze roepen?'

'Dat heb ik in Frankrijk gedaan toen ik daar onderzoek deed. We gingen in het bos op specifieke GPS-coördinaten zitten en dan riepen we de wolven en telden hoe vaak onze roep werd beantwoord. Dan weet je ongeveer hoeveel wolven er zitten. Het is heel leuk om te doen.'

Ik stelde me voor dat ik een wolf riep en dat die dan antwoordde en naar ons kamp kwam, net als een jager die een hertenbok lokt door zijn geburl na te bootsen.

'Leuk om te weten dat hier wolven zitten maar ik hoef ze niet zo nodig te zien,' zei ik. Vergeleken bij Marilyne voelde ik me een angsthaas.

'Ben je bang?' vroeg ze lachend. 'Wolven zijn schuw en vallen nooit mensen aan.'

'Dat dachten we ook van beren, tot je ons dat verhaal vertelde,' zei ik.

Uiteindelijk gingen we slapen. We lagen nog even te praten door het tentdoek heen en zeiden elkaar toen welterusten. Het was doodstil; de beek maakte geen geluid en er stond geen zuchtje wind.

Een halfuur later hoorde ik iets. Het klonk alsof een groot dier iets zwaars omver stootte. Dit keer kon het zeker geen paard zijn. Ik richtte mijn hoofd op om beter te kunnen luisteren. In het bos hoorde ik het geluid van afbrekende takken, en dat leek van dichtbij te komen.

'Hoorden jullie dat ook?' fluisterde ik.

We zwegen. Alle drie lagen we ingespannen te luisteren.

'Er loopt daar een dier dat bij ons eten probeert te komen,' zei Marilyne op een toon alsof ze het zag gebeuren.

We ritsten de tent open en staarden in het duister.

'Maar wat gaan we hier nou aan doen?' zei Peter. 'Het volgende dorp ligt op drie dagen lopen. We kunnen dat eten niet missen.'

'Maak je over dat eten nou maar geen zorgen,' zei ik, 'zolang dat beest maar niet hierheen komt en ons opeet!'

'Zo is het,' zei Marilyne.

'Ik laat mijn eten niet stelen door een beer! We moeten hem wegjagen!' zei Peter. 'Wie gaat er mee?'

Ik zei niets.

Marilyne zweeg ook.

'Nou, wie komt er met me mee?' vroeg Peter. Hij wurmde zich uit zijn slaapzak.

'Nee, niet doen!' In gedachten zag ik al een beer op ons af stormen en mijn hart klopte in mijn keel.

'Als jullie te schijterig zijn, ga ik wel alleen.' Hij deed zijn zaklamp aan, die een zwak schijnsel verspreidde omdat hij al een paar dagen niet was opgeladen. Met zijn wandelstok en een mes kroop hij de tent uit.

'Weet je zeker dat je dat allemaal mee wilt nemen?' vroeg ik.

'Nou, het zou handig zijn als jij de zaklamp kon vasthouden,' zei hij.

'Ga anders eerst even kijken, en roep als je wat ziet. Dan komen wij je helpen,' zei ik, maar ik was me ervan bewust dat dat een knullig plan was.

Knorrig ging hij akkoord en liep weg.

Er daalde weer een doodse stilte over het bos. Ik lag in mijn slaapzak in het donker voor me uit te staren, zo gespannen als een veer, bedacht op ieder geluidje. Ik voelde me een lafaard. Ik was als de dood dat de beer Peter zou aanvallen, maar ik was nog banger om zelf de tent uit te gaan.

En nu stond Peter daar in het pikkedonker naar een beer te zoeken met alleen een stok en een mes om zich te verdedigen.

'Ik hoop maar dat hem niets overkomt,' zei ik zachtjes.

'Hmm,' zei Marilyne in de andere tent.

Uiteindelijk vroeg ik: 'Heb jij een hoofdlamp?' Ik had besloten om toch maar achter hem aan te gaan. Maar op dat moment hoorde ik Peters voetstappen en zag ik licht op de tent schijnen.

'Helemaal niets aan de hand!' riep hij van een afstandje. 'Niks te zien! Jullie horen spookberen rondscharrelen! De zakken met eten hingen nog helemaal intact aan de boom!'

'Helemaal intact? Dan moeten we iets anders hebben gehoord,' zei Marilyne lichtelijk beschaamd.

'In ieder geval was het geen beer die ons eten opat!' zei Peter terwijl hij de tent in kroop. We begonnen alle drie door elkaar heen te praten en te lachen. Iedereen was opgelucht. 'Sodeju! Ik was echt doodsbang!'

'Ik ook!' riep Marilyne. 'Peter heeft de beer verslagen! Peter is onze held!'

'Ja, onze held!' gilde ik.

'Zo kan het wel weer,' zei Peter lachend.

De volgende ochtend rolden we de tenten op en vervolgden onze tocht.

Op een dag was het schitterend weer. De zon scheen, het bos was in prachtige herfsttinten gehuld en de rood verkleurde bladeren gaven die typisch zoete, aardse herfstgeur af. Er heerste zo'n vredige stilte in het bos dat mijn angst voor beren van me afviel en ik me afvroeg of ik hier ook in m'n eentje zou durven lopen.

Dat zei ik tegen Peter en Marilyne en we spraken af dat ik een heel eind vooruit zou lopen. Zij gingen wat langzamer lopen en ik versnelde mijn pas en volgde het pad een halfuur lang, terwijl ik voortdurend om me heen keek of ik iets zag bewegen. Ik liep geruisloos door het bos, bedacht op geritsel of gekraak van takken. Al mijn zintuigen stonden op scherp – alsof ik op jacht was, alleen was ik deze keer de prooi en de beer het roofdier. Wat zou ik doen als ik er een zag? Beren kunnen heel goed in bomen klimmen en veel harder rennen dan mensen. Ik zou me moeten overgeven. Het was een bijzondere ervaring om zo kwetsbaar te zijn.

Voortdurend op mijn hoede, constant om me heen kijkend, bespeurde ik opeens beweging in de kroon van een boom, en zag daar een soort grote zwarte kip zitten. Ik vond het wel vreemd om zo diep in het bos een kip in een boom te zien zitten en bleef een tijdje staan kijken. Uiteindelijk vloog hij weg en liep ik weer door.

'Wat? Heb je een zwarte kip gezien?' zei Marilyne, toen Peter en zij me weer hadden ingehaald. 'Dat zou weleens een *Tetrao urogallus* kunnen zijn geweest! Een auerhoen. Die zijn uiterst zeldzaam. Ongelooflijk dat je er eentje hebt gezien! Waar was dat precies?'

We liepen tien minuten terug naar de plek waar ik de vogel

had gezien, maar die was natuurlijk allang verdwenen. Marilyne klom langs een steile helling naar beneden om onder de boom naar uitwerpselen te zoeken.

'*Oui, oui!* Ik zie hier vogelpoep liggen!' Ze maakte een heleboel foto's en klom toen weer naar boven.

'Auerhoenders zijn heel zwaar, dus vliegen is geen pretje voor ze. In de winter hebben ze al hun energie nodig om warm te blijven en vliegen ze amper. Als ze dan worden verstoord waardoor ze moeten opvliegen, kunnen ze doodgaan.'

'Denk je dat deze dood is gegaan nadat hij wegvloog?' vroeg ik.

Ze stelde me gerust. 'Nee joh, alleen hartje winter, als het vriest.'

Na een week door de bergen te hebben gelopen bereikten we het eerste dorpje aan de andere kant. Zodra we iemand zagen lopen, gooide Marilyne haar rugzak op de grond, haalde haar notitieboekje tevoorschijn en maakte razendsnel een schets van het zeldzame auerhoen.

'Weet u wat dit is?' gebaarde ze.

De oude vrouw schudde haar hoofd. Jazeker, dat wist ze wel. Ze stak haar duim in de lucht en zei iets wat klonk als aardappelen, en maakte een eetgebaar.

'Ze eet graag gebakken auerhoen met aardappelen,' zei Peter droogjes.

Marilyne keek haar aan en zocht naar woorden, en de oude vrouw keek haar verwachtingsvol aan. Maar we slaagden er niet in haar duidelijk te maken dat het auerhoen bijna was uitgestorven en niet met aardappelen gegeten moest worden.

De dag daarop arriveerden we in een dorpje met een oude moskee. We waren ongemerkt van het christelijke deel van Bulgarije naar het islamitische deel gewandeld. Lang geleden hadden de Turken dit deel van het land veroverd en de inwoners tot de islam bekeerd. Maar verder zag ik weinig verschil – dezelfde oude huizen met perfect onderhouden groentetuintjes, een paar luie straathonden, zigeuners met hun paard-en-wagen, kippen die in de berm liepen te scharrelen. We stopten bij een café om koffie te drinken en kochten wat brood, eieren en groenten.

Daarna liepen we weer verder en volgden een onverhard pad het bos in. Opeens hoorden we een auto langzaam achter ons aan rijden. We keken verbaasd om: politie in een Lada Niva.

'Wat doet u hier?' vroeg een agent in het Engels.

'We maken een trektocht,' zei Peter.

De man schudde zijn hoofd. 'Goed. Waar gaat u slapen?'

'Dat weten we nog niet,' zei ik, een tikje op mijn hoede. Hoe luidden de regels? Moesten we net doen alsof we een camping zochten?

De agent zei glimlachend: 'U mag overal kamperen, en u mag ook vuur maken. Daar verderop is een zonnig plekje maar als u nog een uurtje doorloopt, komt u bij een open plek met water. U mag staan waar u wilt.'

Dit leek het paradijs wel.

We bleven nog even staan praten, toen zei hij: 'Misschien kunt u ons helpen. We zijn op zoek naar een vermiste jongen van twintig.'

'Sinds wanneer?' vroeg Peter.

'Gisteren.'

'O!' zei ik. 'Die heeft gewoon te veel gedronken!' Ik begon te lachen en maakte een gebaar alsof ik uit een fles dronk. 'Hij slaapt zijn roes uit onder een boom!' Ik weet niet wat me bezielde, maar ik kon maar niet ophouden met lachen. De agent keek me lichtelijk geamuseerd aan. 'Geen zorgen,' zei ik, 'die jongen heeft gewoon te veel gezopen!' Ik had niet door dat de anderen helemaal niet meelachten.

Toen de auto wegreed, keek Peter me boos aan.

'Wat is er?'

'Zag je niet dat de vader naast de agent zat? En jij stak er de draak mee!'

Ik herinnerde me nu pas de passagier naast de agent, en dacht aan mijn eigen ouders. Het had ook mijn vader kunnen zijn die met de politie rondreed en doodsangsten uitstond omdat ik misschien wel dood in het bos was achtergelaten. Wat had me bezield om te lachen om een situatie die heel ernstig kon aflopen?

'Ik schaam me kapot dat ik zo hard moest lachen.'

'En ook nog eens zo over the top!' zei Peter, waarmee hij het nog erger maakte. 'Het was niet zomaar een grinniklachje.'

We liepen zwijgend verder en in gedachten speelde ik de hele scène nog eens in mijn hoofd af. Ik voelde me echt ellendig.

Twee dagen later kwamen we in een ander dorp aan en informeerden we naar de vermiste jongen.

'O, Aleksander!' zei de winkelier met een denigrerend gebaar. 'Die hebben ze de volgende dag onder een boom gevonden. Hij was dronken. Die jongen is een beetje getikt en verdwijnt wel vaker.'

Ik keek Peter even aan. 'Dat is goed nieuws,' zei ik grinnikend.

De weken daarna vervolgden Marilyne, Peter en ik onze tocht door het Rhodopegebergte. De nachten werden nu kouder, maar overdag was het nog steeds warm en zonnig. Het was een schitterende herfst en de bladeren aan de bomen veranderden geleidelijk van felgeel in oranje en dieprood. We liepen over kleine paadjes of zandwegen en over verlaten, met onkruid begroeide asfaltwegen.

Soms, in de meest geïsoleerde dorpjes, diep verstopt in het landschap, werden we niet echt gastvrij onthaald en namen de mensen ons met gefronste wenkbrauwen achterdochtig op. Maar ik realiseerde me al snel dat ze zo weinig in contact kwamen met de buitenwereld dat ze van zichzelf niet eens doorhadden dat ze zo wantrouwig keken. Als we ze eenmaal begroet hadden, ontdooiden ze vaak en bleken ze heel vriendelijk en behulpzaam.

Onderweg zagen we vaak berensporen in de modder en daar werd ik nog steeds onrustig van. Maar op een of andere manier hoorden die wolven en beren thuis in dit gebied, en als ze er niet waren geweest, was die hele tocht minder spannend geweest. Ik probeerde steeds voor ogen te houden dat dit hun territorium was en dat wij slechts bezoekers waren.

Dat viel me niet altijd even gemakkelijk. Op een dag beklommen we een heuvel en kwamen boven uit bij een grote weide waar een kudde schapen graasde – met vijf gigantische honden die woest blaffend op ons af stormden.

‘Ik heb nog nooit zoveel honden gezien voor een kudde van maar vijftig schapen,’ zei Peter, terwijl we met een grote boog om ze heen liepen. ‘Dit zijn Anatolische herdershonden die de beren moeten weghouden.’

Een eindje verder vonden we een prima plek onder eikenbomen waar we de tenten opzetten. Toen we ons goed en wel hadden geïnstalleerd zag Marilyne berenpoep onder de bomen liggen. Beren waren dol op eikels, bedachten we te laat.

We legden een vuurtje aan en Peter bakte er een stuk vlees op dat we een paar dagen eerder in een dorpswinkeltje hadden gekocht. Er kwam veel vet vanaf en zonder erbij na te denken goot hij een deel van het vet op de grond.

Het werd steeds donkerder maar geen van ons had haast om de veiligheid van het vuur te verlaten en in de tent te gaan liggen.

‘Het was eigenlijk wel stom van me om dat vet op de grond te gieten,’ zei Peter.

‘Ja,’ zei ik.

‘Ja,’ zei Marilyne.

Maar uiteindelijk moesten we de nacht toch trotseren. We kropen in onze slaapzak en realiseerden ons dat we op de slechtst denkbare plek lagen. In dit jaargetijde vielen de eikels van de bomen en telkens als er eentje naar beneden viel, bracht die de bladeren in beweging alsof er een groot dier rondbanjerde.

Die hele nacht lag ik verstijfd van angst in mijn slaapzak en elk moment verwachtte ik dat een beer de tent zou openrijten. Om de haverklap schoot ik wakker en richtte mijn hoofd op omdat ik iets meende te horen. Zelden ben ik zo opgelucht geweest als toen ik de volgende ochtend wakker werd en we alle drie ongedeerd waren.

Een paar dagen later hoorden we in het volgende dorpje dat rond de tijd dat wij daar onder die eikenbomen kampeerden, een beer twee schapen had aangevallen van de kudde die we in dat veld hadden zien grazen.

De herfst was nu echt ingevallen en het begon steeds kouder te worden. We waren onderweg al door zoveel mooie, half leegstaande dorpjes gekomen dat we ons afvroegen of we misschien ergens voor een paar weken een huisje konden huren tot Peters visum verliep en we de Europese Unie moesten verlaten. Maar hoe moesten we ons verstaanbaar maken in een land waar zo weinig mensen Engels spraken? Op een dag kwamen we aan in een dorp waar een kluitje mensen voor een lege winkel zat te wachten op de vrachtwagen uit de stad die nieuwe voorraden kwam leveren. Wij gingen erbij zitten.

Na een uur wachten kwam de vrachtwagen de hoek om scheuren en sprong iedereen overeind om te helpen uitladen. Toen wij aan de beurt waren om inkopen te doen ontdekten we dat de chauffeur Engels sprak.

'Of hier iets te huur is?' vroeg hij, een tikje verbaasd. Hij praatte even met de andere mensen in de winkel en wees toen op een kale, stevig gebouwde jonge man. 'Hij heeft wel iets te huur, maar eerst kijken. Is heel primitief.'

Onze toekomstige nieuwe huisbaas heette Dimitri, en sprak geen woord Engels, maar hij had een vriend bij zich die in Duitsland had gewerkt. Dus ging het gesprek in het Duits. Hij had twintig minuten hiervandaan een huisje te huur. Hij kon ons erheen rijden in zijn kleine fourwheeldrive. Of we het erg vonden om een beetje op elkaar gepropt te zitten?

Peter verdween bijna onder zijn rugzak die hij op zijn schoot had gezet. Marilyne en ik zaten letterlijk dubbelgevouwen boven op onze rugzakken. Bij elke kuil in de weg stootten we ons hoofd tegen het dak. De auto reed dwars door beken, over bulten in de weg, door diepe kuilen en modderpoelen, en stopte uiteindelijk in een vrijwel verlaten bergdorpje. Dimitri stapte uit en deed het portier open, en wij rolden naar buiten.

Met een weids armgebaar wees hij naar een schattig huisje dat tegen een berg lag. Van daaruit hadden we een adembenemend uitzicht op de vallei. Naast het huis kwam een waterleiding uit die voor een constante aanvoer van water zorgde. Het was er zo stil dat je het water hoorde stromen. De ruimte op de begane grond was vroeger een stal geweest, maar Dimitri had er een soort zitkamer van gemaakt. In het huis zelf was geen water, maar er was wel elektriciteit en boven waren twee mooie slaapkamers.

Er woonde nog maar één oude man in het dorpje – in het huisje naast ons, vijftig meter verderop. Hij heette Zdravko en had zeven schapen, twee geiten, drie honden, een koe met een kalf, een kat, en een half vervallen huis. Vanuit zijn raam keek hij recht in onze tuin. Hij begroette ons vriendelijk en leek opgetogen bij het vooruitzicht de komende tijd gezelschap te hebben. Vanaf het begin was ons duidelijk dat wij hier samen met Zdravko zouden wonen.

Onze huisbaas was negenentwintig jaar, en was als scherpschutter gelegerd in Afghanistan, maar nu was hij met verlof. Dimitri was dol op geweren en demonstreerde dat door in het wilde weg op de bomen te schieten. Het huisje was van zijn vader geweest, en Zdravko was zijn oom. Hij logeerde hier weleens als hij ging jagen. De week daarop zou hij terugvliegen naar Afghanistan.

We betaalden hem een maand huur, wensten hem veel geluk en namen de sleutel in ontvangst.

Die nacht sliep ik voor het eerst in een maand de hele nacht aan een stuk door. In ons huisje waren we tenminste veilig voor de beren. De volgende ochtend zaten we op een stenen muurtje thee te drinken en van het uitzicht te genieten, toen Zdravko over het tuinpad aan kwam lopen.

Of we de koe wilden melken? gebaarde hij. Hij sprak geen woord Engels en wij kenden maar een paar woorden Bulgaars.

Marilyne en ik stonden meteen enthousiast op.

Vlak naast Zdravko's huisje was een stal waar de koe en haar kalfje stonden. Overdag graasden ze met een lang touw om hun nek in een wei.

In de stal hing een doordringende stank. Het was er donker, maar ik voelde mijn sandalen wegzakken in de koeienstront. Zdravko gebaarde dat we buiten moesten wachten, en schepte eerst de mest opzij. Toen pakte hij een krukje, ging erop zitten en begon de koe te melken. We kwamen weer binnen en keken aandachtig toe hoe hij dat deed. Het was een middeleeuws tafereel. Eeuwenlang hadden de mensen 's ochtends in een bergdorpje als dit en in zo'n zelfde stal hun koe gemolken. Ik keek Marilyne aan en zag dat zij hetzelfde dacht.

Daarna gebaarde Zdravko dat ik het eens moest proberen. Ik ging zitten en deed zijn bewegingen na. Het bleek ongelooflijk moeilijk om melk uit de uiers te krijgen. Ik moest echt heel stevig in de uier knijpen en dan nog kwam er nauwelijks iets uit. Marilyne deed het niet veel beter. Na een paar minuten zwoegen nam Zdravko het over, en in een mum van tijd was hij klaar.

We liepen met hem terug naar zijn huis en bleven onder de notenboom wachten terwijl hij naar binnen verdween en de melk buiten liet staan. We keken in de plastic emmer. Die was onvoorstelbaar goor en in geen jaren meer schoongemaakt, en aan de binnenkant groeide grijze en paarse schimmel.

Marilyne griezelde. 'Hoe kan hij nou melk uit zo'n smerige emmer drinken?'

'Het zal wel oké zijn als hij het eerst kookt,' zei ik. 'Of misschien is die schimmel nodig om yoghurt te maken?'

Zdravko kwam weer naar buiten lopen met een zeef en een andere emmer, die allebei ook bedekt waren met een dikke laag grijze schimmel. Hij goot de helft van de melk in de andere beschimmelde emmer en gaf die ons cadeau.

Dank je wel, zeiden we – dat was een van de weinige Bulgaarse woorden die we kenden. *Merci.*

Even later zaten we in de warme herfstzon pap met de romige

melk van Zdravko te eten, en kwam hij bij ons zitten met een kop zoete zwarte Turkse koffie. Hij zat daar kalmpjes een sigaret te roken en liet zijn blik over het landschap glijden. Zdravko droeg een blauwe trui en een zwarte broek, en toen hij zijn pet afzette zag ik dat hij nog maar een paar plukjes wit haar op zijn hoofd had, hoewel zijn wenkbrauwen nog pikzwart waren. Hij had een vriendelijke glimlach en als hij iets grappig vond begonnen zijn ogen te glinsteren.

Zdravko had twee honden die hij los rond liet lopen. De ene zag er gezond uit, maar de andere was zo graatmager dat we hem Skelet noemden, en we probeerden hem altijd wat extra eten toe te stoppen. De derde hond lag aan de ketting, en later kwamen we erachter dat hij anders achter de schapen aanging, wat ons niet verbaasde omdat hij iets weg had van een wolf.

Marilynes vakantie zat er bijna op, en de laatste paar dagen hielpen we Zdravko met de koe melken, schepten koeienstront in kruiwagens, dronken een heleboel melk, probeerden zijn yoghurt en kraakten zijn walnoten. Marilyne had als afscheidscadeau een prachtige aquarel van zijn koe voor hem gemaakt.

Toen ze afscheid van hem kwam nemen had Zdravko tranen in zijn ogen. Hij was stapelverliefd op haar geworden. Hij omhelsde haar en zei iets terwijl hij de aquarel tegen zijn borst drukte. Marilyne glimlachte en zei: '*Merci. Merci beaucoup*.'

Ons leven werd nu een stuk rustiger. Elke ochtend stond ik vroeg op. En terwijl Peter uitsliep of een boek las, slenterde ik naar Zdravko's huisje met mijn pen en notitieboekje in de hand.

Hij had een huis met vier slaapkamers, maar het dak op de eerste verdieping lekte, dus woonde hij in feite beneden. Daar stonden een bed, een stoel, een tafel en een stokoude televisie

Elke ochtend deed hij met een brede glimlach de deur open en vroeg hoe het met me ging. '*Kaaksi?*'

'*Dobre, dobre*.' Goed, antwoordde ik dan. En jij?

'Ja, goed. Koffie?'

'Ja, graag.'

Ik ging op het bed zitten en hij verdween in het krakkemikkige keukentje met één elektrisch kookplaatje. Terwijl hij een kop zoete Turkse koffie zette, keek ik naar de vergeelde foto's van zijn broer en zus aan de muur, en naar de grote Coca-Cola-kalender van twee jaar geleden. Wanneer hij weer tevoorschijn kwam, trok hij een stoel bij die ik als bijzettafeltje kon gebruiken.

Ik nam kleine slokjes koffie terwijl hij een snee witbrood voor me roosterde op zijn elektrische kacheltje. Om een of andere reden gebruikte hij de houtkachel in de hoek niet. Het ouderwetse kacheltje was minstens dertig jaar oud, en het dikke snoer was op één plek zo doorgesleten dat het me verbaasde dat de boel nog werkte. Om geld uit te sparen deed Zdravko de helft van de gloeidraden uit, en als hij het koud had, stak hij ze weer aan door simpelweg twee draden tegen elkaar te houden, die hij met isolatietape had omwikkeld om geen schok te krijgen. Als het lukte vlogen de vonken eraf, maar het leek mij levensgevaarlijk.

Ik leerde 'Wat is dit?' vragen in het Bulgaars, en daardoor leerde ik steeds meer woorden. Elke ochtend leerde Zdravko me een paar nieuwe woorden en 's avonds zat ik er net zo lang op te oefenen tot ik ze uit mijn hoofd kende. En na een paar weken kon ik al simpele gesprekjes voeren.

'Hoe heet je kat?' vroeg ik.

'*Kotka*,' antwoordde hij.

'Gewoon kat? '

'Ja,' zei hij. 'Gewoon kat.'

Peter en ik gaven elk dier dat we vaker dan één keer tegenkwamen een naam. De hazen rond onze tent noemden we Harry; vogeltjes, eekhoorntjes en zelfs spinnen en insecten die onze tent in kropen, kregen al snel een naam. Het ging er bij mij niet in dat je een kat geen naam gaf. Het leek of Zdravko zich nergens aan wilde hechten.

Maar wat me vooral boeide aan Zdravko was dat hij in vrijwel ondraaglijke omstandigheden wist te overleven. Zo maakten we een keer een zware onweersbui mee, waarbij een ruit in zijn huiskamer door de wind was gesneuveld. Maar in plaats van op zoek te gaan naar een andere ruit – hij had genoeg spullen in zijn schuur liggen – trok hij een stuk gordijn voor het gat en zette het vast met zijn zakmes. Hij ontving een pensioen en had genoeg geld om zijn huis op te knappen, maar hij koos ervoor om dat niet te doen. Elk jaar ging er wel iets kapot en elk jaar paste hij zich verder aan en trotseerde hij de ijzige winters in de bergen. Hij was er niet trots op dat hij zo door het leven was gehard, maar hij schaamde zich er ook niet voor. Het kon hem gewoon niets schelen. Het klinkt misschien gek, maar ik vond het van kracht getuigen dat hij zich van de stoffelijke wereld had losgemaakt en onder de zwaarste omstandigheden wist te overleven.

De meeste Bulgaarse woorden heb ik van Zdravko geleerd, maar ik had nog een andere leraar in de vallei. Op een uur lopen, steil naar beneden door een dennenbos, lag een dorpje met een winkel en een bibliotheekje. Silvia, de bibliothecaresse, sprak wat Engels en vond het goed dat ik haar pc gebruikte. Telkens als we boodschappen gingen doen, ging ik even bij haar langs om mijn mail te checken. En daarna dronken we een kop thee en leerden we elkaar over en weer Bulgaarse en Engelse woorden.

Op die manier leerde ik een aardig mondje Bulgaars spreken. Ik kon tot honderd tellen, kon kleuren opnoemen, leerde de verschillende weersomstandigheden benoemen, en verder alles waar ik naar wees.

Op een ochtend dronk ik weer koffie met Zdravko en wees hij eerst op zichzelf en toen op mij.

'Wij?' vroeg ik, en denkende dat hij me voornaamwoorden wilde leren, schreef ik het woord op.

'Ja,' glimlachte hij. Toen sloeg hij onhandig zijn arm om me heen en probeerde me te kussen.

'Nee, nee, nee,' zei ik, in verlegenheid gebracht, en ik duwde hem weg.

'Zdravko houdt van Miriam,' zei hij.

Hij klonk als een schooljongen. Ik vond het vervelend en ergens ook wel komisch, maar ik was geen moment bang.

We zwegen en bleven nog even naar de televisie kijken, en

toen dronk ik mijn koffie op en nam afscheid van hem.

Ik moest denken aan wat mijn zus een keer zei toen ze een jaar of achttien was. 'Mannen zullen het altijd proberen... en pas op, meestal twee keer!' Dus liep ik de volgende ochtend in alle vroegte de berg af om met Silvia te praten. Ik vroeg haar hoe je 'niet aanraken' in het Bulgaars zei. Ik zei niet waarom ik dat wilde weten en zij vroeg er ook niet naar.

De dag daarop ging ik weer bij Zdravko langs en probeerde hij het natuurlijk opnieuw. Deze keer kon ik zeggen: *Ne me pipai*. Zijn eerste reactie was pure verbazing en daarna barstte hij in lachen uit. Hij vond het oprecht grappig en ik lachte hartelijk mee. Maar een minuut later verscheen er een serieuze blik in zijn ogen en zag ik hem nadenken: híj was toch mijn taalleraar? Dus van wie had ik die woorden dan geleerd? Ik kon hem in het Bulgaars niet uitleggen dat hij zich geen zorgen hoefde te maken en dat ik het niemand had verteld. Maar daarna heeft hij in ieder geval nooit meer wat geprobeerd.

Een maand lang woonden we met zijn drieën harmonieus in dat verlaten, half ingestorte dorpje hoog in de bergen van Bulgarije. 's Ochtends dronk ik koffie met Zdravko, 's middags gingen Peter en ik hout zoeken voor de winter, en op mooie dagen maakten we lange wandelingen in de bergen en genoten van de laatste warme zonnestralen. Onderweg kwamen we regelmatig paddenstoelenzoekers tegen die ons leerden welke soorten eetbaar waren. Zo raakten we steeds meer vertrouwd met het Rhodopegebergte en de mensen die daar woonden.

Op een dag kwamen we in een naburig dorpje een oude vrouw tegen die vroeg waar we vandaan kwamen en wat we daar deden. Ik vertelde dat we Dimitri's huis hadden gehuurd, naast dat van Zdravko, en wees die kant op.

'Ah! Gaat het goed met Zdravko?' vroeg ze.

'Heel goed.' Ik schudde met mijn hoofd om ja te zeggen.

'Willen jullie kopen?' vroeg ze.

'Wat kopen?'

Ze wees naar een huisje vijftig meter verderop. Het dak was ingestort en er stonden nog maar drie muren overeind. Het was in feite een ruïne, maar je zou het weer kunnen opbouwen en er iets moois van kunnen maken.

'Vraag eens hoeveel,' zei Peter.

'*Kolko struva?*' vroeg ik.

'Vijfduizend euro,' zei ze.

'Nee, bedankt,' zei Peter.

Ik knikte en zei: '*Ne merci.*'

Maar daarmee was wel een idee geboren. Er stonden een heleboel huizen leeg die de komende tien jaar alleen maar verder in verval zouden raken. Misschien vonden de plaatselijke inwoners het wel fijn als er jonge mensen kwamen wonen. Toen we hoorden dat je voor tien- of twintigduizend euro een huis met een deugdelijk dak kon kopen, raakten we nog meer geïnteresseerd.

Opeens kregen onze dagelijkse wandelingen een nieuwe dimensie. Het was heel anders om door een landschap te wandelen dat binnenkort een dierbare herinnering zou zijn dan door dorpjes te lopen die misschien deel uit gingen maken van onze toekomst. We stelden ons al voor hoe het zou zijn om in dit huis of dat dorpje te leven, hoe we de boel zouden opknappen. Telkens als we ergens een huis te koop zagen staan, stelden we ons al voor hoe kleurrijk het geheel eruit zou zien met een tuin vol bloemen en natuurlijk een moestuin erbij. En langzaam maar zeker nam het Rhodopegebergte bezit van ons hart.

Silvia, de bibliothecaresse, vertelde me het een en ander over de geschiedenis van deze streek. Rond 3000 voor Christus maakte het hele gebied ten westen van de Zwarte Zee deel uit van Thracië. Hier woonden de Thraciërs, een volk met een hoge beschaving, dat voor het eerst genoemd werd in de *Ilias*, waarin ze werden beschreven als bondgenoten van de Trojanen, die oorlog voerden tegen de Grieken. Zelfs in deze tijd worden er nog steeds Thracische graftombes gevonden, gevuld met schatten.

In de veertiende eeuw werd dit deel van Bulgarije geteisterd door Ottomaanse invallen en kwam het onder Turks bestuur. De Bulgaren, die een afkeer van conflicten hadden, trokken zich steeds verder terug in de bergen en wisten te overleven door samen te werken. 'Dat is de reden,' zei Silvia met een lachje, 'dat de mensen die in de bergen wonen vriendelijker en socialer zijn dan de mensen in het laagland.'

Op een zonnige dag volgden Peter en ik de weg omhoog, dieper de bergen in, en kwamen terecht in een afgelegen dorpje dat Miliva heette. Het dorpje had een klein winkeltje en de mensen begroetten ons vriendelijk. Vandaar liep een pad dieper het bos in, en we wisten dat niet veel verder Thracische ruïnes lagen.

We kwamen bij een open plek en gingen in het hoge gras zitten, vanwaar we een adembenemend uitzicht hadden op de vallei en de uitlopers van de bergen. In de verte hing mist tussen de bergtoppen. Afgezien van Miliva, dat drie kilometer verderop lag, was nergens een spoor van bebouwing te zien. Een eind lager op de berg zagen we een vlak, met gras begroeid plateautje, omringd door oude bomen en we liepen er nieuwsgierig naartoe. Op elk van de vier hoeken van het plateau stond een grote oude eik. Toen ik midden op het plateau stond voelde ik dat daar een bijzondere energie hing, en ik zei tegen Peter dat dit misschien ooit een heilige plek was geweest, hoewel we dat natuurlijk nooit zeker zullen weten. We gingen daar zitten en stelden ons voor dat de Thraciërs op deze plek ooit hun goden vereerden en rituelen uitvoerden.

We stonden op het punt om terug te lopen toen Peter een paadje zag dat verder naar beneden liep, langs een paar appel- en perenbomen. We volgden het pad en vijftig meter verderop zagen we tot onze verbazing een huisje staan. Een eenvoudig vierkant optrekje van zeven bij zeven meter, met een stuk golfplaat dat als deur diende en aan twee kanten grote ramen. We gingen op onze tenen staan om naar binnen te turen en zagen een houten vloer, een bed, een tafel en een kastje. Het zag er schattig uit. Terwijl Peter om het huis heen liep ging ik op de drempel zitten en zag me hier al wonen.

Op de terugweg vroegen we de mensen in Miliva hoe het zat met dat huisje, maar we slaagden er niet in onszelf verstaanbaar te maken. In de weken daarna deden we herhaalde pogingen om erachter te komen van wie dat huis was. Maar uiteindelijk gaven we het op en probeerden we het uit ons hoofd te zetten.

Geleidelijk aan gingen de rode herfstkleuren over in roestbruin en uiteindelijk zwart. Het waren de laatste dagen van de herfst en het begon steeds harder te waaien. Het begon met een briesje, gevolgd door windstoten. De bergen en valleien kregen zware stormen te verduren, die de bladeren deden opdwarrelen als honderden vlinders, en toen alle verdorde bloemen, bladeren en dode takken eenmaal hun plek op aarde hadden gevonden, werd de wereld donker en somber. Zonder het gebladerte zag je de kale bergen in al hun naaktheid. De rotsblokken en uitlopers en smalle ravijnen tekenden zich nu veel duidelijker af, waardoor de bergen opeens veel kwetsbaarder leken. Daarna viel de eerste sneeuw en werd de wereld wit en stil. De daken, het bruine, verdorde gras, de kleinste takjes van de kale bomen – alles werd bedekt met een dikke laag sneeuw en de mensen trokken zich terug in huis en deden de deur dicht.

Ook wij gingen nu binnen wonen en zaten de hele dag bij het vuur. Onze huisbaas Dimitri had de benedenverdieping omgetoverd in een lange, smalle zitkamer, met aan de kopse kant een open haard. Verder stonden er een eettafel met stoelen, en een paar ouderwetse kastjes. En aan de muren hingen afbeeldingen van wolven en beren. De kamer had maar één klein raam waardoor we het gevoel hadden in een grot te wonen. Meestal zaten we met al onze kleren aan dicht bij het vuur om warm te blijven, en zetten we de buitendeur open om frisse lucht binnen te krijgen, want de haard walmde enorm.

De slaapkamer boven was daarentegen heel licht en zonnig, met witgekalkte muren en een prima bed. Op dagen dat het aan een stuk door sneeuwde en het min tien was, bleven we de hele dag in bed liggen om warm te blijven. Peter noemde dat onze 'ziekenhuisdagen' – de periode waarin we volledig tot rust kwamen. Terwijl de boomwortels buiten doorgroeiden, waren wij ook bezig onze basis te versterken door helemaal niets te doen en alleen maar te genieten van de tijdloze stilte.

Als de wind uit het noorden kwam, bracht hij kou en droge sneeuw mee uit Rusland, en vroren de riviertjes dicht en veranderden de watervallen in ijspegels. Op een dag liep ik naar buiten, ging op een stoel in de zon zitten en riep dat het heet was. Peter pakte een thermometer en zag dat het welgeteld drie graden boven nul was. Op die 'warme' dagen maakten we lange wandelingen in de sneeuw. Ik had ergens een paar oude schoenen in een doos gevonden – vier maten te groot – en Peter ontdekte een paar rubberlaarzen. Hij had niet veel sneeuw meegemaakt in zijn leven en vond het fantastisch. We dwaalden lukraak door het bos en omdat we nergens een pad zagen, liepen we waar we maar wilden. Het was er schitterend en doodstil, en overal zagen we pootafdrukken van dieren. Gelukkig niet van beren, want die hielden nu winterslaap.

Toen de maand december op zijn eind liep, begonnen we nieuwe plannen te maken. En alweer ging er via internet een deur voor ons open.

In het knusse warme bibliotheekje in de vallei ontving ik een e-mail van een Turkse vrouw die mijn boek had gelezen. Ze had net ontslag genomen als stadsgids omdat ze dichter bij de natuur wilde leven. In Peru had ze lange voettochten gemaakt en ze vroeg of wij zin hadden om samen met haar de Lycische Weg te lopen, een vijfhonderd kilometer lang pad dat langs een deel van de Lycische kust loopt. Ze schreef dat het zuiden van Turkije milde winters had en dat dit het enige jaargetijde was waarin je niet te veel andere wandelaars tegenkwam. Ze nodigde ons uit in het appartement van haar tante in Istanbul en stelde voor om dan samen te starten bij het beginpunt, in Fethiye. Het was een heel aantrekkelijk voorstel – te meer omdat het ons oorspronkelijke plan om naar Turkije te gaan weer nieuw leven inblies.

Tegen de tijd dat Peters visum afliep stonden we klaar om de bus naar Istanbul te nemen.

Hoewel we aanvankelijk niet onder de indruk waren van Bulgarije, hadden we in de drie maanden dat we er verbleven een diepe genegenheid voor het land opgevat – en vooral voor het Rhodopegebergte met zijn eindeloze bossen, beren en wolven. We waren erg gehecht geraakt aan deze streek, aan het feit dat je hier geen strenge regels en hekken had, aan de dorpjes met hun vriendelijke inwoners en hun praktische, ongekunstelde manier van leven. We vonden het hier zo mooi dat we besloten in de lente terug te komen en dan op zoek te gaan naar een huis. We zouden nooit een huis kopen om permanent in te wonen, zeiden we tegen elkaar, maar een vakantiehuis zou geweldig zijn. Het leek ons fantastisch om hier ergens, diep in het bos, een optrekje te hebben.

Op onze laatste ochtend namen we afscheid van Zdravko. Hij had tranen in zijn ogen toen we hem omhelsden en hem het allerbeste wensten. Ik keek naar het kapotte raam in zijn kamer en vroeg me af of hij de winter zou overleven.

'In de lente komen we terug!' zei ik en wierp een blik op de foto van hem en Marilyne, die ik had laten afdrukken. Hij had hem op zijn tafel gezet, naast de televisie.

We hesen onze rugzak op onze rug en liepen op onze sandalen door de besneeuwde bergen naar de vallei, waar we naar de dichtstbijzijnde stad liftten. Daar pakten we een minibus naar Plovdiv en vandaar een grote bus die ons naar Istanbul bracht. Van een dorpje met één inwoner gingen we naar een stad met achttien miljoen mensen.

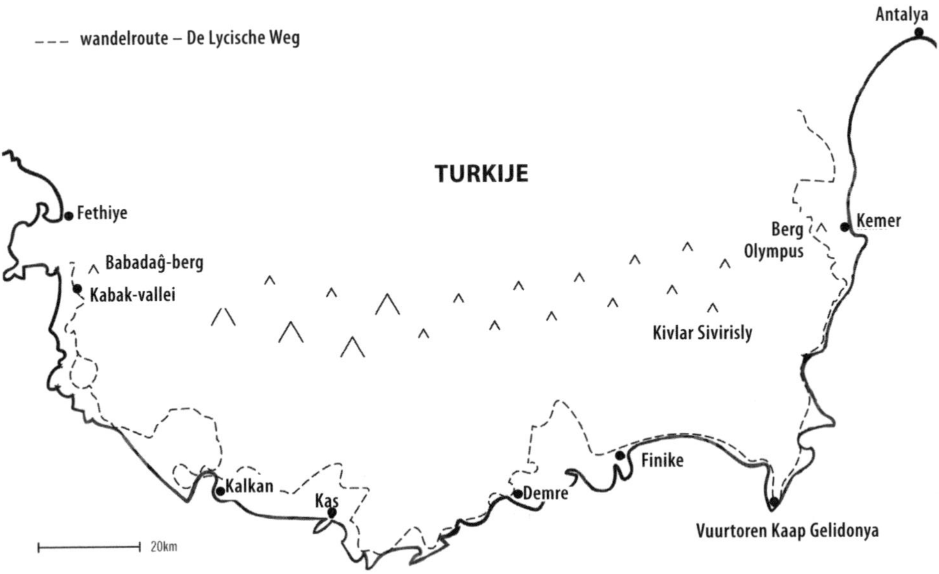

wandelroute – De Lycische Weg
Antalya
TURKIJE
Fethiye
Babadaĝ-berg
Kabak-vallei
Berg
Olympus
Kemer
Kivlar Sivirisly
Finike
Kalkan
Kas
Demre
Vuurtoren Kaap Gelidonya
20km

5

Turkije

De Lycische Weg in de winter

De bus bleek niet verder te gaan dan de grensplaats Svilengrad. Terwijl de andere passagiers door familie en vrienden werden begroet, stapten wij de ijzige kou in en vroegen ons af waar we in godsnaam heen moesten. Het was donker, het sneeuwde en op de gebouwen en borden stonden onbegrijpelijke cyrillische letters. In het bos hadden we bij het licht van een zaklamp de tent opgezet, wat hout gezocht en een maaltijd bereid op een vuurtje, en waren we daarna in onze warme slaapzak gekropen. Maar hier, te midden van gebouwen en wegen, voelden we ons verloren.

Gelukkig kreeg een vreemde medelijden met ons en vroeg in het Bulgaars of hij ons kon helpen. Ik legde uit dat we door wilden reizen naar Istanbul. Hij klapte zijn paraplu open en liep met ons naar het centrum, en wees ons op een kantoor waar we de volgende dag een buskaartje konden kopen. Daarna bracht hij ons naar een hotel dat gesloten was, maar op de deur was een briefje geplakt met een telefoonnummer. De man belde de eigenaar voor ons die een minuut later kwam opdagen. We bedankten onze redder in de nood en gingen het hotel binnen.

We wilden Yasemin laten weten dat we vertraging hadden opgelopen en pas de volgende ochtend zouden arriveren. Van de hoteleigenaar mocht ik met zijn mobieltje bellen, maar ik kreeg een antwoordapparaat met de boodschap: 'U hebt de voicemail van 905347223499 gebeld'. Ik liet een bericht achter, maar realiseerde me opeens dat ik helemaal niet wist of deze Turkse vrouw echt bestond. Per slot van rekening kan iedereen een e-mail in elkaar draaien en er wat nepfoto's bij doen. Waar waren we in verzeild geraakt? Ik was er niet helemaal gerust op, maar besloot me voorlopig op het hier en nu te richten. Voor het eerst in drie maanden konden we een warme douche nemen en in een zacht bed met schone lakens slapen. Tv-kijken en water koken in een elektrische waterkoker. Het was allemaal dik in orde, alleen was het bed nogal smal. Als Peter zich omdraaide zou ik wakker worden, dus sliep ik op de vloer in mijn slaapzak op mijn matje.

De volgende ochtend liepen we door een dik pak vers gevallen sneeuw naar het kantoortje waar we te horen kregen dat de bus niet in de stad stopte, maar bij een benzinestation langs de snelweg. We moesten een taxi nemen om daar te komen.

We kwamen daar een uur te vroeg aan en zochten onder de grote overkapping beschutting tegen de ijskoude wind. Toen het even ophield met sneeuwen liep ik achter het benzinestation langs, op zoek naar een toilet, en trof daar tot mijn schrik een krottenwijk aan. Mensen hadden met behulp van stukken plastic en schroot een soort hutjes gefabriceerd. Overal slingerde afval rond, het was één grote, vieze modderbrij waarin kleine kinderen rondliepen die amper kleren aan hun lijf hadden. De mensen stookten vuurtjes om warm te blijven en om op te koken. Wie waren deze mensen die hier leefden? Zigeuners? Vluchtelingen? Waar haalden ze hun hout vandaan? In heel Europa had ik nog nergens zulke mensonterende omstandigheden gezien. In hartje winter nog wel.

Toen ik weer terugliep naar het benzinestation bood een chauffeur ons een kop koffie aan.

'Waar gaan jullie naartoe?' vroeg hij in het Bulgaars.

'Naar Istanbul.'

'Istanbul?'

'Ja.'

'De bus komt van die kant.' Hij wees naar het westen. 'En gaat die kant op – ' hij wees naar het oosten. 'Jullie moeten aan de andere kant van de snelweg wachten. Als de chauffeur je niet ziet, rijdt hij gewoon door.'

Ik keek naar de drukke vierbaansweg en vertaalde wat de man had gezegd. 'Maar ik ga wel aan de overkant op de bus staan wachten,' zei ik, toen ik Peter zag verbleken. 'Als de bus eraan komt, ren jij snel naar de overkant. Het heeft geen zin om daar met zijn tweeën in de sneeuw te staan koukleumen.'

Een kwartier voordat de bus zou arriveren, rende ik met zijn rugzak naar de overkant, naar de smalle invoegstrook waar de bus zou stoppen. De sneeuw kwam uit het westen, dus ging ik met mijn gezicht naar het oosten staan. Ik liet mijn rugzak op mijn rug zitten om warm te blijven en keek om de paar seconden over mijn schouder om te zien of de bus er al aan kwam. Het begon steeds harder te sneeuwen en te stormen. Ik dacht aan de wilde paarden die we in Nieuw-Zeeland in de regen hadden zien staan: die gingen met hun kont naar de wind staan en wachtten geduldig tot de storm over was getrokken.

Ik stond daar volledig onbeschut in een kaal, boomloos landschap, in de lelijkste, deprimerendste omgeving die ik ooit had gezien. Naast mij verrees een enorm Sovjetachtig fabrieksgebouw met kapotte ramen, dat was afgezet met prikkeldraad. Het had iets surrealistisch en tegelijkertijd iets fascinerends om daar langs de snelweg in een sneeuwstorm te staan, naast een afgrijselijk lelijke fabriek, aan de rand van een stad die Svilengrad heette, terwijl de ene na de andere vrachtwagen voorbij denderde – alsof ik aan de rand van een spookstad in de vroegere Sovjet-Unie stond.

De bus was maar een kwartier te laat maar het leek of ik uren had staan wachten. Toen hij dan eindelijk arriveerde, werden Peter en ik als helden verwelkomd. De vijf mensen die al in de bus zaten, allemaal Turken, hadden me zien zwaaien en daarna Peter de weg over zien rennen. De mannen namen onze rugzakken over en stouwden die in de bagageruimte onder de bus, de vrouwen schonken ons warme koffie in en boden ons chocolaatjes aan. Ze schudden met hun hoofd en keken ons meewarig aan. 'Onvoorstelbaar, dat jullie daar in die sneeuwstorm stonden te wachten!' Ik knikte, grinnikte trots en leerde mijn eerste Turkse woordje: *Ho geldiniz.* Welkom.

Zodra we de grens met Turkije gepasseerd waren, zagen we meer verkeer, betere wegen, veel meer landbouw en grotere steden. Lang voordat we de eerste voorsteden van Istanbul binnenreden, zagen we al hoge torenflats aan de horizon opdoemen. Istanbul was een gigantische metropool en naarmate we dichterbij kwamen kreeg de stad iets intimiderends. Maar we waren blij dat we het gered hadden – zij het niet te voet.

De stad zelf was een mengeling van schitterende, perfect onderhouden eeuwenoude gebouwen en vervallen, half ingestorte krotten. Tussen de appartementsgebouwen verrezen reusachtige bomen – en ik realiseerde me, niet voor het eerst, dat alles wat leeft elke dag weer groeit en zich verjongt. Terwijl alles wat de mens gemaakt heeft dag in dag uit te lijden heeft van de zon, de regen en de wind, en langzaam afbrokkelt. Het was voor mij het ultieme bewijs dat er een enorme kracht schuilt in alles wat leeft.

De bus stopte uiteindelijk op een gigantisch busstation waar het krioelde van de mensen. Ik vroeg me af hoe Yasemin ons zou vinden. Ik had haar telefoonnummer bij me en vroeg aan iemand of ik zijn telefoon mocht gebruiken.

'Spreekt ze Turks?' vroeg hij, terwijl hij zijn sigaret uitdrukte. 'Dan bel ik haar wel even.' Hij toetste haar nummer in, legde uit waar we stonden en een minuut later zagen we haar de hoek om komen. Haar lange krullende haar wapperde achter haar aan terwijl ze op ons af rende. 'Excuus dat je mijn voicemail kreeg, gisteravond. Je vroeg je zeker af of ik eigenlijk wel bestond!' was het eerste wat ze zei.

Ze was tenger gebouwd en had sprankelende bruine ogen en een warme glimlach. Ze sprak uitstekend Engels. 'We gaan naar het huis van mijn tante,' zei ze, terwijl ze ons naar de metro bracht, waar we ons in de stampvolle trein wurmden. Daarna moesten we nog twee bussen nemen en een kilometer lopen door smalle straatjes tot we voor een nieuw appartementsgebouw stonden, dat eruitzag alsof het onlangs beschoten was. De hele gevel zat vol gaten.

'Hagel,' zei Yasemin met een lachje. 'We hebben hier een paar maanden geleden een zware hagelstorm gehad. Moet je die andere gebouwen zien – de hele straat lijkt wel een oorlogsgebied.'

Yasemins tante zou een hele week wegblijven. We installeerden ons in haar appartement en gingen diezelfde avond Istanbul verkennen.

We waren bijna een jaar lang gewaarschuwd voor het gevaarlijke Istanbul, maar de stad voelde veiliger dan Parijs. De mensen leken blij om buitenlanders te zien die zich niet lieten afschrikken door berichten over terroristische aanslagen en ander negatief nieuws. We aten lekkere hapjes van standjes op straat, liepen door eeuwenoude overdekte markten en luisterden naar fantastische straatmuzikanten. We werden joviaal binnengehaald door tapijtverkopers. Met kopjes sterke thee moedigden ze ons aan om een vloerkleed te kopen en naar huis op te sturen, totdat we uitlegden dat we geen huis hadden om een kleed neer te leggen. Na een leuke avond in de grote stad, keerden we om een uur 's nachts terug naar huis, waar Yasemin voorstelde om nog een kop thee te zetten voordat we gingen slapen.

'Ja, lekker,' zei ik, in de veronderstelling dat het twee minuten duurde om water te koken en nog tien minuten om de thee te drinken, en dan ons bed in te rollen. Maar in Turkije ging dat anders. Yasemin had een speciale Turkse ketel waarin ze zwarte thee heel lang liet koken. Pas na een uur was de thee klaar om ingeschonken te worden. Ze schonk de kopjes voor de helft vol met thee en vulde de rest aan met kokend water.

Onder het wachten tot de thee klaar was rookte ze een sigaret en vertelde ons dat ze veertig was, geen kinderen had en dol was op reizen. Maar even later zei ze dat ze eigenlijk een dochter had, maar dat ze toen het kind twee jaar oud was besefte dat ze niet voor het moederschap in de wieg was gelegd. 'Het is een lang en ingewikkeld verhaal,' zei ze, 'maar ik ben van mijn man gescheiden en laat ik het zo zeggen: ik heb het hem niet moeilijk gemaakt en hem de baby laten houden. Maar het was een zware tijd. In Turkije is kinderen krijgen zo ongeveer het belangrijkste wat een vrouw kan doen, dus een moeder stuit op heel wat onbegrip en vooroordelen als ze de opvoeding van haar kind aan de vader overlaat. Istanbul is gelukkig een liberale stad, dus hier staan mensen niet zo snel klaar met hun oordeel, maar op het platteland is het een ander verhaal.'

Ze vertelde dat ze twintig jaar als stadsgids had gewerkt, maar de drukte van de stad nu wilde ontvluchten en in het zuiden aan de kust wilde gaan wonen, waar het klimaat aangenamer is en de natuur dichterbij.

Na de thee gingen we slapen en een paar uur later werd ik wakker van de oproep tot het gebed. Een van de drieduizend moskeeën in Istanbul bleek vlak naast ons appartement te liggen.

We vermaakten ons prima in Istanbul. We hadden een hoop lol en voelden ons erg op ons gemak bij Yasemin, die we de bijnaam Turkish Delight hadden gegeven. Ze had een heerlijk gevoel voor humor, maar ze had ook een hoop meegemaakt. Op onze wandelingen door de stad vertelde ze dat ze had meegedaan aan de protesten in 2016, toen de overheid had besloten de bomen in een groot park te kappen en daar appartementsgebouwen neer te zetten. Die protesten waren enorm uit de hand gelopen en daarna volgde ook nog eens de staatsgreep tegen president Erdoğan. Het was een angstige tijd, vertelde Yasemin, maar wel heel spannend om getuige van te zijn.

Als het regende dronken we koffie in kleine cafeetjes en als het droog was liepen we de markten af. Het was hartje winter en in het westen vierde men kerstmis, maar in het islamitische Turkije ging dat volledig aan ons voorbij. Voor mij was kerstmis sowieso een vage herinnering. Gedurende al die jaren dat we in de wildernis leefden, stonden we op als de zon opkwam en gingen we slapen als de maan aan de hemel verscheen, en speelden speciale datums en feestdagen geen enkele rol in ons leven. Ik koesterde weliswaar mooie herinneringen aan het kerstfeest bij ons thuis, met echte kaarsjes in de boom, maar dat was in een andere tijd en ik dacht er eigenlijk nooit aan terug.

We brachten een bezoek aan de Blauwe Moskee, een van de mooiste gebedshuizen waar ik ooit ben geweest. Afgezien van de schitterende architectuur hing er een heel bijzondere, serene sfeer. Het gebouw straalde een diepe rust en kalmte uit die ik alleen ervaren had met bepaalde bergen en oude bomen. Voor het eerst had ik werkelijk het gevoel op een heilige plek te staan.

Yasemin zei dat ze nog steeds heel graag de Lycische Weg wilde lopen, het 540 kilometer lange pad tussen Fethiye en Antalya. Het loopt voor een groot deel langs de kust en gaat soms een stuk landinwaarts, door het ruige achterland, en gemiddeld doe je er een maand over.

Op kerstdag namen we een binnenlandse vlucht naar het zuiden en verruilden het koude, natte Istanbul voor de droge warmte van de Middellandse Zeekust in Zuid-Turkije. Akif, een vriend van Yasemin, kwam ons afhalen en bracht ons naar zijn huis in Marmaris. Akif zag er heel Grieks uit met zijn zwarte krullen en fijne gelaatstrekken. Het was fantastisch om aan de Middellandse Zee te zitten en ik bedacht hoe heerlijk het toch was om in een warm droog klimaat te wonen, hoe gelukkig een mens daarvan werd.

We bleven een paar dagen logeren bij Akif en zijn vrouw. ’s Middags maakten we een wandeling langs de boulevard, waar een zacht briesje de zilte zeelucht met zich meevoerde. ’s Avonds zaten we met zijn allen rond de tafel te eten en dronken er Turkse raki bij, een met anijs gekruide drank.

‘Raki is niet zomaar een alcohol,’ vertelde Akif terwijl hij een sigaret rolde. ‘Dankzij raki kunnen wij gedichten componeren, filosoferen over het leven, nadenken over de werkelijkheid. Het is een heel bijzondere drank: als we raki drinken, worden we een ander mens.'

Hij schonk me een glaasje in en deed er wat water bij, waardoor de heldere vloeistof onmiddellijk troebel werd.

Akif stond altijd bij het krieken van de dag op, en op een dag kwam ik bij hem staan met een glaasje Turkse koffie terwijl hij in de achtertuin zijn eerste sigaret rookte.

'Vroeger hoorde ik de roep van de bergen vaak,' vertelde hij. 'En dan stapte ik op mijn motorfiets en reed het bos in. Soms hoorde ik de bergen midden in de nacht roepen, en dan sprong ik uit bed en reed net zolang door tot ik de top van de berg had bereikt. Daar stond ik naar de sterren te kijken en ademde de zuivere lucht in. In de stilte. Het was schitterend.'

Hij plukte een mandarijn uit de boom naast ons en ik volgde zijn voorbeeld.

'Maar de laatste jaren hoor ik de wildernis niet meer roepen. Ik vraag me af hoe dat komt.' Hij klonk eerder verbaasd dan droevig. 'Nu ik Peter en jou heb leren kennen moet ik er weer aan terugdenken. Ik zou eigenlijk weer op zoek moeten gaan naar ongerepte plekken voordat het te laat is.'

En terwijl iedereen nog lag te slapen stapten wij op zijn motorfiets en reden via kleine paadjes langs de kust de bergen in. Het was heel spannend om zo snel te gaan en me zo kwetsbaar te voelen, met de wind die langs me heen stroomde.

Akif was dj, en 's winters werkte hij niet. Hij had wel zin om met ons de Lycische Weg te lopen, maar dacht dat hij niet fit genoeg was. Peter stelde hem gerust en zei dat de eerste week zwaar was, maar dat hij daarna fit werd van het wandelen. Maar hij durfde het toch niet aan. Op 28 december deden we onze laatste boodschappen en bracht Akif ons naar het begin van het pad, waar we met pijn in het hart afscheid van hem namen.

Yasemin had een reisgids en een kaart bij zich, het pad zelf was goed aangegeven, en we hadden het gevoel dat ons niets kon gebeuren met een Turks sprekende reisgenoot die eventueel de weg kon vragen. De omgeving was schitterend, de hemel strakblauw, en alle drie waren we optimistisch gestemd en vol goede moed. We werden meteen zwaar op de proef gesteld toen we langs een steil rotspad omhoog moesten lopen, terwijl onder ons de turquoise zee lag te glinsteren. Na tien minuten begon Yasemin al achterop te raken. We gingen langzamer lopen, wachtten op haar en moedigden haar aan.

Drie uur later bereikten we een plek waar je volgens de reisgids prima kon kamperen. Het was een met gras begroeide open plek boven op een heuvel.

'Als het harder gaat waaien, kunnen we beter onder de bomen gaan staan,' zei Peter. 'Daar verderop.'

'Maar er staat geen zuchtje wind en ik zie nergens wolken!' zei Yasemin. 'Moet je kijken! Dit is toch een schitterende plek?'

We hadden inderdaad een fenomenaal uitzicht op de spiegelgladde Middellandse Zee, met in de verte de Griekse eilanden. Diep onder ons zagen we de goudgele stranden liggen, en in de verte de Babadağ-berg.

Peter ging schoorvoetend akkoord en ik zette de tent op terwijl hij hout ging zoeken. Ik was doodmoe na een week lang elke avond laat opblijven, en zodra de zon onderging – rond zes uur – zei ik de anderen welterusten, kroop de tent in en viel onmiddellijk in slaap.

Maar Yasemin was gewend om laat te gaan slapen en toen ik een paar uur later even wakker werd, zag ik het licht van haar mobieltje door het tentdoek. Kort na middernacht stak er een stevige wind op die al snel overging in een fikse storm. Bij iedere rukwind schudde de tent heen en weer, en daarna begon het te stortregenen.

De volgende ochtend, om een uur of zeven, acht, was de hemel weer blauw en voelde ik me een stuk fitter. Ik maakte een vuurtje met het droge hout dat Peter had verzameld en begon het ontbijt klaar te maken. Peter kwam me helpen, maar Yasemin lag nog in haar tent. We moesten haar een paar keer roepen voor ze reageerde en naar buiten kroop.

'Ik heb slecht geslapen,' meldde ze. 'Het lijkt wel of ik de hele nacht wakker heb gelegen.'

Ik had met haar te doen, maakte met mijn trui een zitje voor haar op een rotsblok en vroeg of ze wilde ontbijten. Ze ging zitten en staarde naar haar wandelschoenen. De regen had het rode zand in een plakkerige modderzooi veranderd die aan haar zolen kleefde.

Ze keek mij en Peter aan. 'Zullen we vandaag anders een rustdag nemen?'

'Een rustdag? Maar Yasemin, we hebben gisteren maar drie uur gelopen!'

'Nou ja, we hebben toch geen haast?'

'Nee, we hebben absoluut geen haast,' zei Peter vriendelijk, 'maar we kunnen beter een rustdag nemen als het een keer regent. Het is winter en we krijgen zeker nog een paar slechte dagen. We moeten zoveel mogelijk van het mooie weer profiteren.'

'Maar ik ben zo moe,' zei ze.

Peter glimlachte. 'Ja, ik ook. De eerste dagen zijn altijd het zwaarst, maar na een week wordt het beter.'

'Bovendien,' zei ik, 'hebben we vanmiddag geen water meer als we hier blijven. We moeten naar het volgende waterpunt lopen voordat we kunnen uitrusten.'

We bespraken hoe we Yasemins rugzak wat lichter konden maken en ik bood aan om haar eten te dragen. Ze reikte me bijna drie kilo aan en ik had er spijt van dat ik voor ons vertrek haar rugzak niet had gecontroleerd. Nu droeg ik het eten voor ons alle drie.

De dagen waren nu zo kort dat we 's ochtends zo efficiënt mogelijk te werk moesten gaan: een vuurtje aanleggen, ontbijt klaarmaken, de tenten afbreken en onze rugzak inpakken. Maar Yasemin had niet veel ervaring met 's winters hiken en had wat hulp nodig. Maar verder was het alweer een schitterende dag en we gingen vol goede moed op pad.

We volgden het kustpad, dat de ene keer omhoogliep en dan weer steil weer naar beneden, kwamen onderweg langs prachtige olijfgaarden, witte rotspartijen en oude exotische bomen. In de late namiddag, net op het moment dat er donkere wolken aan kwamen drijven, liepen we een schattig dorpje binnen. Het zag er middeleeuws uit, met reusachtige olijfbomen, stenen muurtjes en oude huizen. Op één huis stond een bordje 'pension', maar het leek gesloten voor de winter.

Toen de eerste regendruppels begonnen te vallen, klopte Yasemin aan en vroeg of we er mochten schuilen. We wachtten op een houten terras onder een groot golfplatendak tot het ophield met regenen. Maar toen het alleen maar harder ging regenen, vroeg Yasmine aan de eigenaresse of we misschien bij haar konden overnachten.

'Natuurlijk! Jullie mogen binnen slapen als je wilt,' zei ze.

Peter en ik vonden het prima om buiten te slapen en rolden onze matjes en slaapzakken uit op het terras. Yasemin wilde liever meer privacy en zette haar tentje onder een afdak in de tuin.

De vrouw kwam weer naar buiten om te zeggen dat het avondeten klaar was. Verrukt schuifelden we haar keuken binnen, waar een klein kacheltje brandde. Er stonden geen tafels of stoelen, maar op de vloer lagen matten en kussens, dus gingen we op de grond zitten terwijl onze gastvrouw en haar zus een heerlijke soep opdienden. Yasemin legde uit dat het *tarhana* was, een traditionele wintersoep op basis van gefermenteerde yoghurt, meel en fijngesneden groenten. Na de soep zette de vrouw een grote schotel voor ons neer, waar we met z'n allen van konden eten, en serveerde er brood, feta en olijven bij. Het was echt overheerlijk.

Na het eten ging Peter in zijn slaapzak liggen om bij het laatste licht de kaart te bestuderen, en dronken Yasemin en ik nog een kop zwarte thee. We zaten wat te praten met de twee zussen, die respectievelijk elf en acht kinderen hadden gebaard. Ik stelde allerlei vragen over hun manier van leven en hun tradities, en Yasmine vertaalde. Toen vroeg een van hen wie die man was.

'Dat is Peter,' zei Yasemin. 'Miriams echtgenoot.'

De vrouw antwoordde iets en Yasemin schaterde het uit. 'Ze zegt dat Peter een grootvader is.'

Ik lachte mee, maar diep in mijn hart vond ik het helemaal niet grappig. Ik voelde me gekwetst. Iedereen praatte door elkaar heen maar toen het weer stil werd, zei ik: 'Ja, hij is nu eenmaal mijn echtgenoot.'

Yasemin vertaalde het niet.

Ik wilde zeggen dat ik van hem hield, ook al zag hij eruit als een opa met zijn grijze haar en baard. We deelden niet dezelfde leeftijd maar we deelden wel dezelfde interesses, en vonden dezelfde dingen belangrijk in het leven. Maar ik zei niets.

Aan het eind van de avond bedankte ik de vrouwen voor de maaltijd en liep naar buiten, waar het nog steeds regende. Het was aanmerkelijk kouder geworden en alles voelde klam aan.

Ik kroop in mijn slaapzak en net toen ik Peter wilde vertellen wat de vrouw had gezegd, riep de moskee naast het huis op tot het gebed. Daarna begon het te donderen en te bliksemen, wat zoveel lawaai maakte dat er geen gesprek mogelijk was. Ik luisterde naar het kabaal van de regen op het dak, en vroeg me af waarom ik me opeens zo gekwetst voelde door die grootvader-opmerking.

Het was pijnlijk dat ze zoiets moois als de liefde tussen een oude man en een jonge vrouw belachelijk hadden gemaakt. Ik voelde me net een kind dat de anderen een bloem wilde laten zien, maar in plaats van naar de bloem te kijken waren ze erop gaan staan. Niet per ongeluk, maar met opzet. Toen dacht ik aan het verhaal van Yasemin, hoe ze was weggelopen van haar kindje, met alle gevolgen en oordelen van dien. Misschien had Yasemin meegelachen met de twee zussen omdat normaal gesproken zij het slachtoffer van veroordeling was, en nu, voor het eerst, kon *ik* ervaren hoe het was om in die positie te verkeren.

De volgende ochtend werden we vroeg wakker van de oproep tot het gebed. Vlakbij klonk het gekraai van een haan dat door een andere haan verderop in het dorp beantwoord werd.

'Die hanen hebben elkaar waarschijnlijk nog nooit gezien,' zei Peter terwijl hij zijn rugzak inpakte. 'De een weet alleen maar dat de ander bestaat omdat hij hem hoort kraaien.'

Terwijl wij binnen zaten te ontbijten, droogden onze slaapzakken in de warme zon. We betaalden de pensionhoudster, namen dankbaar afscheid van haar en pakten onze laatste spullen in. Maar tegen de tijd dat we zouden vetrekken, begon het opnieuw keihard te regenen. We bleven onder het afdak zitten wachten tot het ophield, maar het bleef maar met bakken uit de hemel komen. Yasemin praatte met onze gastvrouw, maar de oude dame bood ons niet aan om nog een nachtje te blijven.

Toen we tussen twee stortbuien door alsnog op weg gingen, was Yasemin razend op haar. 'Wat een bitch,' zei ze kwaad.

'Bitch?' Ik wilde net zeggen dat we zoveel geluk hadden gehad.

'Ja! Ze ziet ons inpakken, ze ziet de regen, ze had ons makkelijk nog een nachtje kunnen laten blijven.'

Ik zette mijn capuchon op en bedacht dat wij daar heel anders tegenaan keken. Meestal hadden we geen hulp van anderen nodig – dat kwam doordat we alles bij ons hadden om onafhankelijk te zijn. Als we onverwacht toch hulp kregen, waren we alleen maar dankbaar. Maar voor ons was dat niet iets vanzelfsprekends. Voor Yasemin stonden ontberingen alleen maar gelijk aan lijden. Maar Peter en ik hadden al zoveel moeilijke situaties het hoofd geboden dat ontbering voor ons juist gelijkstond aan vrijheid. In moeilijke omstandigheden pasten we ons aan en gingen nog primitiever leven. We waren ervan overtuigd dat leven met een minimum aan middelen en zonder enige luxe voor ons de ultieme vrijheid betekende. Hoe minder we nodig hadden, des te vrijer we ons voelden. Als we niet zo dachten, dan zouden we niet het leven kunnen leiden dat we nu hadden.

We volgden een steil pad naar de top van de berg, waarbij ik een eindje voorop liep. Net toen we over een brede, kale rotsvlakte liepen zagen we een lichtflits – een seconde later gevolgd door een zware donderslag. Ik schrok en rende naar de eerste de beste boom. Dat was niet slim van me, maar ik voelde me daar veiliger dan op de open rotsvlakte.

Peter kwam bij me staan en vroeg: 'Waar heb jij de laatste pijl gezien?'

'Dat weet ik niet meer, maar we moeten dit pad volgen.' Ik wees boven me.

Peter haalde de kaart tevoorschijn.

'Aha, dat dacht ik al,' zei hij. 'Het pad loopt niet omhoog over de bergen, maar naar beneden, naar de volgende vallei. We hebben ergens een afslag gemist.'

We klauterden weer naar beneden terwijl het om ons heen donderde en bliksemde. Onderaan de berg vonden we een groepje dennenbomen waar we beschutting zochten en waar de grond verrassend droog was.

'Spannend hè?' schreeuwde ik boven de donderslagen uit.

'Nee, ik ben het zat,' zei Yasemin, en ze veegde de regen van haar gezicht. 'Ik zoek vanavond een hotel.'

Nadat de storm was overgetrokken, liepen we verder over het pad naar de Kabak-vallei. Daar waren genoeg hotels en pensions te te vinden, maar die waren nu bijna allemaal gesloten voor de winter. Yasemin begon te bellen en had uiteindelijk geluk. We brachten haar naar haar hotel, en onderweg vertelde ze dat de kamer krankzinnig duur was maar dat ze het er graag voor over had.

We spraken af om elkaar de volgende ochtend weer te zien, en Peter en ik klommen langs een heel steil pad naar beneden, naar het strand. Daar vonden we een mooi vlak plekje om de tent op te zetten, met uitzicht op zee. Het water was glashelder en het strand was verrassend schoon. In het noorden zagen we de Babadağ-berg liggen, die nu besneeuwd was. We zetten de tent op, maakten een vuurtje en kookten onze avondmaaltijd.

De volgende ochtend liep ik weer naar boven om Yasemin te ontmoeten. Tot mijn verbazing droeg ze opeens een heel andere outfit, alsof ze uit eten ging in plaats weer een dag te lopen met een rugzak op haar schouders. Blijkbaar had ze al die kleren in haar rugzak meegesjouwd.

'Hoe voel je je?' vroeg ik, en ging aan haar tafeltje zitten waar ze net klaar was met haar ontbijt van geroosterd brood en een omelet.

Ze grinnikte. 'Een stuk beter na een warme douche en een zacht bed. Ik ben van plan om hier een rustdag te nemen.' Ze pakte haar tabak en begon op haar gemak een sigaret te rollen.

Het was 31 december en ik vroeg of ze zin had om Oudejaarsavond te vieren, maar ze zei dat ze liever op haar hotelkamer bleef.

Terwijl de rest van de wereld feestvierde zaten Peter en ik op een rotspartij naar de kalme zee te kijken. Het was tegen zonsondergang en de zee veranderde van groen en blauw naar turquoise.

'Alweer een jaar voorbij,' zei Peter. 'Ik ben benieuwd wat het nieuwe jaar ons gaat brengen.'

'Alleen maar goede dingen,' zei ik vol vertrouwen. Mijn koele vingers streelden zijn warme hand.

'Laten we hopen dat je gelijk krijgt,' zei hij.

'Hoezo, denk je dat er iets naars gaat gebeuren?' Ik keek hem verbaasd aan.

'Er gaat iets veranderen, denk ik. Als we ons verzetten tegen verandering, doen we dat vaak omdat we het als iets negatiefs beschouwen. Maar verandering is onvermijdelijk: uiteindelijk zullen we het leven voor de dood verwisselen. Dat is onze laatste verandering. Zou je iets wat zo onvermijdelijk is negatief noemen?'

'Ja, als jij doodgaat, is dat heel, heel erg voor mij, mijn allerliefste.' Ik gaf een kus op zijn hand, keek uit over de zee, en wees op een zwerm trekvogels hoog in de lucht.

De volgende ochtend haalden we Yasemin op bij haar hotel, wensten haar gelukkig nieuwjaar en gingen weer welgemoed op weg. De zon scheen uitbundig en het werd meteen warm.

We liepen door een diepe kloof, waar een smal pad in de rotsen was uitgehakt en geleidelijk omhoog liep. Aan weerszijden hingen Turkse pijnbomen over het pad, waarin veel vogels een toevluchtsoord hadden gevonden. We hadden ongeveer een halfuur geklommen toen Yasemin plotseling zei: 'Ik zou nu een moord doen voor een koud drankje.'

Ik wist niet zo goed hoe ik daarop moest reageren, want de komende dagen zouden we nergens een winkel tegenkomen waar ze koude drankjes verkochten. En ik vroeg me ook af of iemand die op de derde dag al naar een koud drankje snakte, wel zin had om daarna nog eens vijfhonderd kilometer met een rugzak rond te sjouwen.

Die avond vonden we een schitterende plek in een oude olijfgaard met in de verte uitzicht op zee. We zetten de tent op onder de grootste olijfboom die ik ooit had gezien – hij was waarschijnlijk meer dan duizend jaar oud. Mensen hadden bloemen en snuisterijen in de boom gehangen, en hadden stokken onder de zware takken gezet om ze te stutten.

We gingen rond het vuur zitten en brachten een genoeglijke avond door met verhalen vertellen. Yasemin begon langzaam maar zeker te wennen aan het lopen met een zware bepakking, het was die dag fantastisch mooi weer geweest, en ik dacht dat we alle drie positief gestemd waren, tot Peter vroeg: 'Zeg, Turkish Delight, je gaat het nu toch niet opgeven, hè? De eerste week is het zwaarst. Je moet die eerste dagen gewoon doorbijten!'

'Nou, ik stop er dus wel mee,' zei ze op zakelijke toon. 'Ik vind het te zwaar, ik heb er zo geen lol in. Als we morgen bij een dorp komen, neem ik de eerste de beste bus terug naar Fethiye.'

We vonden het heel jammer om afscheid van haar te moeten nemen omdat we elkaar nog maar net hadden leren kennen. We voelden ons ook wat minder zeker zonder haar. Yasemine had alles voor ons vertaald en dat had het reizen een stuk makkelijker gemaakt. We namen met een omhelzing afscheid van elkaar en vervolgden een tikje terneergeslagen onze tocht.

Vanuit het dorp volgden we ons pad dat al slingerend terugliep naar de kust. We hadden een tamelijk goed beeld van de route die voor ons lag: onderweg zouden we talloze kleine, diep weggestopte baaien en inhammen tegenkomen die langs een onmetelijke turquoise zee lagen. Voor ons strekte zich een volkomen onbekend gebied uit, met een schitterende natuur, en ik voelde de opwinding van het onbekende weer terugkomen. We waren weer op elkaar aangewezen en stonden als echte ontdekkingsreizigers op het punt om in het oosten nieuwe werelden te ontdekken.

'Alles wat voor ons ligt, wacht om door ons ontdekt te worden,' zei ik grinnikend, terwijl we over het pad naar beneden liepen, in de richting van de zee.

De Lycische Weg is een eeuwenoud Grieks wandelpad dat langs talloze Griekse en Romeinse ruïnes voert. Het leek of we een voettocht door de geschiedenis van de antieke wereld maakten. De grotere opgravingen waren toeristische attracties geworden, maar het mooist vond ik de eeuwenoude afgebrokkelde zuilen en de verweerde restanten van grafstenen waar we onderweg bij toeval op stuitten. Al die brokstukken vormden het bewijs dat hier vroeger, op deze zelfde plaats, mensen hadden geleefd.

Op een dag ging ik op zoek naar water en klauterde omhoog tegen een dichtbegroeide heuvel. Ik moest me echt een weg door de struiken banen en kroop op het laatst als een geit onder de bosjes door tot ik de andere kant had bereikt. Toen ik overeind kwam, verrezen voor mij opeens de muren en zuilen van een reusachtig amfitheater. Het was zo'n onverwacht beeld dat ik even niets kon uitbrengen en ademloos bleef staan kijken.

Elke ochtend voerde de wind bij zonsopgang de oproep tot het gebed mee, en hoorden we in ons kamp in de ruige heuvels het *Allahu Akhbar* vanaf een minaret schallen. Dat deed me altijd denken aan ons bezoek aan de Blauwe Moskee in Istanbul, waar we de aanwezigheid van iets heiligs hadden ervaren. Deze wandeling over de Lycische Weg bood ons een inkijkje in het kleurrijke weefsel van de Turkse samenleving.

Op een dag volgden we een eeuwenoud Grieks aquaduct van een paar kilometer lang. Het aquaduct was meer dan tweeduizend jaar geleden uit de rotsen gehouwen en als het hersteld werd, zou het ook nu nog goed dienst kunnen doen.

We vonden een met gras begroeide plek vlak langs het pad, en zetten daar de tent op. We maakten een vuurtje, bereidden de maaltijd en gingen slapen. Het was al helemaal donker toen we opeens stemmen hoorden.

We lagen ingespannen te luisteren en hadden het idee dat er vijftig meter van de tent drie mannen stonden. Maar wat deden ze daar? In de verre omtrek waren geen huizen, dus het waren geen dorpelingen of zo.

'Waar ligt het mes?' fluisterde Peter.

Mijn hart ging als een gek tekeer terwijl ik langzaam, zonder enig geluid te maken, de bovenkant van mijn rugzak openritste om ons jachtmes te pakken. Het was twintig centimeter lang en in de ogen van een niet-jager zag het er tamelijk angstaanjagend uit.

'Leg het maar hier, tussen onze kussens,' zei Peter. Hij zat half overeind, klaar om zich te verdedigen.

De mannen stonden zachtjes op serieuze toon met elkaar te praten, en ik meende nu ook een vierde stem te horen. Wat deden ze hier? Het kon toch niet anders of ze waren iets van plan?

'Smokkelaars?' fluisterde Peter.

Onder ons, op ongeveer een uurtje lopen van onze kampeerplek, lag een verlaten strand. Misschien hadden ze daar aangelegd en brachten ze de spullen nu naar boven. In films had ik gezien dat smokkelaars een hekel hebben aan ooggetuigen... en ik begon nu echt bang te worden. Ik ging op mijn buik liggen, klaar om de tent uit te rennen, en spitste mijn oren om ieder geluidje op te vangen. Zou ik ze door het hoge gras aan horen komen lopen? Ik was er niet zeker van. Mijn hoofdlamp zat in een zijvakje in de tent, en waar was mijn Zwitserse zakmes? Na enig zoeken vond ik het en klemde het stevig in mijn hand. Als ze hierheen kwamen om ons kwaad te doen, zouden we ons niet zonder meer overgeven! We zouden terugvechten. We zouden onszelf verdedigen, tenzij ze vuurwapens hadden! Vergeleken bij beren waren mensen een makkie. Misschien waren ze op geld uit! Ik reikte langzaam naar mijn rugzak om te checken waar ons geld zat.

'Sst!' fluisterde Peter, 'blijf liggen.'

Ik ging weer liggen. Misschien was het sowieso beter om het geld te laten zitten waar het zat.

Toen hoorden we iemand roepen vanaf het pad dat naar het strand liep, en leken er nog meer mensen naar boven te komen. De nieuwkomers voegden zich bij het eerste groepje en ze stonden nu allemaal vrolijk met elkaar te kletsen. En daarna liepen ze verder en werd het weer stil. Dit hele gedoe had helemaal niets met ons te maken.

'God zij gedankt!' Ik liet mijn hoofd op het kussen vallen en merkte toen pas hoe gespannen mijn lichaam was geweest.

Peter knipte zijn zaklamp aan.

'Was jij niet bang?' vroeg ik iets harder dan eigenlijk de bedoeling was.

'Absoluut,' zei hij, terwijl hij het mes weer in de rugzak stopte. 'Tussen hen en ons zat maar een dun laagje tentdoek.'

We wisten dat we kwetsbaar waren in een tent als we wildkampeerden. We wisten nooit wie er rondliep en er kon ons van alles overkomen. Maar toch sliep ik liever in een tent, waar ik een beek hoorde stromen, een uil hoorde roepen en 's ochtends vroeg de eerste vogels hoorde, dan dat ik veilig achter een muur zat opgesloten.

Het pad voerde ons over steile heuvels, langs een rotsachtige kust, over kleine weggetjes en witte zandstranden, en na een paar weken voelden we ons weer fit en sterk als vanouds. Op een dag waaide er 's ochtends vroeg, toen we opstonden, een ijskoude wind door de vallei. We keken omhoog en zagen dat het die nacht gesneeuwd had en de bergen met een verse laag sneeuw bedekt waren. We braken de tent af en liepen verder. Onderweg kwamen we langs een haventje waar reigers rond de lege boten vlogen en een eenzame hond voor een leeg restaurant zat.

We liepen de stad Demre binnen om boodschappen te doen. Demre is een drukke kustplaats, waar Sint Nicolaas oorspronkelijk vandaan komt, hoorden we. Ik dacht altijd dat hij uit Spanje kwam en Peter dacht uit Finland; we hadden geen idee dat de echte heilige uit Turkije kwam. We brachten een bezoek aan zijn kerk en zagen afbeeldingen van Sint Nicolaas op zijn ezel, geschenken uitdelend aan de armen. We realiseerden ons eens te meer dat veel van onze verhalen, mythes en legenden hun oorsprong vonden in deze contreien rond de Middellandse Zee.

Terwijl Peter groenten ging kopen op de markt, ging ik op zoek naar een internetcafé. Onderweg zag ik een winkeltje waar ze paraplu's verkochten. Ik kocht er twee, een met roze bloemen voor mij en een blauwe voor Peter. Terwijl ik de paraplu's in mijn rugzak opborg, zag ik een oude man in traditionele kleren op een houten bankje zitten. Hij zat kaarsrecht en volkomen roerloos, alsof hij ergens op zat te wachten. Toen onze blikken elkaar kruisten, gebeurde er iets. Een ogenblik lang zag ik de wereld door zijn ogen, en voelde ik dat hij volledig verloren was op deze moderne plek. Alles wat hij kende en wat hij had liefgehad was door machines platgewalst. De oorspronkelijke paden waren uitgewist en vervangen door een rasterwerk van wegen. Soms wond hij zich erover op, maar omdat hij de onstuitbare vooruitgang toch niet kon tegenhouden voelde hij zich vooral machteloos. Het samensmelten van onze geesten duurde maar een fractie van een seconde, maar het beeld was sterk, en heel even begreep ik hem.

Ik groette hem toen ik langsliep en keek omhoog naar de lelijke nieuwe flatgebouwen, ademde de stinkende lucht in en vroeg me af hoe deze stad eruit had gezien toen deze man nog een jochie was. Het was toen vast een vissersdorpje met ezels en spelende kinderen op straat. De huizen keken uit over de bergen en de velden, en een briesje voerde de frisse, zilte lucht van zee aan. De stad was zo snel gegroeid dat de oude mensen het niet bij hadden kunnen benen. Ze zaten als verdwaasd langs de kant van de drukke verkeerswegen en vroegen zich af hoe het zo ver had kunnen komen.

Na enig zoeken vond ik een internetcafé. Aan de muur hing een tiental platte schermen met een bankje ervoor waarop tienerjongens schietspelletjes zaten te spelen. Het viel me op dat veel jongens verkouden waren en zaten te hoesten terwijl ze hun digitale wapens afvuurden. Gelukkig was er ook een stel gewone computers waarop ik mijn e-mail kon bekijken.

'Naar aanleiding van het recente succes van uw boek *Mijn leven in de wildernis* willen we u uitnodigen voor het Byron schrijversfestival,' las ik. Het festival bleek een prestigieus Australisch evenement te zijn dat schrijvers de kans bood op te treden voor een groot publiek, of in een panel te debatteren met andere auteurs. De organisatie zou me betalen voor mijn optreden en voor vliegtickets zorgen: een retourvlucht voor mij alleen, of een enkele reis voor Peter en mij. Het festival zou in de eerste week van augustus plaatsvinden, over iets meer dan een halfjaar.

Met een mengeling van ongeloof en opwinding staarde ik naar het scherm. Zouden we naar Australië kunnen gaan?

'Dat is fantastisch!' zei Peter, toen ik hem op de markt trof. 'Maar weet je zeker dat je naar Australië wilt? Je zegt al tien jaar lang tegen me dat we van de dorst zullen omkomen in de Australische woestijn!' Hij reikte me een bosje wortelen aan om in mijn rugzak te stoppen.

'Nou,' zei ik, toen ik alles had weggeborgen, 'je hoort anders wel verhalen van mensen die stranden met een auto en binnen een paar uur sterven door uitdroging. Als we daar met een auto willen rondreizen, moeten we eerst iets over autotechniek leren, zodat we in ieder geval simpele reparaties zelf kunnen verrichten. Nieuw-Zeeland kennen we als onze broekzak, maar van Australië weten we niks. Onwetende, slecht voorbereide types als wij lopen het risico om daar het loodje te leggen.'

'Ja, we leren wel bij.' Peter trok me aan mijn mouw en zei, wijzend op een kraampje met een afbeelding van een kameel: 'Hé, moet je kijken wat ik heb gezien: kamelenworstjes! Wil je die proberen?'

De markt ademde een sfeer van vroeger tijden. Het leek wel of ik terug was in India, veel mensen, smalle doorgangetjes en een overvloed aan groenten en onbekende vruchten zoals granaatappels, die het in dit klimaat goed doen.

Na een paar dagen wikken en wegen besloten we de kans om naar Australië te gaan aan te grijpen. Het was een makkelijke en goedkope manier om naar het zuidelijk halfrond terug te keren. We zouden het festival bijwonen en daarna stilletjes de outback in trekken. We hadden geen idee waar we naartoe zouden gaan en hoe we het gingen aanpakken, maar we vertrouwden erop dat we het komende halfjaar wel een plan zouden kunnen maken.

Een paar dagen na mijn bezoek aan het internetcafé met de hoestende jongens kreeg ik last van een zware verkoudheid en ernstige diarree. Ik had weinig energie en voelde me futloos en versuft. Het enige waartoe ik in staat was, was vanaf mijn slaapplek naar de wereld om me heen staren, en in deze verstilde geestestoestand kwam die me onwaarschijnlijk mooi voor. Ons tentje stond op een grasveldje omringd door hoge rotswanden, die een reusachtig natuurlijk amfitheater vormden. Het ochtendlicht kleurde de witte kalksteenrotsen feloranje, en in de scheuren en spleten bloeiden kleine bloempjes. Vogels kwetterden in de struiken en om mij heen heerste een vredige rust.

In de loop van de avond werd ik nog zieker, en die nacht had ik zulke zware hoestaanvallen dat mijn longen pijn deden. Ik voel de me ellendig omdat ik Peter de hele tijd wakker hield. Daarna kreeg ik koorts en zweette ik zo erg dat mijn slaapzak drijfnat werd. Zodra ik hem openritste daalde mijn temperatuur onmiddellijk en begon ik te rillen van de kou.

Ik was zo verzwakt dat ik iemand anders werd: tot mijn verbazing maakte ik me druk om dingen waar ik me nooit eerder om had bekommerd. Wanneer ik het zweet van mijn lijf wilde wassen, vond ik het niet prettig om in m'n blootje tussen de lage bosjes te staan. Hoewel er niemand in de buurt was, voelde ik me toch naakt en kwetsbaar. En als ik het bronwater over mijn rug liet lopen voelde het zo afschuwelijk koud dat ik wel kon huilen. Waar ik opeens ook niet meer tegen kon waren de lage stekelige struiken waar ik voortdurend mijn benen aan openhaalde. Maar het vuil was nog het ergst. Alles om mij heen voelde opeens onvoorstelbaar smerig, en voor het eerst in mijn leven verlangde ik naar een schone kamer en een bed met schone lakens en een zacht kussen.

Mijn enige troost was Georgie, een hond die vanaf het vorige dorp met ons was meegelopen. In het begin probeerden we haar terug te sturen, maar ze week geen moment van onze zijde, en volgde ons trouw over de steenslagpaden en de rotsen. Van het ene moment op het andere waren we met z'n drieën, en ik vond het heel gezellig. Toen ik ziek werd liepen we niet verder, maar Georgie bleef gewoon bij ons. 's Avonds sliep ze dicht bij de tent, en 's ochtends gaven we haar wat te eten. Maar op de derde dag zag ze wat mensen in de verte en liep ze met hen mee terug naar het dorp.

Na een paar dagen rust was ik weer hersteld. Mijn verlangen naar een huis met een bed en schone lakens verdween als sneeuw voor de zon, en zodra mijn energie terugkwam, voelde ik me ook weer blij worden. Het een leek onverbrekelijk verbonden te zijn met het ander.

Voordat we verder trokken liep ik terug naar het dichtstbijzijnde dorp om voorraden in te slaan. Midden in een drukke straat voelde ik opeens een natte neus tegen mijn hand. Ik keek omlaag en daar was ze: Georgie! Ik was zo ontroerd en blij haar te zien dat ik knielde en mijn armen om haar nek sloeg. Ik wist dat mensen zich aan een hond kunnen hechten, maar zelf had ik dat tot nu toe nog nooit ervaren. Georgie was een schat van een hond die niemand toebehoorde behalve zichzelf. Ze liep met me mee naar de supermarkt, maar toen ik weer naar buiten kwam was ze verdwenen.

Een paar dagen later was het 22 januari, de dag dat ik Peter twaalf jaar geleden had leren kennen. We waren elkaar tegengekomen in een klein restaurantje in Zuid-India. Ik was bij hem aan tafel gaan zitten en we hadden een spelletje schaak gespeeld. Ik had vijf maanden in m'n eentje rondgetrokken, maar hij zwierf al vijf jaar door India.

'Als je bereid bent heel eenvoudig te leven, hoef je niet te werken,' zei hij toen. Dat klonk logisch, maar tot ik Peter tegenkwam dacht ik altijd dat een huis en een baan essentieel waren. Ik had niets tegen een thuis en interessant werk, maar dat je de keus had om het anders te doen leek me ronduit fascinerend.

'Yeah.' Hij had met een laconiek gebaar zijn schouders opgehaald. 'Waarom zou je niet iets anders proberen als dat kan? Als je verplichtingen tegenover je familie hebt, of je hebt geen cent te makken, of je hebt een zwakke gezondheid, dan kun je maar beter wat zekerheid inbouwen. Maar als je gezegend bent met een goede gezondheid, wat lef en spaargeld, dan zeg ik: ga op avontuur!' Zijn ogen schitterden van geestdrift. 'Hey, waarom niet? Ik heb het niet over een vakantie, hè. Ik heb het over een totaal andere manier van leven.'

Die avond zat ik hem constant glimlachend aan te kijken. Ik realiseerde me dat dit een belangrijke ontmoeting was en dat deze man in was voor een groot avontuur.

We hadden al een poosje nagedacht over hoe we ons twaalfjarig samenzijn zouden vieren, maar jammer genoeg was Peter nu ziek geworden. De afgelopen nacht hadden we ook slecht geslapen vanwege een hagelstorm. We kampeerden onder een grote johannesbroodboom, waar geen enkele grasspriet groeide, en rondom de tent was de aarde zompig en bedekt met een dikke, deprimerende laag rode modder.

Peter kwam de tent uit en ging met een opgestoken paraplu

op een boomstam zitten om de vier chapati's te eten die ik met veel moeite in de regen had gebakken.

'Kun je dat grote bord in de regen zetten om water op te vangen?' vroeg ik, want we hadden niet veel water meer.

Peter keek me ongelovig aan. 'We zitten hier in deze beroerde situatie en jij denkt aan water opvangen?'

'Ja, we hebben amper water,' antwoordde ik narrig. Ik stond kwaad op, liep door de regen naar de plek waar hij zat, pakte het bord en zette het onder de tentflap.

'Dan kun je net zo goed ook wat opvangen in de koekenpan,' zei hij, en hij smeet de pan met drie chapati's erin plompverloren in de regen.

'Weet je hoeveel moeite me dat heeft gekost?' snauwde ik. Het klonk wat agressiever dan de bedoeling was.

'Ik heb geen honger.' Hij ging de tent weer in en liet zijn thee in de regen staan.

'Dan eet ik ze wel op!' riep ik hem na. Ik was niet van plan om kostbaar voedsel te verspillen.

Het regende, rond de tent was het één grote modderbrij, Peter was ziek en we hadden ruzie gemaakt. In plaats van een feestelijke dag was het de ellendigste viering van ons samenzijn in twaalf jaar.

Zuchtend keek ik naar mijn vieze voeten die onder de modder zaten, want ik had ze al dagen niet kunnen wassen. 's Nachts droeg ik sokken om mijn slaapzak schoon te houden. Ik legde nog wat hout op het vuur en dacht terug aan de dag dat ik Peter in India had ontmoet, en aan zijn verhalen over de Himalaya, waar hij lang had rondgetrokken. Het jaar daarvoor was hij uitgegleden op een gletsjer, wat hij als door een wonder had overleefd. Het moment dat hij aan de dood ontsnapte was een mystieke ervaring, vertelde hij later. In die paar hachelijke minuten dat hij omhoogklom om weer vaste grond onder de voeten te krijgen ervoer hij een absolute rust en puurheid van geest die door geen enkele gedachte werd verstoord. Hij zei dat hij die paar minuten als een eeuwigheid had ervaren, en dat ze zijn hele leven hadden veranderd – zijn persoonlijkheid, zijn denken, zijn geest en zijn bestaan. Er waren twee perioden in zijn leven: vóór de Kugti-pas en erna.

Die avond na onze eerste ontmoeting ging ik terug naar mijn pension, maar de volgende ochtend pakte ik mijn rugzak en liep naar Peters hut. Toen ik daar binnenstapte hoorde ik duidelijk een stem in mijn hoofd: als je met hem in zee gaat, zul je hem zien sterven. In een flits voorzag ik dat moment van verdriet en rouw, en nam een bewust besluit: ja, ik ga met hem door het leven, en ik zal hem zien sterven.

We hebben samen vele passen beklommen, maar hij is nooit gevallen. Een jaar later werd hij tot twee keer toe geveld door twee verschillende stammen van de malariaparasiet, maar hij overleefde het. Ik had het idee dat de dood nooit ver van hem vandaan was, dat die op zijn schouder meereisde om zijn leven intenser te maken, om hem er voortdurend aan te herinneren dat hij geen tijd moest verspillen aan zinloze verplichtingen of dingen die tegen zijn gezond verstand ingingen.

Gezeten onder mijn paraplu dacht ik terug aan de jaren die we samen hadden doorgebracht en at ondertussen peulen van de johannesbroodboom. Toen de zon eindelijk weer tevoorschijn kwam sprokkelde ik nog wat hout en bakte nog twee chapati's. Dit keer deed ik er wat kaas, tomaten en salami op.

'Goeiemorgen, Peter!' zei ik. 'Kijk eens wat ik deze keer heb gemaakt!'

Hij ritste de tent open en zijn gezicht klaarde op toen hij zijn 'pizza' zag.

We liepen over het strand langs de stad Finike en zagen daar alleen maar halfronde plastic kassen, net als in het Westland in Nederland. In dit gebied wordt veel groente en fruit geteeld, zowel voor binnenlands gebruik als voor de export. We kochten wat verse tomaten, paprika's en courgettes en volgden het pad in de richting van de vuurtoren van Kaap Gelidonya.

De smalle weg kwam uit bij een prachtige kleine baai waar

een grote familie zat te picknicken. De baai leek klein, maar op een bord stond dat dit ooit een drukke Griekse haven was geweest. Ik vond het onvoorstelbaar dat er hier op precies dezelfde plek drieduizend jaar geleden ook mensen hadden gezeten. De rotsen en de heldere zee zagen er toen waarschijnlijk hetzelfde uit als nu. En over een paar duizend jaar zien ze er nog steeds zo uit.

De familie nodigde ons uit mee te eten van de kip en de tomatensalade, en een glas ouzo te drinken. We wilden een bijdrage leveren met onze groenten, feta en olijven, maar daar wilden ze niets van weten. We kenden maar een paar woorden Turks, maar toch wilden ze dat we erbij kwamen zitten. De Turken zijn over het algemeen enorm vriendelijk en gastvrij. We waren altijd heel geroerd door hun hartelijkheid.

We volgden het pad verder omhoog, een droog pijnboombos in. De route liep naar de vuurtoren op het uiterste puntje van het schiereiland, maar halverwege zagen we een klein paadje afbuigen naar het bos. Het pad was begroeid met klimop, en kronkelde langs lage struikjes en tussen de bomen door. We volgden het een hele poos en kwamen uiteindelijk uit bij een vlak grasveldje onder drie grote pijnbomen. Het lag boven op een klif, en in de diepte lag een verlaten baai met helder, turquoise water. Grote golven sloegen tegen de rotsen, en vlakbij staken een paar grote rotsen uit zee waarop jan-van-genten op vis zaten te loeren. Vanuit de tent hadden we uitzicht op het vasteland, met besneeuwde bergen in de verte.

'Ze zeggen weleens dat Nieuw-Zeeland het mooiste land ter wereld is,' zei Peter, terwijl hij zijn blik over de Middellandse Zee liet dwalen, 'maar het is hier werkelijk schitterend. Je hebt overal op de wereld mooie plekken.'

We brachten daar de nacht door, en de volgende dag liep ik terug naar de picknickplaats, waar een kraan met drinkwater was. Ik vulde onze waterflessen en liep weer terug naar het kamp. Vier dagen lang zaten we daar rond het kampvuur, genoten van het fenomenale uitzicht en aten elke dag ons eigen vers gebakken brood met groenten. Het was verreweg de mooiste kampeerplek van onze hele reis.

We liepen al zes weken over de Lycische Weg toen we bij een grote open plek in het bos aankwamen, die volledig was omgeploegd door wilde zwijnen. Omdat de meeste moslims geen varkensvlees eten stikt het van de zwijnen in de bossen van Turkije. We besloten even te pauzeren. Ik zette mijn rugzak op de grond, en Peter zette de zijne op een rotsblok. Terwijl hij de waterfles pakte om te drinken, haalde ik iets te eten tevoorschijn. Nadat we voldoende waren uitgerust hees ik mijn rugzak weer op mijn schouders en pakte mijn wandelstokken. Maar Peter liet zijn rugzak staan waar die stond. Hij zat er alleen maar naar te kijken en ik begreep meteen dat hij het gewicht ervan niet langer kon torsen. De rugzak met daarin alles wat hij bezat. Hij was hem beu, hij was er helemaal klaar mee. Niet alleen voor die middag, of deze week of voor de rest van de Lycische Weg, maar voorgoed, voor de rest van zijn leven.

Dit is het dan, realiseerde ik me toen ik zijn gezicht zag. Dit waren de laatste dagen van het langeafstandlopen. Hij had de afgelopen drie jaar vijfduizend kilometer gelopen, en nu was hij aan het eind van zijn wandelleven gekomen. De dagen van het beklimmen van steile bergen, het zoeken naar kampeerplaatsen en brandhout, waterrantsoenen en eenvoudig eten waren voorbij.

'Heb je er genoeg van, Peter?' zei ik zachtjes.

'Ja,' zei hij, voorovergebogen, met beide handen leunend op de rots.

'Heb je genoeg van het langeafstandlopen?' vroeg ik.

'Ja.'

Hij draaide zich naar me om en keek me in de ogen. Hij hoefde niet uit te leggen wat er door hem heen ging. Ik zag verdriet, omdat hij niet meer met een rugzak kon lopen. Ik zag uitputting. Ik zag iemand die de grenzen van zijn fysieke vermogens had bereikt en geen andere keus had dan naar zijn lichaam te luisteren.

‘Het spijt me, Miriam. Ik kan dit niet meer opbrengen.’

‘Je hebt het geweldig gedaan, liefste,’ zei ik. ‘Niemand ter wereld heeft zoveel respect voor je als ik.’

‘Als we nog verder lopen, hebben we een ezel of een paard nodig. Ik kan geen rugzak meer dragen.’

Ik haalde twee waterflessen uit zijn rugzak en propte ze in die van mij. Ik tilde zijn rugzak van de rots zodat hij hem makkelijker op zijn schouders kon hijsen en gaf hem zijn wandelstokken aan.

Ik gebaarde dat hij voorop moest lopen, zodat hij het tempo kon aangeven.

We spraken af dat we tot de berg Olympos zouden doorlopen, wat ons nog maar een paar dagen zou kosten. Ik voelde me verdrietig worden bij het vooruitzicht dat er een eind was gekomen aan het langeafstandlopen. We konden natuurlijk wel een ezel regelen om door Dagestan of Georgië te lopen, maar daar golden allerlei regels voor, en bovendien moest je het dier te eten geven. Niets is zo eenvoudig als met je tentje op je rug door het landschap trekken en ’s avonds het bos in sluipen en je tentje opzetten op een plek waar niemand je ziet.

Het was lastig dat we geen huis hadden waar Peter kon uitrusten, maar ik was nu eenmaal gehecht aan dit eenvoudige leven waarin alles waardevol was. We droegen al onze bezittingen op onze rug en konden ons zelfs niet het verlies van een lepel veroorloven, want een lepel is van onschatbare waarde als je rondtrekt in de wildernis. Een zoete sinaasappel is een kostbare schat. Een vlak stukje grond voor de tent en voldoende brandhout zijn goud waard, en een zonnige namiddag is een geschenk van de goden.

Ik wist dat ik de onbeschrijflijke intensiteit van dit leven zou gaan missen.

6

Bulgarije

De terugkeer

De meeste pensions langs de kust waren in de winter gesloten, maar we wisten een vriendelijke eigenaar over te halen een van zijn eenvoudige hutjes voor ons open te gooien. We brachten nog een heerlijke maand door aan de voet van de berg Olympos tot onze visums verliepen en keerden toen terug naar het dorp van Zdravko in Bulgarije.

Na drie maanden Turkije waren we vergeten dat Bulgarije er op het eerste gezicht vervallen en verwaarloosd uitzag. Zelfs de mensen maakten een zonderlinge, afstandelijke indruk, tot me weer een paar Bulgaarse woorden te binnen schoten. Dan klaarde hun gezicht op en werden ze een stuk toeschietelijker.

In het laagland kondigde het voorjaar zich aan, maar hoe verder de minibus uit Plovdiv de bergen inreed, hoe verder we teruggingen in de tijd en uiteindelijk zaten we weer midden in de winter. De lucht was vochtig en koud, het bos donker en somber. Hier en daar, op schaduwplekken die de hele winter geen zon hadden gezien, lag nog sneeuw.

Laat in de middag kwamen we aan in ons dorpje met de kleine bibliotheek. Silvia was heel blij ons weer te zien. Na een kop thee en het uitwisselen van nieuwtjes liepen Peter en ik terug naar ons oude huisje. De bomen zagen er kaal en troosteloos uit, en de weg was een natte modderbrij. Hoe hoger we kwamen, hoe kouder het werd. Het pad was onbegaanbaar geworden door stormen en overstromingen; ook met een fourwheeldrive zou het nu lastig zijn geweest om het huisje te bereiken.

We klommen over de uitloper naar boven en hoorden geblaf.

'Skelet!'

Even later kwam de magere hond kwispelend tevoorschijn, blij ons te zien. Met z'n drieën liepen we de laatste kilometer naar het dorp. Aangekomen bij de cottage zochten we de sleutel en gingen naar binnen. Alles was zoals we het hadden achtergelaten.

Er waren geen voetstappen te zien op het gras tussen ons huis en het huis van Zdravko, dat er verlaten uitzag. Er was geen teken van leven van onze oude buurman, dus liep ik naar zijn huisje en klopte op de deur.

Geen reactie. Geen geschuifel, geen piepend openzwaaiende deur, geen '*Kaaksi?*'

Ik stapte over een stapel kapotte dakpannen heen om bij het smerige raam te komen en keek naar binnen. Zdravko lag in bed. Ik tikte op het raam.

'Zdravko!'

Hij keek op en ik zwaaide.

'Zdravko! *Kaaksi?*' riep ik.

Langzaam stond hij op. Hij deed de deur open en begroette me met zijn vertrouwde glimlach.

'Merriam!' Hij omhelsde me en vroeg hoe het met ons ging en waar we waren geweest.

'Alles goed. We hebben in Turkije gelopen. Vijfhonderd kilometer!'

Hij stond paf. Hij had kennelijk geen idee dat we in de jaren daarvoor al vierenhalfduizend kilometer hadden afgelegd.

'Hoe gaat het?' vroeg ik nog een keer. Hij zag er moe uit en leek magerder te zijn geworden.

'Ja, goed,' zei hij hoofdschuddend. 'Vandaag *rosdenden*.'

Rosdenden? Het duurde even voordat ik me herinnerde wat het betekende. 'Ah! Je... bent jarig vandaag? Gefeliciteerd! Hoeveel jaar?'

'Tweeënzeventig. Kom binnen, kom binnen.'

Het dak was in de loop van de winter erger gaan lekken. Door een storm waren er boven een paar ruiten gesneuveld waardoor er water binnen was gekomen en door de vloer zijn woonkamer in was gedropen. Zelfs zijn kussen was nat. In plaats van de ruiten te repareren had hij simpelweg zijn bed wat opzijgeschoven.

'Jullie blijven hier?' vroeg hij hoopvol, wijzend op het huisje van Dimitri.

'*Da, da*, Dimitri zegt dat we kunnen blijven tot we een huis hebben gekocht.'

'Jullie gaan een huis kopen? Koop dát!' zei hij, wijzend op de vervallen huizen in de verte.

'Nee, nee, dat zijn ruïnes,' zei ik.

In elementair Bulgaars legde hij uit dat hij ernstig ziek was geweest; hij tikte steeds maar op zijn hart. Hij had een tijdje in het ziekenhuis gelegen. Iemand in het dorpje in de vallei had voor de koe en het kalf gezorgd. Iemand anders zou zijn schapen kopen.

'Ben je verdrietig of blij dat de koe weg is?' vroeg ik.

Hij haalde zijn schouders op. 'Het is oké,' zei hij.

Op een van die koude dagen voor de komst van het voorjaar ging ik 's morgens vroeg op pad naar Smolyan, een kilometer of tachtig in oostelijke richting, op zoek naar een tandarts. Ik kende alleen het Bulgaarse woord voor tandarts: *zubolekar*. De weg naar het stadje was niet zo ingewikkeld: er liep slechts één kronkelige weg over de bergketen.

Na een uur was lopen stond ik beneden bij de weg en stak mijn duim op, en al snel stopte er een zwarte Mercedes bestelbus. Het was een duur uitziende auto vergeleken bij de roestbakken die hier normaal gesproken rondreden.

'Smolyan?' vroeg ik toen ik het portier opendeed.

De bestuurder ging niet helemaal naar Smolyan, zei hij, maar naar een ander dorp, een eind verderop langs de weg.

'Een eind op weg is ook goed,' zei ik, en ik stapte in.

'Maar als ik even bel... misschien Smolyan. Ik heet Boris.'

Hij was een grote kerel met een hoofd dat wel iets weg had van een ossenkop, en hij had dikke, weke lippen. Hij kon geen Engels, maar sprak simpel Bulgaars zodat ik het kon volgen.

'Jij koffie wil?' vroeg hij. 'Ik heb net op.' Hij had nog één slokje in de plastic beker in de houder. Hij pakte de beker, liet de koffie erin rondwalsen en zei: 'Wil je laatste slokje?'

Wát? Dit was de merkwaardigste vraag die ik ooit had gehoord. 'Nee, dank je.'

Ik vroeg waar hij woonde en of hij een gezin had – de gebruikelijke beleefdheden. Hij keek me voortdurend aan onder het praten, waar ik een beetje zenuwachtig van werd op zo'n kronkelige weg met tegenliggers. Er was nog iets aan hem waardoor ik op mijn qui-vive was: hij deed overdreven opgewekt.

'Water,' zei hij, en stopte vlak bij een bron. Hier in de bergen was het heel gewoon om je flessen bij een bron te vullen. Hij stapte uit, en om een of andere reden werkte het geluid van de schuifdeur op mijn zenuwen. Wat deed hij daar? Ik hield hem via de buitenspiegel in de gaten, maar binnen een minuut was hij weer terug met een paar flessen bronwater. Hij wilde mij ook een fles geven, maar dat sloeg ik beleefd af. Je moet niet zo paranoïde zijn, zei ik tegen mezelf. Hij is waarschijnlijk gewoon een vriendelijke man, zij het ietwat vreemd.

We reden verder, maar ik bleef me slecht op mijn gemak voelen. En toen wist ik het opeens. Ik rook angst. Ik denk dat alle mensen – zoals alle dieren – angst kunnen aanvoelen. Het is het eerste overlevingsinstinct waarmee we geboren worden. Het lam voelt de angst van moeder schaap en rent automatisch mee. Maar waarom was deze man zo nerveus? Was hij een plan aan het smeden?

'Oké,' zei Boris. 'Hier ga ik even telefoneren, dan komt mijn vriend hiernaartoe en dan ga jij naar Smolyan...'

Ik begreep er niets van. 'Jouw vriend gaat naar Smolyan?'

'No, yes, mijn vriend gaat op maandag, woensdag en zaterdag.'

Hij stopte aan de kant van de weg om te bellen, en ik werd steeds banger. Het zou best kunnen dat ze een plan beraamden om me te ontvoeren.

'Je vriend gaat naar Smolyan?' vroeg ik nog een keer toen hij het gesprek had beëindigd.

'Ja, vriend. Ik ga daar koffie drinken. Wil je ook koffie? Duurt maar twee minuten. Geen probleem?'

'Geen probleem,' zei ik zachtjes. Ik had geen idee wat er zou gebeuren.

We reden verder, en ondertussen nam ik elk detail in me op. Ik voelde me net een detective op zoek naar aanwijzingen. Hoe zag hij eruit? Boris had grijs, kortgeknipt haar. Zijn handen waren groot en onbeholpen, maar niet vuil of eeltig. Hij werkte blijkbaar niet vaak met zijn handen. Bij het autorijden gebruikte hij vooral zijn linkerhand en hij leek de pink van zijn rechterhand niet helemaal te kunnen strekken. Een verkalkte pees, misschien. Voor welk bedrijf werkte hij? Ik keek of ik een naam of een logo zag, maar kon niets vinden. Zou hij wapens in de auto hebben? Ik kon niet in de opbergruimten in de portieren kijken. Maar zijn spijkerbroek zat in ieder geval zo strak dat er geen mes in kon zitten.

Een paar minuten later stopte hij bij een wegrestaurantje. 'Heel goeie koffie hier. Favoriet!'

Ik pakte mijn tas, deed het portier open en bekeek de centrale vergrendeling. Het leek erop dat ik het portier vanbinnen kon openen, ook al zat het op slot. Ik zorgde ervoor dat ik iets achter hem liep en keek snel over mijn schouder. Zwarte Mercedes bestelbus, kenteken KL9661TR. KL van Kuala Lumpur, mijn opa was 96 toen hij overleed, 61 was het nummer van het huis waarin ik ben opgegroeid en TR stond voor Totaal Ridicule situatie. Ik liep achter hem aan het café in en lette goed op hoe hij keek, liep, en met anderen communiceerde.

Hij bestelde twee koffie en we gingen zitten.

Gooi al je skills in de strijd, zei ik tegen mezelf. Als ik op mijn intuïtie vertrouwde kon ik op de situatie inspelen en me voorbereiden. Als ik me liet verrassen kon dat mijn dood betekenen. Ik had hem goed geobserveerd, en zou de politie een nauwkeurig signalement kunnen geven. Als het op vechten aankwam, had ik alle vertrouwen in mijn lichaamskracht. Ik wierp een snelle blik op hem. Hij was een grote, stevig gebouwde man, maar ik kon altijd nog wegrennen. Ik keek om me heen: als het moest kon ik dekking zoeken in het bos, en in deze smalle vallei kon je de weg van mijlenver horen, dus ik zou niet gauw verdwalen.

'Deze Mercedes: transport?' vroeg ik.

Hij begon te praten, maar ik verstond er geen woord van. Ik kon nu nog besluiten op te staan en verder te liften, dacht ik, maar waarom eigenlijk? De man had niets verkeerd gedaan; hij was vriendelijk en had me zelfs een kop koffie aangeboden.

Toen stond hij weer op, zonder gebeld te hebben of iemand te hebben ontmoet. Verbaasd liep ik achter hem aan naar zijn bestelbus.

'Smolyan,' zei hij, en hij startte de motor.

Ik wees voor ons uit. 'Smolyan, tandarts.'

Zie je wel, Boris was vriendelijk. Hij brengt me nu helemaal naar Smolyan. Het was gewoon een misverstand.

We reden omhoog, een berg op, en de weg werd steeds smaller. Terwijl we langzaam zigzaggend een dichtbegroeid bos in reden, voelde ik de spanning toenemen en schoof onrustig heen en weer op mijn stoel. Na een kwartier zei hij iets en wees naar rechts. Ik ving het woord *pochivka* op.

'Wát?' stamelde ik.

'Pochivka?' Er verscheen een onbetrouwbare blik in zijn kleine blauwe oogjes, en ik voelde iets kwaadaardigs de kop op steken.

Hij sloeg een zijpad in en reed nog honderd meter door, tot we niet verder konden. Hij zette de motor uit en draaide zich in zijn stoel naar me toe.

'Jij seks? Hier in de bus?' Hij wees achter ons. 'Ik heb bed.'

Mijn hart klopte in mijn keel toen ik door de voorruit naar buiten keek.

'Nee,' zei ik met bevende stem. 'Ik lift naar Smolyan.' Ik wees naar het oosten. Ik vroeg me af of ik me tegen hem zou durven verzetten.

Hij zei nog iets, maar dat verstond ik niet.

'Nee,' herhaalde ik. Ik was doodsbang, tot ik hem in de ogen keek en besefte dat hij geen geweld zou gebruiken. 'Ik wil alleen een lift.' Mijn stem klonk nu niet bibberig meer, alleen geërgerd.

Tot mijn grote opluchting startte hij de auto weer en reed hij terug naar de weg. Er viel een ijzige stilte, maar ik wilde niet degene zijn die hem doorbrak.

'Kom, vertel,' zei hij uiteindelijk. Hij wuifde met zijn rechterhand. 'Vertel me wat werk jij doet.'

'Goed,' zei ik. 'Ik schreef boek over mijn leven in Nieuw-Zeeland. Mijn man en ik leefden in de wildernis, en ik ging op jacht. Eerst had ik pijl en boog, nu geweer.' Ik deed het voor. '*Pang!*'

'Waar jaag je dan op?'

'Geiten, herten, konijnen... en mensen,' deed ik er een schepje bovenop.

Hij glimlachte en zweeg een tijdje. Tien minuten later vroeg hij me nog een keer of ik seks met hem wilde.

'Nee,' zei ik zuchtend.

Vijf minuten later probeerde hij het nog eens. Toen ging zijn telefoon en stopte hij in een kleine parkeerhaven.

Dat was mijn geluk. Op het moment dat hij stopte, griste ik mijn tas mee en sprong de auto uit.

Ik haalde diep adem en snoof de frisse boslucht op. Ik had het gered!

Maar Boris dacht zeker dat ik van gedachten was veranderd en toch seks wilde. Haastig brak hij het gesprek af en kwam met een hitsige blik in zijn ogen aangelopen en gebaarde dat hij de schuifdeur van het busje voor ons zou opendoen.

'Nee! Ik ga naar Smolyan!' Ik liep zo ver mogelijk bij het busje vandaan en stak mijn duim op, hoewel er geen auto op de bosweg was te bekennen.

Toen hij doorkreeg dat ik niet terugkwam, begon hij te

schreeuwen. Hij stond daar voor zijn bestelbus en bleef maar schreeuwen en op een overdreven, paniekerige manier staan zwaaien. Hij was ontzettend kwaad.

Toen gebeurde er iets bizars. Het was of ik in zijn hoofd stapte en zijn herinneringen kon zien. Het was alsof ik drie seconden film zag: hij stond in de keuken, terwijl zijn vrouw aan tafel zat. Hij was aan het schreeuwen terwijl zij maar voor zich uit staarde. Dat ze niks terug zei, maakte hem zo wanhopig, dat hij woedend een stoel op de grond smeet. Waarom praatte ze nooit? Waarom voelde hij zich zo alleen in zijn relatie? Waarom beleefde hij nooit eens iets liefdevols?

Toen hield Boris plotseling op met razen en tieren. De woede verdween, zijn schouders zakten omlaag, zijn gezicht verslapte, en hij straalde alleen nog maar verslagenheid uit.

Een seconde later kwam een oude Citroën de bocht om scheuren. Toen ze mij zagen liften, stopten ze met piepende remmen. Voorin zaten twee jonge jongens, en ik stapte vlug achterin. Toen we wegreden, keek ik over mijn schouder om te zien of Boris ons volgde. Maar er was geen spoor van zijn busje: het was blijkbaar nooit zijn bedoeling geweest om naar Smolyan te rijden.

Toen we de bocht om gingen, leunde ik achterover en langzaam verscheen er een grote glimlach op mijn gezicht. Ik realiseerde me dat ik voor het eerst van mijn leven was ontsnapt aan een gevaarlijke situatie. Ik was zelf uit de auto gesprongen en had mezelf gered!

De jongens zetten me af in de stad. Ik liep door de drukke straten en kwam bij een groot, statig huis met een foto van een enorme kies voor het raam. Een tuinpad leidde naar de voordeur, maar ik wist niet op welke van de vier bellen ik moest drukken. Ik koos er een op goed geluk, en even later hing er een vrouw uit een raam op de eerste verdieping.

'*Zubolekar*?' vroeg ik.

'Ja! Eén minuut!' Het raam ging weer dicht en ik bekeek het huis wat nauwkeuriger. De verf bladderde van de raamkozijnen en de slecht onderhouden witte gevel was gebarsten en verweerd. Als de eigenaar van het pand zo armlastig was, redeneerde ik, had hij blijkbaar weinig klanten. Misschien was hij ooit goed geweest in zijn vak, maar was hij nu te oud geworden of aan de drank geraakt... Hoe langer ik daar stond, hoe meer ik terugschrok voor het idee zijn roestige instrumenten in mijn mond te voelen.

Ik sloeg op de vlucht. Ik rende het pad af, de troosteloze tuin door, het tuinhekje uit, en de straat op. Zonder te weten waar ik naartoe ging rende ik weg, maar toen hoorde ik achter me iemand roepen.

'*Zdravei!*' Midden op straat stond de vrouw, gekleed in een ouderwetse jurk, naar me te zwaaien.

Schaapachtig liep ik terug.

'Heeft de tandarts nu misschien tijd?' vroeg ik in het Engels.

'Ja. Ík ben de tandarts,' zei ze in het Engels terug.

Nu voelde ik me helemaal opgelaten, en om haar niet nog meer te beledigen liep ik gedwee achter haar aan naar de praktijk. Er waren geen andere patiënten te bekennen.

Ze trok haar witte jas aan en ik nam plaats in een wachtkamer met gele muren. Ik zou het prettiger hebben gevonden als de ruimte helderwit was geschilderd, dacht ik, maar toen riep ik mezelf tot de orde. De kleur van de muren zei tenslotte niets over de kwaliteit van de tandarts.

Ze kwam terug en ik ging in de tandartsstoel zitten. Die kon niet erg ver achterover, zodat ik bijna rechtop zat, maar dat maakte haar niets uit. Met behulp van een hamertje en een roestvrijstalen tandsonde had ze het gaatje in mijn kies snel gevonden. Vervolgens mengde ze op een werkblad wat poeder tot een pasta. Toen ik vroeg wat dat was, zei ze dat dat het materiaal voor de vulling was. Zulke ouderwetse methoden had ik nog nooit van mijn leven meegemaakt. Verbaasd trok ik mijn wenkbrauwen op.

'Kunt u wel verdoven?' vroeg ik.

Op haar beurt keek zij mij verbaasd aan. 'Natuurlijk.'

Ik leunde weer achterover.

Ze gaf me een verdovingsinjectie, boorde het gaatje uit en vulde het. Twintig minuten later was de klus geklaard.

We praatten nog even over het leven in Bulgarije en toen schreef ze de rekening uit. Die was een fractie van alle tandartsrekeningen die ik ooit had betaald.

'Je bent altijd welkom,' zei ze.

Ik lachte. Ja hoor, altijd.

Ik was blij dat het tandartsbezoek zo goed was verlopen, want alles was een uitdaging in deze vreemde taal met zijn onleesbare schrift. Toen ik terugliep naar de rand van de stad zag ik onderweg een bibliotheek. Ik liep naar binnen om mijn mail te lezen en zag dat ik een bericht uit West-Australië had.

> Hi Miriam en Peter,
> We hebben jullie boek gelezen – fantastisch! Het lijkt wel of jullie een verlengstuk van ons zijn. We hebben heel veel bewondering voor jullie! Ik kom oorspronkelijk ook uit Holland, en ben mijn Australische vent in 1999 in Darwin tegen het lijf gelopen. Ik was negentien, en hij veertig. De afgelopen zeventien jaar hebben we door heel Australië gereisd, en altijd in een tentje geslapen. We zijn nu al weer een flink aantal jaren geleden neergestreken in West-Australië, waar we een stukje land hebben gekocht en waar we onze schapen, varkens, paarden en wat kippen houden. We hebben hier geen huis neergezet, want we kamperen liever in de vrije natuur met de geur van het kampvuur om ons heen. We proberen volledig zelfvoorzienend te zijn. We zouden graag gelijkgestemde zielen ontmoeten. Het is onze droom jullie rond ons kampvuur te verwelkomen. We hopen binnenkort van jullie te horen.
> Hartelijke groet,
> Kate en Kevin

Ik bracht Peter het goede nieuws. Dit was de kans waar we op gehoopt hadden. We hadden tickets naar Australië geboekt, maar we hadden nog geen plannen voor na het schrijversfestival. En dat we bij mensen konden logeren die paarden hadden kwam ook goed uit. Omdat Peter niet meer met een rugzak wilde lopen, wilden we proberen met een paard of een ezel rond te reizen. Deze kans om te leren paardrijden en met paarden te leren omgaan kon niet beter getimed zijn. Ik was razend enthousiast, en in de weken daarna stelde ik Kate allerlei vragen over hun manier van leven en de verzorging van paarden.

We e-mailden regelmatig en ik kwam steeds meer over hen te weten. Zo vonden zij bijvoorbeeld dat mensen beter in clans of stammen konden leven en niet geïsoleerd als gezinnetje of stel. Ze hadden acht rondreizen door Australië gemaakt, hadden uiteindelijk de mooiste plek gevonden en zich gevestigd in de buurt van Grayburn, op twee uur rijden van Perth. Onze reis naar Australië beloofde met de minuut interessanter te worden en we keken ernaar uit hen te ontmoeten.

In de Bulgaarse bergen wist de winter nog van geen wijken, maar na enkele weken voelden we toch dat het voorjaar eraan zat te komen.

Toen we hier in december kwamen, hadden we eigenlijk helemaal niet meer aan beren gedacht. Die hielden nu winterslaap, en we hadden ze nergens gezien. Maar nu ontdekten we weer verse sporen in de sneeuw. Ik kon me voorstellen dat een tweehonderd kilo wegende beer na een lange winterslaap ongetwijfeld een razende honger had. En meteen drong het besef weer tot ons door dat we in een bos woonden en omringd werden door wilde dieren.

Van de ene dag op de andere verdwenen de wolken, smolt de sneeuw en begon al wat leefde te groeien. Bladeren ontvouwden zich, bloemknoppen barstten open, nieuwe scheuten staken de kop op, en we ontdekten dat ons huisje tussen de kersenbomen stond, die allemaal uitbundig bloeiden met witte bloesems. In het hele dorp lag een tapijt van bloemblaadjes op de grond. Het was het mooiste voorjaar dat ik ooit had meegemaakt. In een paar dagen tijd was de wereld om ons heen van donkergrijs en bruin veranderd in een fris helder voorjaarsgroen. In de vallei kwamen de mensen uit hun huizen en begonnen aan de voorjaarsschoonmaak. Zdravko's schapen en geiten brachten weer een nieuwe generatie voort. We beseften dat we in dit land konden reizen zonder ons te hoeven verplaatsen. Met de bladverliezende bossen in de bergen zou de wereld om ons heen er per seizoen steeds anders uitzien.

Terwijl het voorjaar zijn intrede deed, maakten wij lange wandelingen over talloze bospaadjes, op zoek naar een huis dat we zouden willen kopen. We droomden ervan een huisje te hebben en fantaseerden volop over hoe we het zouden opknappen: welke kleuren we zouden gebruiken en wat we in de tuin zouden planten. Maar dat bleek niet zo gemakkelijk. We kwamen er al snel achter dat het probleem niet zat in het aanbod van leegstaande huizen of de bereidheid die te verkopen, maar in het ontbreken van eigendomspapieren. De huizen waren al heel lang geleden gebouwd en waren van de ene op de andere generatie doorgegeven, en als er al een eigendomsbewijs was geweest, was dat allang zoekgeraakt.

Maar na wekenlang rondlopen en rondvragen hadden we een lijstje opgesteld van te koop staande huizen waarvan de eigendomspapieren aanwezig waren. We ontdekten ook dat elk dorp weer anders was, afhankelijk van de ligging. Sommige dorpen lagen in een smalle vallei, waar alle huizen koud en vochtig waren, andere waren op een bergkam gebouwd waar de wind vrij spel had. De beste dorpen lagen op het zuiden, waar de huizen zich in de warme middagzon koesterden.

Op een dag vertelde Silvia, de bibliothecaresse, me dat er midden in Miliva een huis te koop stond. We besloten er een kijkje te nemen en liepen naar het dorp. Achter de dorpswinkel begon een pad dat uitkwam bij een groepje van drie huizen die pal naast elkaar stonden.

'*Zdravete!*' riep ik. Is er iemand thuis?

Er kwam een kleine, magere man om de hoek gelopen.

'Wat willen jullie?' vroeg hij met gefronste wenkbrauwen.

'We zijn op zoek naar een huis dat te koop staat,' zei ik, en ik noemde de naam van de eigenaar.

Zijn gezicht klaarde onmiddellijk op, hij schudde ons de hand en wees naar het huis vlak naast dat van hem. Hij was niet de eigenaar, zei hij, maar de deur was open. Hij heette Davin en kon ons wel rondleiden. Het huis beviel ons, maar we vonden het een nadeel dat het zo dicht op de andere huizen stond.

Na de rondleiding stelde hij ons voor aan zijn vrouw, Emma. We dronken een glaasje van zijn zelfgemaakte wijn en aten wat hapjes onder de druivenranken, en al snel kwam zijn zoon, Anchov, die in het derde huis woonde, bij ons zitten. Niemand sprak Engels, maar de gastvrijheid van de familie was hartverwarmend.

'We worden buren!' zei Davin enthousiast. Zijn heldere ogen glinsterden van geestdrift. Hij woog amper vijftig kilo, maar hij was sterk en energiek. Hij liep elke dag vijftien kilometer in de heuvels om paddenstoelen te zoeken. Thuisgekomen sneed hij ze samen met zijn vrouw in plakjes en droogde ze in de zon, en verkocht ze dan voor een redelijke prijs aan handelaren die ze in Italië aan de man brachten.

Na ons eerste bezoek kwamen we regelmatig terug. Soms dronken we een kop thee, of kregen we een bord van de beroemde lokale limabonen voorgeschoteld. Op een dag tekende ik voor Davin een kaartje waarop ik het huis aangaf dat we afgelopen herfst hadden ontdekt en waar we verliefd op waren geworden. Het lag maar drie kilometer van Miliva.

'Ken je dat huis?' vroeg ik hem.

'Ja, daar heb ik gewoond voor ik trouwde,' zei hij. 'Een oud schaapherdershuisje. Lang geleden was ik schaapsherder. Er is geen elektriciteit. Mooie plek in het bos. Maar pas op, er zitten beren.'

'Weet je wie de eigenaar is?'

Hij knikte. 'Nee.'

'Vraag hem of hij weet of er nog andere huizen in de buurt te koop staan,' zei Peter.

Davin bleek veel over de streek te weten. In de loop der weken zocht hij voor ons uit welke huizen te koop stonden, maar de meeste stonden midden in een dorp.

Op een dag zeiden we nog een keer dat we graag in contact wilden komen met de eigenaar van ons favoriete huisje.

'O ja, daar ben ik achter gekomen! De eigenaar is Milko. *Haide!'* Kom maar mee, zei hij, en hij stond meteen op.

We liepen samen met onze vriend naar een huis. Davin belde aan en een oude vrouw deed open. Ze wisselden wat beleefdheden uit, maar toen Davin naar Milko vroeg, wees ze naar de bergen.

Na een tijdje kwam Milko met zijn paard-en-wagen aangereden. Hij was de heuvels ingegaan om brandhout te zoeken. Terwijl Davin uitlegde dat we in zijn huisje waren geïnteresseerd, luisterde Milko aandachtig en streelde ondertussen de hals van zijn paard. Ik schatte hem op een jaar of tachtig, maar hij was nog zo sterk als een beer. Milko had een breed gezicht en grote handen, en hij keek kalm en bedaard uit zijn ogen. Hij droeg de traditionele wollen kleren van die streek, en alles aan hem straalde rechtschapenheid en fatsoen uit.

Milko keek Peter aan. 'Wil je kopen?'

Ik schudde mijn hoofd. '*Da, da!*'

'Echt?' vroeg hij met een frons. 'Er is geen stromend water en geen elektriciteit. Het ligt ver van het dorp.'

'Geen probleem,' zei ik. 'Dat vinden we juist fijn.'

In het communistische tijdperk had Milko een hoge positie bekleed, en hij had nog steeds de air van een legercommandant. Maar onze kleine vriend Davin liet zich niet intimideren en sprak met hem op voet van gelijkheid.

Toen er even een stilte viel, stelde ik de hamvraag, een zinnetje dat ik uit mijn hoofd kende, omdat het hierop aankwam: 'Heeft u ook het eigendomsbewijs van het huis?'

'Eigendomsbewijs?' Hij keek eerst mij aan, en vervolgens Peter.

'*Da?*' vroeg ik met een licht schudden van mijn hoofd.

'Natuurlijk,' zei hij bars, alsof het de gewoonste zaak van de wereld was dat elke Bulgaar de eigendomspapieren van zijn huis had.

Ik keek naar Peter, zijn glimlachje verbreedde zich tot een grijns, en we lachten naar elkaar. Ik kon de man wel omhelzen van blijdschap, maar ik knikte plechtig en zei: '*Dobre.*'

Dit was een gouden kans voor ons. Een kans om onze wens in vervulling te laten gaan. Telkens als ik Peter aankeek, glimlachte hij.

Het kostte minstens een maand om alles rond te krijgen voor de koop van ons droomhuisje. Omdat ik een Europees paspoort heb, kon ik het huis op mijn naam laten zetten. Ik vond het allemaal mateloos interessant en verdiepte me in de hele procedure. Peter had al eerder huizen gekocht en verkocht, en was allang blij dat hij er buiten kon blijven.

Eerst moesten we ons inschrijven bij het provinciebestuur in Smolyan, waarvoor ik een paar keer naar de stad moest liften. Telkens kreeg ik te horen dat ik weer een zoveelste formulier of document moest invullen. We hadden ook een handtekening van onze huisbaas nodig om aan te tonen waar we nu woonden. Maar omdat Dimitri als sluipschutter in Afghanistan was gelegerd, was het nogal lastig om een door hem ondertekend document te bemachtigen. Dus vroegen we aan Zdravko of we niet konden doen of we in zijn huis woonden. Maar dat was niet zo makkelijk als het leek, want de burgemeester wilde Zdravko in eigen persoon zien, en ik wist dat onze vriend er geen trek in had om de hele weg naar de vallei te lopen om zijn handtekening op een stuk papier te zetten.

'Zdravko is heel erg ziek. Ziekenhuis. Winter,' zei ik tegen de burgemeester.

Uiteindelijk gaf hij toe en nam hij genoegen met Zdravko's

handtekening. Toen ik hem bedankte met een suikertaart, had ik het gevoel dat ik hem had omgekocht.

Nadat ik me had ingeschreven kon ik een bankrekening openen. Maar de bankmensen spraken alleen Bulgaars en Russisch, en ik begreep niets van hun vragen. Ten einde raad gaf ik hun Silvia's telefoonnummer, en trad zij als tolk op.

'We gaan in augustus naar Australië, en misschien zijn we hier volgend jaar niet. Is het een probleem als ik er niet ben om de onroerendgoedbelasting te betalen?' vroeg ik op een dag aan een ambtenaar in het provinciehuis.

'Dan moet u rente betalen over het verschuldigde bedrag,' zei hij.

'En hoeveel is dat voor dit huis?'

Hij moest een hele tijd op zijn computer zoeken en zei toen: 'De onroerendgoedbelasting is één *leva* per jaar.'

Dat kwam neer op vijftig eurocent per jaar.

Eindelijk, op een zonnige meimiddag, zaten we aan de grote ebbenhouten tafel van de notaris om het koopcontract te tekenen. Het was gek om mijn volledige naam in cyrillisch schrift te schrijven. Ik moest de vreemde symbolen overnemen van een voorbeeld, want ik kende de letters van mijn naam niet.

Tot slot kreeg ik alle benodigde documenten en kreeg Milko zijn geld. Het was een klein bedrag vergeleken bij de absurd hoge huizenprijzen in Nieuw-Zeeland, maar Milko kon er de ziektekosten van zijn vrouw mee betalen. We waren allemaal blij, en ik was zo trots als een pauw. Ik had in mijn eentje een huis in Bulgarije gekocht. Ik had alle obstakels overwonnen ondanks het feit dat ik de taal nauwelijks sprak, en nu was ik op mijn vierendertigste de eigenares van een hypotheekvrij onroerend goed. Dat het maar een schaapherdershuisje was waar zelfs de plaatselijke bevolking niet in wilde wonen, maakte me niets uit.

De dag na de overdracht pakten we onze spullen en namen we afscheid van Zdravko. Het kostte ons een uur om de berg op te lopen naar Miliva, waar we Davin tegenkwamen, die net terug kwam uit het bos met een grote zak paddenstoelen.

'Welkom, welkom,' zei hij toen we hem vertelden dat de koop was gesloten. 'Jullie horen nu officieel bij Miliva!' Hij omhelsde ons – en drukte zijn hoofd even tegen Peters borst – alsof dit een officiële inwijdingsplechtigheid was. Toen stond hij weer rechtop en klapte zo vrolijk in zijn handen dat zelfs zijn vrouw Emma, die in de deuropening stond, moest glimlachen. Zijn zoon bracht een blad met *chuska biurek* naar buiten, een heerlijk traditioneel gerecht van gevulde paprika's, geserveerd met een tomatensalade.

'Tijd voor rakia!' riep Davin toen we klaar waren met eten. Hij verdween in een schuur in de tuin en kwam terug met een fles schnapps. 'Heb ik zelf gemaakt!'

Davin schonk iedereen een glaasje in.

'*Nazdrave!*' riepen we lachend. Proost!

'Op het mooie huis!' zei Davin.

'Op het mooie huis,' zeiden we hem na, en ik nam een slokje. De sterke alcohol veroorzaakte een vreemd gevoel van mijn keel tot in mijn maag. Tot ieders hilariteit probeerde ik de sensatie van de brandende alcohol in het Bulgaars te beschrijven, wat niet helemaal lukte.

Na de viering hesen we onze rugzak weer op de schouders voor het laatste deel van de tocht.

Na Miliva hield het plaveisel op en liepen we verder over een onverharde weg. We stopten bij de grote kersenboom en aten alle rijpe vruchten waar we bij konden. Een eindje verder stond een paard van de sappige klaver te grazen, en achter de pruimenbomen waren een paar vrouwen bezig het hooi bij elkaar te harken, om de beesten te kunnen voederen als het weer winter werd. Toen liepen we het bos in, waar het meteen koeler was. Het zonlicht speelde met de donkere schaduwen, om ons heen hoorden we het geluid van kabbelende beekjes die zich een weg zochten door de geulen en om de honderd meter bleven we stilstaan om bosbessen te plukken. Het pad liep rond een diepe dichtbeboste kloof en na een tijd kwamen we bij een open plek uit. We liepen door velden vol bloemen en hadden vandaar uitzicht op de vallei onder ons. We zaten nu zeker op twaalfhonderd meter hoogte en in de verte zagen we de ene na de andere donkere bergketen opdoemen. Uiteindelijk bereikten we de heilige Thracische plek – de open plek tussen de eeuwenoude hoge eiken – waardoor we op ons huisje waren gestuit.

We gingen langzamer lopen, bestudeerden elke bloem van dichtbij, roken eraan en keken iedere vlinder na. Want vijftig meter verder, verscholen tussen de fruitbomen, stond ons mooie huisje. Ons huisje met zijn terracottakleurige dakpannen.

Ik haalde diep adem toen Peter de sleutel in het slot omdraaide. De ijzeren deur hing scheef in de scharnieren en schraapte over de cementen vloer. We stapten naar binnen in een kleine hal waar een vliegenkast stond om etenswaren in te bewaren. Links was ook een kamer met een cementen vloer, maar een van de muren was half ingestort. Het raam was dichtgespijkerd omdat de meeste ruitjes door de wind kapot waren gegaan. Maar de kamer aan de rechterkant was heel licht en zonnig en had een fraaie houten vloer met brede planken. Daar stond ook een kacheltje. Deze kamer had een groot raam met een brede houten vensterbank waar je in kon zitten. Dit was zo'n huisje waar ik als kind van had gedroomd.

Ik deed het raam open en ademde de frisse berglucht in. De heuvel boven ons huis was één grote waterval van gele bloemen, en in de verte zagen we alleen maar eindeloze bossen. De lucht was hier schoon en puur, en de hemel diepblauw. Op het gezang van de vogels na heerste er een diepe stilte. Geen machines, geen vliegtuigen, geen lawaai. We hadden het einde van de wereld bereikt, waar enkel vrede en rust heerste.

Peter stak de kachel aan en we zetten een kop thee. Daarna liepen we voor de vijfde keer bewonderend door ons huisje alsof het een paleis was. Peter dacht al na over eventuele verbeteringen en ik fantaseerde over de kleuren: groen voor de deuren, geel voor de stoelen, turquoise voor de kozijnen. Voor het eerst in mijn leven kon ik een huis een blijvende kleur geven omdat het van ons was.

De volgende ochtend werd ik wakker met een warm gevoel vanbinnen. Ik houd nu al van dit huis, dacht ik. Deze plek wil ik mijn thuis noemen. Een eigen huis was iets waar ik nooit veel waarde aan had gehecht – en nu ik het had ervaren, verraste het me hoe blij ik ermee was.

De dag daarna gingen we aan de slag om het hele huis grondig schoon te maken. In het huisje stonden tafels, stoelen en kastjes, en twee houten bedden, waarvan eentje geen bodem meer had. De daaropvolgende dagen kregen we werklieden over de vloer die de muur en het raam herstelden. Ik liep met een lege rugzak drie kilometer terug naar het dorpje Miliva, en liftte vandaar naar een stadje in de buurt om gereedschap en verf te kopen en stof uit te kiezen in felgele en oranje tinten. Binnen een week hadden we ons huisje gezellig ingericht.

Een tijd lang leidden we een rustig bestaan in ons huisje aan de voet van de berg. Elke ochtend haalden we emmers water uit de leiding, dertig meter van het huis, en omdat we geen keuken hadden legden we buiten een vuur aan en zetten daar koffie in de kookpot.

Onder ons strekte het bos zich uit, met hier en daar open plekken waar reeën liepen te grazen – dezelfde reeën die we in Frankrijk zo vaak hadden horen blaffen. Het bos zat vol vogels, boven de poeltjes zweefden libellen, en overal fladderden vlinders. De stroompjes zaten vol vis en langs de oever kwaakten kikkers. Het wemelde van het leven op deze plek. Meestal aten we buiten: we haalden kilo's kersen en pruimen van de verwilderde fruitbomen. En in het bos plukten we frambozen, bosaardbeitjes, bosbessen en bramen.

Op een dag kwam er een man op een paard voorbij. Hij zag er verslagen uit en het duurde even voordat we begrepen dat hij imker was en dat zijn bijenkorven de nacht daarvoor door een beer waren vernield. Hij legde uit dat het aantal beren sinds de val van de Sovjet-Unie enorm was toegenomen. Het hek aan de grens met Griekenland was sindsdien weggehaald en de afgelopen tien jaar waren er heel wat beren deze kant op gekomen. Korte tijd later kwamen we een jager tegen die honderd meter van ons huis een camera met bewegingsdetectie bij een voederbak had opgehangen. Op de camera had hij drie verschillende beren gezien. Omdat wij geen toilet hadden, moesten we telkens een gat graven in het bos. Dus we voelden ons niet echt op ons gemak als we 's avonds naar buiten liepen, en keken altijd eerst goed om ons heen voordat we neerhurkten.

Rond het huis vielen genoeg karweitjes te doen: hout sprokkelen, kleren wassen, schoonmaken, water halen, en Peter plantte een paar pompoenzaden op een zonnige plek. We zouden niet lang genoeg blijven om de pompoenen te kunnen oogsten, maar waren benieuwd of de grond hier vruchtbaar was. Uit het zaad ontstond een piepklein plantje dat snel groeide en lange ranken met grote bladeren vormde. Over een paar maanden zou Davin daar een goede oogst aan hebben. Het beloofde veel goeds voor de toekomst, want we waren van plan om de volgende lente terug te komen en dan een hele moestuin aan te leggen.

Om de paar dagen liepen we naar Miliva om inkopen te doen in het enige winkeltje van het dorp. We maakten kennis met de eigenaar en al snel wist iedereen in het dorp wie we waren. Om tien uur 's ochtends en om vier uur 's middags ging de winkel open en stonden alle bejaarden daar al te wachten. Ze kochten niet veel: één sigaret, een kop koffie of een pak biscuitjes. Melk, yoghurt en eieren waren er niet te krijgen, dus die kochten we verderop in het dorp van een paar oude vrouwtjes. En elke vrijdag kwam de imam naar de moskee om te preken. De mensen in deze streek waren moslims, maar leken niet erg met hun geloof bezig te zijn. Ze aten weliswaar geen varkensvlees, maar dronken bijvoorbeeld wel alcohol. De vrouwen waren niet van top tot teen bedekt en ik heb nooit iemand 'insjallah' horen zeggen. Maar wat ons wel opviel was de traditionele gastvrijheid die de moslimbevolking hier tentoonspreidde. Iedereen was altijd bereid ons te helpen.

Eén ding stemde wel treurig: het dorp liep leeg, er kwamen

geen jonge mensen met kinderen bij. De mensen hier waren al oud en uiteindelijk zou de begraafplaats naast de moskee vol zijn en de huizen leeg. In sommige dorpen merkten we dat de mensen echt de wanhoop nabij waren. In Miliva leken de mensen nog te hopen dat jonge mensen uit de stad zich er zouden vestigen, maar misschien kwam dat ook doordat Peter en ik hier een huis hadden gekocht.

Ik was nu heel gelukkig in ons huisje in de bossen, maar drie maanden geleden, toen Peter aankondigde dat hij genoeg had van het langeafstandlopen met zware bepakking, was ik verdrietig omdat dat het eind van ons nomadenbestaan betekende. Maar op onze laatste dag op de Lycische Weg kreeg ik een ingeving: het feit dat Peter wilde stoppen betekende niet dat het voor mij ook ophield. Ik vatte het plan op om me aan te sluiten bij een heuse expeditie. Het woord alleen al vond ik heel spannend klinken.

'Waarom zou je je aansluiten bij de expeditie van iemand anders?' vroeg Peter op een ochtend. 'Voor de meeste expedities moet enorm veel worden georganiseerd en gepland; het kost een hoop geld, je hebt sponsors nodig en dat schept weer verplichtingen... Deze zomer gaan we sowieso naar Nieuw-Zeeland. Waarom organiseer je daar niet zelf een expeditie en dan kun je het heel simpel houden.'

'Mijn eigen expeditie organiseren?'

'De afgelopen tien jaar heb je genoeg geleerd om anderen door de Nieuw-Zeelandse wildernis te leiden, denk je niet?' zei hij met een glimlach.

Ik dacht erover na en besloot een bericht op internet te zetten: ik zou de vijf sterkste en dapperste vrouwen op deze planeet vragen om samen met mij een driemaandse trektocht door de Nieuw-Zeelandse Zuidelijke Alpen te maken. We zouden in de zomer vertrekken en ons in leven proberen te houden met jagen, vissen en eetbare planten verzamelen. Behalve op de populaire wandelroutes was ik in de wildernis amper vrouwen tegengekomen, en het leek me heel spannend om een team samen te stellen dat geheel uit vrouwen bestond.

Ik kreeg een heleboel reacties op mijn oproep op YouTube. Tussen de vele aanmeldingen vond ik een berichtje van de Haarlemse Tamar Valkenier. Ze vertelde dat ze drie jaar geleden haar baan had opgezegd en naar Istanbul was gefietst. Na vele avonturen was ze uiteindelijk in Mongolië beland, waar ze haar eigen kamelen en paarden had gekocht en 1600 km door het Altai-gebergte had getrokken.

We begonnen elkaar te e-mailen en raakten steeds enthousiaster. Op een dag schreef ze dat ze in Griekenland aan het bergbeklimmen was en dat ze naar Bulgarije kon liften om ons een paar dagen te bezoeken. We spraken af om elkaar een week later in het dorp beneden in de vallei te ontmoeten. We hadden natuurlijk geen exact tijdstip afgesproken, maar ze was er al toen Peter en ik er aankwamen.

Ze zag ons aankomen en begon al te lachen en te zwaaien. Tamar had blond haar dat tot haar schouders reikte, een kaarsrechte rug, en ze maakte een heel relaxte indruk. We dronken koffie en vertelden wat over onszelf – waar we vandaan kwamen en waar we heen wilden. Tamar had in Nederland als recherchepsycholoog bij de Nationale Politie gewerkt. Het was interessant en uitdagend werk, vertelde ze, maar dat had ze allemaal achter zich gelaten om iets heel nieuws te proberen. Ze wilde langzaam reizend de wereld ontdekken.

Na de koffie hees ze haar rugzak op haar schouders en begonnen we aan de twee uur durende terugtocht naar ons huisje. Tamar droeg een korte zwarte broek en elegante sandalen, die eruitzagen als simpele teenslippers maar blijkbaar heel sterk waren, want op diezelfde sandalen was ze door het Altai-gebergte gelopen. Hetzelfde gold voor haar slanke benen. Hoewel ze met een behoorlijk zware rugzak liep, had ze geen enkele moeite met de steile stukken onderweg. Zo nu en dan bleef ze staan om van het uitzicht te genieten of een plantje te bekijken. Ze liep niet extra snel om te laten zien hoe fit ze wel niet was.

Het viel me ook op dat ze veel dingen hetzelfde deed als ik. Het was of ik mijn tweelingzus had ontmoet. Om een voorbeeld te geven: toen we vanaf de asfaltweg het bos in liepen, zei ik: 'Asfalt is alleen goed voor één ding...' Ik tilde mijn tenen op en liet mijn hiel op de grond staan. Tamar snapte meteen wat ik bedoelde: 'Ja! Om het eelt van je hiel te schrapen!' riep ze uit. Als je dag in dag uit op sandalen loopt, ontstaat er een eeltlaag op je hielen. Wanneer je huid dan te droog wordt, ontstaan er diepe kloven in het eelt en dat kan vreselijk pijn doen.

Onderweg zagen we bosbessen en we bleven even staan om er handenvol van te plukken. Toen er een regenbui overtrok, gingen we onder een boom schuilen en zagen we een paar vuursalamanders over het pad schuifelen. Ze bewogen zich heel langzaam en onhandig voort. Vuursalamanders zijn zeldzaam, maar in het Rhodopegebergte komen ze veel voor. Tamar vond het fantastisch en liet er een over haar hand lopen.

Ze was meteen weg van ons nieuwe huisje en was vooral opgetogen over de vele eetbare planten die rond het huis groeiden. Ze plukte allerlei verschillende soorten en hakte die alvast fijn voor het avondeten. In de namiddag trok er, zoals iedere dag, een stevige onweersbui voorbij, en terwijl de regen op het dak roffelde, vertelden wij elkaar verhalen. Ik zat op het bed, Peter in een stoel en Tamar had zich in de vensterbank genesteld. Het leek alsof dat altijd al haar vaste plekje was geweest en ze voelde zich meteen thuis bij ons. Later op de dag staken we de kachel aan en bereidde Tamar in een mum van tijd een heerlijke maaltijd voor ons, met de eetbare planten, wat rijst van de vorige dag en een handvol pinda's. Voordat ze recherchepsycholoog werd, was Tamar een Michelin-kok geweest.

Hoewel ze een lange reis achter de rug had en – hoorden we later – weinig geslapen had, was ze heel kalm en opgewekt. Niets leek haar te deren. We waren ontzettend blij dat we elkaar hadden leren kennen. We waren van hetzelfde kaliber en hadden zoveel respect voor elkaar dat we geen enkele concurrentie of afgunst voelden. 'Het leven en de wereld zijn te mooi om aan je voorbij te laten gaan,' zei ze met haar licht verbaasde lach. Ik vond Tamar vriendelijk en begripvol; ze hield rekening met anderen, maar kwam tegelijkertijd sterk en competent over. En ze was avontuurlijk ingesteld. Al na een paar minuten wist ik dat we samen een uitstekend team zouden vormen.

Na drie geweldige dagen namen we afscheid met de belofte elkaar zes maanden later in Nieuw-Zeeland te treffen. Lang voordat ze van mijn expeditieplannen hoorde, was Tamar al van plan geweest om Nieuw-Zeeland te verkennen. Ze had al een ticket en zou in november arriveren.

Eind juli stopten we onze spullen in dozen en sloten het huis af. Ik zag er niet tegenop om weg te gaan omdat ik wist dat we hier terug zouden komen, en bovendien keek ik enorm uit naar onze tocht door Australië.

We hesen onze rugzak op onze schouders en liepen voor de laatste keer naar Miliva. Onderweg wierpen we nog een laatste blik op de kweeperen, en op de appel-, peren- en notenbomen, die over een paar maanden vrucht zouden dragen.

'We vertrekken op het verkeerde moment,' zei Peter. 'Het is hier nog volop zomer en het is gewoon nog te vroeg. Onze timing klopt niet.'

Ik zuchtte. 'Ja, dat heb je nu al honderdzevenendertig keer gezegd. Maar de tickets zijn al gekocht en je Bulgaarse visum loopt binnenkort af. We kunnen hier niet blijven. We gaan ervoor.' Ik stak mijn armen in de lucht en zei: 'Peter! We moeten de onzekerheid omarmen en het onbekende tegemoet treden!'

Hij keek me niet aan. 'Ik wil niet weg,' zei hij hoofdschuddend.

'Dat is de honderdachtendertigste keer! Maak je nou geen zorgen, Australië gaat een geweldig avontuur worden.'

We dronken koffie bij Davin en gaven hem de sleutels, want tot we terugkwamen zou hij op ons huisje passen. We wensten hem het allerbeste voor de herfst en de winter en zeiden dat we in maart terug zouden komen en dan zaden van bijzondere

Nieuw-Zeelandse groenten voor hem zouden meenemen. Davin had nog nooit van *kamokamo* gehoord, of van koolrabi en appelkomkommer, en wilde graag proberen of die groenten hier wilden groeien.

Davin wenste ons een goede reis. Met zijn dunne, sterke armen omklemde hij mijn schouders en bleef even onbeweeglijk zo staan. Toen liet hij me los en knikte ernstig.

'Bye, bye,' zei hij met tranen in zijn ogen. 'Ik hou van jullie allebei.'

'*Da*,' zei Peter en schudde zijn hoofd om ja te zeggen. Ook hij had tranen in zijn ogen.

Daarna werden we omhelsd door Emma en Anchov, en liepen we met zijn allen naar de dorpswinkel. De winkelierster had voor de gelegenheid de winkel opengedaan. Haar broer was er om ons gedag te zeggen, de oude dementerende man, de vrouw die kippen verkocht, de imker, en de man met één been, en de vrouw met de koe, de oude dame die yoghurt verkocht, de oude dove dame, en Milko. Die lieve, beste Milko, nog steeds zo sterk als een beer. Hij kwam afscheid van ons nemen terwijl zijn paard op straat stond te wachten.

Vier maanden later, toen het al winter was geworden, stierf Davin aan kanker. We waren diep geschokt en verdrietig toen we het bericht kregen van Davins kleinzoon. Onze vriend was altijd zo gezond en levenslustig geweest – we wisten niet of hij het zelf al wist toen we afscheid van hem namen.

Achteraf bezien was het ons wel opgevallen dat Davin zich heel open en liefdevol had opgesteld. Het kan best zijn dat hij wist dat hij binnenkort zou sterven en dat dat de reden was waarom hij van iedere dag had genoten en iedereen om hem heen met zoveel liefde had omringd.

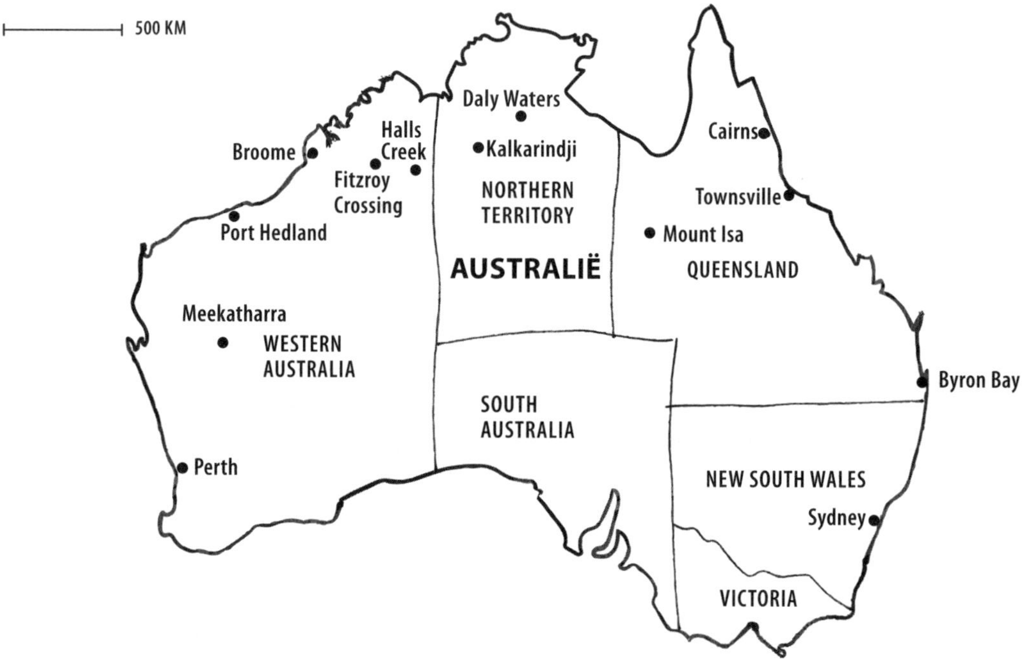
500 KM
Daly Waters
Kalkarindji
Halls Creek
Broome
Fitzroy Crossing
Port Hedland
NORTHERN TERRITORY
AUSTRALIË
Cairns
Townsville
Mount Isa
QUEENSLAND
Meekatharra
WESTERN AUSTRALIA
SOUTH AUSTRALIA
Byron Bay
Perth
NEW SOUTH WALES
Sydney
VICTORIA

7 Australië

Onverwachte waanzin

Na negentien uur vliegen arriveerden we in Sydney en overnachtten daar in een hotel voordat we verder vlogen naar Byron Bay in het noorden, waar we werden afgehaald door mensen van het festival. We werden in een taxi naar ons ongelooflijk luxueuze onderkomen gebracht. Plotseling verkeerden we in het land van de rijkdom en kregen we een koninklijke behandeling.

Lachend lieten we ons op ons zachte bed vallen, smeten onze kleren op het hoogpolige tapijt en liepen de badkamer in om een hete douche te nemen. We wasten onze naar rook stinkende kleren in de wasbak, zetten een kop Engelse thee en aten ons welkomstgeschenk op: een doosje macadamianoten omhuld met een laagje chocolade.

De volgende dag maakten we een wandelingetje door de buurt en merkten hoe heerlijk het was om in een Engelssprekend land te zijn: we konden met iedereen praten! In deze prachtige stad stonden grote, oude wurgvijgen langs de weg, en aan de takken hingen talloze vliegende honden als een soort kerstversiering. Vergeleken bij Bulgarije maakten de mensen een rijke en tevreden indruk, en opeens kwam de gedachte bij me op dat al die overdaad weleens een vals gevoel van veiligheid kon bieden.

Ik stond als openbaar spreker voor vijf verschillende onderdelen op het programma, allemaal op het festivalterrein, vlak bij een magnifiek strand. Het was warm, maar er stonden veel bomen op het terrein die schaduw boden, en de auteurspresentaties werden in enorme tenten gehouden. Het hele gebeuren vond plaats in een ontspannen, verwelkomende sfeer.

Ik vertelde voor een groot publiek over het boek en over onze ervaringen in de wildernis en de inzichten die we hadden opgedaan. Tot mijn verbazing was ik niet echt zenuwachtig. Jaren geleden zou ik in de dagen voor zo'n evenement heel benauwd zijn geweest, maar nu realiseerde ik me dat er geen gevaar dreigde. Er waren geen beren, ik hoefde geen onweersstormen te trotseren. Ik hoefde geen rivier over te steken die buiten zijn oevers was getreden en ik zou niet in een verraderlijke bergspleet kunnen vallen. Ik was veilig, dus er was geen reden tot angst. Tijdens al die jaren in de wildernis leken mijn irrationele angsten te zijn afgenomen, en dat maakte mijn optredens tot een heel plezierige ervaring.

We luisterden naar andere auteurs en liepen alle feestjes af. 's Nachts kon ik niet slapen vanwege de jetlag, zodat ik aan het eind van de week doodmoe was. Maar dat kon me niet schelen, het was een van de meest stimulerende weken van mijn leven.

En toen was het voorbij. Onze volgende bestemming was Perth, op zes uur vliegen.

Toen we uit het vliegtuig stapten waaide er een koude zuidenwind. Het was hier nog winter.

Kate begroette ons enthousiast bij de uitgang van de luchthaven. Ze was knap, met lang donker, zijdeachtig haar en een slank figuur, en ze droeg een elegante bloes en rok. Toen ik haar omhelsde rook ik heerlijke etherische olie. Ze wees naar een kleine pick-up, recht tegenover de aankomsthal. Op de achterbak zat een man van achter in de vijftig, die zijn blote voeten nonchalant over de rand liet bungelen. Hij droeg een oude spijkerbroek en een gestreept wollen overhemd met gaten.

'Dan moet jij Kevin zijn,' zei ik.

Ik stak mijn hand uit, maar hij sprong snel uit de achterbak en gaf me een hug. We tilden onze rugzakken achterin, en onderweg vertelden we over onze ervaringen in Bulgarije en over het festival in Byron Bay.

'Is Kate je echte naam?' vroeg ik na een poosje, want die klonk niet Nederlands. Ze had een vrijwel vlekkeloos Australisch accent.

'Nee, ik heb Holland achter me gelaten, niemand hier kent mijn Nederlandse naam en ik spreek nooit Nederlands. Ik beschouw Australië als mijn thuis,' zei ze schouderophalend.

'We hebben genoten van jullie boek,' zei Kevin. 'We hebben het twee keer gelezen. De tweede keer heeft Kate het me voorgelezen tijdens de lange autoritten door het noorden.'

Kate keek ons over haar schouder aan en zei: 'We zijn acht keer dwars door Australië gereden, en nu wonen we op de mooiste plek die we ons konden veroorloven. Misschien is ons lapje grond dan wel niet zo mooi als de bergstreken in Europa, maar het is een speciale plek. We hebben er een vijver gemaakt, en nu zwemmen daar vissen in. Het is geweldig om helemaal zelfvoorzienend te zijn.'

Kevin vertelde over hun varkens, kippen, eenden en pauwen, en over de schaapskudden, die ergens anders graasden. Hij zei dat ze hun best deden om hun dieren een goed en gezond leven te geven, maar uiteindelijk aten zij ze op.

Toen we bijna bij de snelweg waren, zei Kate tegen Kevin: 'Rij je hier wat langzamer, schatje? Vorige keer kregen we hier een boete.'

'O, god, ja. Die agent was een echte klootzak. Ik moest mezelf echt inhouden, anders had ik hem een hengst gegeven. Ik wilde hem ons adres niet geven. Ons officiële adres is een stacaravan vlak bij Perth, maar in de praktijk wonen we vlak bij Grayburn, ongeveer twee uur rijden van hier. Niemand weet waar we wonen. Dat wil ik graag zo houden, want ik denk dat de politie naar me op zoek is.'

'O ja, waarom dan?' vroeg ik langs mijn neus weg.

'Niks bijzonders, gewoon een paar hekken gestolen en nog wat dingetjes. Maar toch beter om me gedeisd te houden.'

'Hoe is het met Okey Dokey?' vroeg ik, om van onderwerp te

veranderen. Kate en ik e-mailden al maanden met elkaar, en ik wist alles van hun dieren. Okey Dokey was hun ezel. Ik vroeg ook hoe ze hun lange paardrijtochten ervaren hadden.

'Ik heb nog niet veel tochten gemaakt, maar daar kunnen we nu mee beginnen!' zei ze.

Dat verbaasde me, want ik dacht dat ze daar al ervaring mee had.

We bespraken de mogelijkheden om op wild te jagen, en Peter vroeg of Kevin een vuurwapenvergunning had.

'Ik zou dolgraag willen jagen, maar ik heb de pest aan al dat gedoe om een vergunning aan te vragen. Ik ben niet goed in formulieren invullen en examens afleggen, en ik weet zeker dat ik zak als er allerlei mensen om me heen staan. Ik kan niet tegen veel mensen om me heen.'

'Kevin ziet niet zoveel mensen,' zei Kate. 'Als ik boodschappen doe, blijft hij op de parkeerplaats wachten.'

'Zo is het,' zei Kevin. 'Ik heb ook de pest aan dat sfeertje in die supermarkten. Die zijn het symbool van die kloterige megabedrijven met hun bullshit. Die helpen de wereld naar de verdommenis voor een paar rotcenten.'

Ik keek via de binnenspiegel naar Kevin. Hij had dunne lippen, en zijn mond leek op een uitgerekte letter M. Hij had kort, krullend, licht grijzend haar en zag er niet slecht uit, maar hij glimlachte niet veel. Bijna nooit, nu ik erop lette. Hij had zijn mouwen opgerold, en ik zag dat hij gespierde armen en sterke handen had.

'Nadat we jullie boek hadden gelezen,' zei Kate, 'kregen we het idee om hier gelijkgestemde mensen naartoe te halen en een gemeenschap te beginnen. Niet echt een gemeenschap, eerder een stam. We kunnen de wereld alleen veranderen als we samenwerken, zo is het toch?' Ze keek Kevin vragend aan.

'Yeah, we hebben mensen nodig zoals wij vieren,' zei hij, 'die een bepaalde vaardigheid hebben. Ik doe de schaapskudde en slacht dieren als dat nodig is. Kate zorgt voor de andere dieren.'

Hij leek te wachten op wat wij zouden kunnen bijdragen, dus

zei ik snel: 'Ik kan een Australische vuurwapenvergunning aanvragen en dan kan ik gaan jagen.'

'Ja, en dan leg ik een moestuin aan, ik ben goed in groenten telen,' zei Peter.

Ik vroeg Kate hoe vaak ze naar de stad reed, omdat Kevin niet graag winkelde.

'O, ik kan niet rijden, ik heb mijn rijbewijs nooit gehaald,' zei ze.

Geen rijbewijs? In dit enorme land, waar je overal een auto voor nodig hebt, leek me dat je je daarmee enorm afhankelijk maakte van anderen.

Ik keek uit het raampje. We waren door een groot eucalyptusbos gereden, maar nu werden de bomen kleiner en stonden ze verder uit elkaar, en er was ook minder verkeer op de weg.

'We hadden al een poos de wens met andere mensen samen te leven, maar het is moeilijk om gelijkgestemde zielen te vinden,' zei Kate. 'Hier denken de mensen dat we gek zijn als we zeggen dat kettingzagen, landbouwmachines en chemicaliën verboden zijn op ons stukje natuur. We spreken onze buren niet en we kennen hier niemand. Maar zo willen we het ook houden,' zei ze, 'want we hebben niets met elkaar gemeen.'

'Wat mensen ook niet begrijpen,' zei Kevin, 'is dat we van elkaar houden, maar dat we polygaam zijn. We zijn niet elkaars bezit en we houden er niet van om geheimen te hebben voor echte vrienden.'

Plotseling realiseerde ik me dat we geen idee hadden waar we naartoe gingen. Ik wist alleen dat we al twee uur in oostelijke richting reden. We reden nu door de tarwegordel, en overal om ons heen waren groene velden te zien, maar nauwelijks bomen. Er liepen een paar wegen voor landbouwmachines doorheen, maar verder waren er amper tekenen van bewoning.

'We hebben gruwelijk de pest aan de grootschalige tarweteelt,' zei Kevin. 'Ze spuiten belachelijk veel landbouwgif. Ze vergiftigen ons. Mensen zouden die smerige rotzooi moeten boycotten.'

'Tarwe is ook heel slecht voor je lichaam,' voegde Kate eraan toe. 'Het is net als suiker. Het is vergif. Een paar jaar geleden zijn we volledig overgestapt op een ketogeen dieet. We zijn volledig koolhydraatarm gaan eten, alleen vlees en groenten, en we voelen ons veel gezonder! Het is een opkomende beweging; uiteindelijk zullen de mensen wel tot bezinning komen als ze het zelf ervaren.'

Het begon te miezeren en Kevin zette de ruitenwissers aan. De linker ruitenwisser piepte bij elke beweging. Ik draaide mijn raampje dicht om de regen en wind buiten te houden.

Uiteindelijk stopte Kevin, en konden we voor het eerst een glimp opvangen van hun terrein. Ik was nieuwsgierig, want dit zou de komende maanden ons thuis worden.

Voor ons lag een natuurlijke laagte, een soort uitholling die je een kleine vallei zou kunnen noemen. In het midden liep een stroompje en er was een vijver, en daaromheen stond een bos met jonge eucalyptusbomen. De rest van het panorama bestond uit tarwevelden zover het oog reikte. Het zag er allemaal niet erg aantrekkelijk uit, maar misschien lag hun kamp op een mooie plek.

Kate deed het hek open en we reden het eucalyptusbos in en kwamen langs een opslagtank met een golfplaten dak.

'We vangen het regenwater van het dak op en gebruiken dat als drinkwater,' zei Kate. 'Het water stroomt van het dak in deze tank, en daar vullen we onze jerrycans mee. Ons kamp ligt een kilometer verderop.'

'Vangen jullie régenwater op?' vroeg Peter. 'Waait dat landbouwgif niet met de wind mee, als die deze kant op staat?'

'Ja, soms wel,' zei Kevin. 'Daarom hebben we ook zo de pest aan die grootschalige tarweteelt. Die vergiftigt de hele omgeving.'

De laatste kilometer legde Kevin stapvoets af. We reden nu over een smal modderig pad waar een laagje water op stond. Hij stopte voor hun tent.

Ik stapte voorzichtig uit om niet uit te glijden op mijn sandalen. Het motregende en de lucht was koud en vochtig. Ik zette mijn wollen muts op, trok mijn regenjack aan en wierp een blik op hun vierkante canvas tent. Die zag er oud uit, en was aan de onderkant beschimmeld. Alles was bruin, grijs en vaal. Het modderige kamp lag vlak naast een drassig stuk land, en in de winter zag het geheel er maar koud en treurig uit. Ik kon haast niet geloven dat ze acht keer door Australië waren gereden en toen hadden besloten dat dit de beste plek was die ze konden vinden.

Ik raakte op slag gedeprimeerd. We hadden vanuit Byron Bay een vlucht van zes uur achter de rug, maar deze plek deed me denken aan dat zigeunerkamp of vluchtelingenkamp dat ik in Svilengrad, aan de grens met Turkije had gezien. Het sneeuwde hier niet, maar het maakte dezelfde treurige, troosteloze indruk.

'Kom even in onze tent kijken,' zei Kate opgewekt.

Ik liep aarzelend achter haar aan. In de voortent stonden een tafel met dozen voedsel en een ijskast. Achter een canvas ingang lag hun slaapkamer, maar het was er zo donker dat ik alleen een bed en een kast zag staan.

Kevin droeg wat boodschappen uit de pick-up naar binnen. 'De eerste paar dagen kunnen jullie de tent daar opzetten,' zei hij, wijzend naar een open plek bij het stroompje, 'en dan kunnen we over een week of zo samen in de grote tent gaan slapen.'

Sámen in één tent? Ik vond het niet prettig dat hij alles bedisselde, en ik voelde een lichte paniek opkomen.

Kate liet ons hun kamp zien. 'We koken op het vuur,' zei ze, 'en hier is het composttoilet.'

'Waar?' vroeg Peter, en hij keek om zich heen of hij ergens een hokje met een buitentoilet zag.

'Hier!'

Drie meter van hun tent stond een grote ton met een deksel.

Lachend zei ik: 'Dus jullie poepen hier vlak bij de tent?'

Kate moest ook lachen. 'Ja, dat is wel makkelijk als het regent. Als je het deksel opendoet, zie je een toiletbril. Maar je kunt hem verplaatsen hoor,' voegde ze eraan toe. 'Zet hem maar neer waar je wilt. Of zoek gewoon een plekje in het bos.'

'We zetten de tent hier zo ver mogelijk vandaan,' zei Peter toen we alleen waren.

Zo'n vijftig meter verderop vonden we een vlak stukje onder een boom en zetten onze rugzakken op een boomstam om te voorkomen dat ze onder de modder kwamen te zitten. We zaten midden in een uitgestrekt landbouwgebied, en deze laagte was een soort opvangbak voor alle insecticiden die op de omliggende velden werden gespoten. Het water in de kreek en poel was waarschijnlijk zwaar verontreinigd en vrijwel ondrinkbaar. Ik vroeg me af of het wel veilig was om me ermee te wassen. Toen er een grote vrachtwagen voorbij denderde realiseerden we ons dat we vlak naast de weg zaten. Het volgende moment roken we de lading kunstmest die de wagen vervoerde. Dit was een van de giftigste plekken waar we ooit waren geweest en en hij was absoluut niet geschikt om langer te blijven. We begrepen niet waarom Kate en Kevin zich hier hadden gevestigd, juist omdat ze zo bezig waren met hun gezondheid.

Onze stemming klaarde enigszins op toen we aan de andere kant van het moeras vier paarden zagen grazen. Ze oogden sterk en sierlijk. Ik had er maandenlang naar uitgekeken om meer over paarden te weten te komen en hoopte dat we de volgende ochtend zouden gaan rijden.

In het kamp waren Kate en Kevin druk in de weer met de dagelijkse karweitjes en het voeren van de beesten voordat het donker werd. Ik wilde ze helpen, maar het pad naar de varkensstal was zo modderig dat je er laarzen voor nodig had, en die had ik niet. Dus maakte ik in plaats daarvan de keuken schoon: een houten bouwseltje dat ze zelf in elkaar hadden geknutseld, met een afdak van takken, een houten tafel en twee watertanks. De gootsteen was heel smerig en zat vol zwarte herfstbladeren. 's Zomers bood het waarschijnlijk wel voldoende schaduw maar in de winter was een plastic zeil handiger geweest.

Kate had die middag al een heerlijke stoofschotel van schapenvlees met groenten klaargemaakt. Ze warmde het eten op en we gingen aan tafel. Onder het eten ging het gesprek weer over voedsel en de allergieën en ziekten die Kate meende te hebben genezen met haar koolhydraatarme dieet.

Peter en ik brachten voorzichtig ter sprake dat wij dol waren op ons zelfgebakken brood, en onze chapati's en pannenkoekjes. 'Misschien kunnen we het best apart koken,' stelde ik voor. 'Dan is iedereen tevreden.'

Ze vatten dat goed op en gingen ermee akkoord.

'Gelukkig, één probleem is alvast opgelost!' zei Kevin vrolijk. 'Maar wat ik wilde zeggen is dat ik jouw boek echt met heel veel plezier gelezen heb, en dan vooral dat stukje over open relaties.'

Na zijn eerdere opmerking over samen slapen in de tent, begon ik me nu een tikkeltje ongerust te maken. Waarom hadden zij ons eigenlijk uitgenodigd?

De volgende ochtend werd ik vroeg wakker, ritste de tent open en liep naar de kreek. Ik keek naar de zich eindeloos uitstrekkende groene tarwevelden en voelde me opeens heel erg alleen, van alles en iedereen verlaten. In Nieuw-Zeeland hadden we zeven jaar in de wildernis geleefd en de meest afgelegen plekken opgezocht. Soms moesten we vier dagen lopen tot we bij de dichtstbijzijnde weg kwamen, maar ik had me daar nooit alleen gevoeld. Ook in Europa had ik me geen seconde eenzaam gevoeld.

Maar hier voelde het alsof de wereld verderging zonder ons, en dat wij hier in een niemandsland waren achtergelaten. We zaten hier, omringd door tarwevelden die zich naar alle kanten honderden kilometers uitstrekten. We konden niet bellen en niemand wist dat we hier waren.

Die ochtend hielpen we bij het slachten van een schaap. Kevin had acht kudden op graslanden lopen die over de hele streek verspreid lagen. Schapenvlees en wol vormden voor hen de enige inkomstenbron. In alle vroegte had hij vijftig kilometer gereden om een ooi te slachten en had het dode dier meegenomen naar het kamp.

Ik hielp met villen. De messen in zijn schuur waren allemaal vlijmscherp, en de klus was zo geklaard. We aten een heerlijke lunch van het orgaanvlees, en tijdens de maaltijd ging het gesprek opnieuw over voedsel en eetgewoonten. Kate en Kevin vertelden ons over de ongelooflijke veranderingen in je lichaam wanneer je overstapt op een ketogeen dieet, en dat je langzaam ziek wordt als je tarwe en andere suikers zoals fruit eet. Wij vertelden op onze beurt dat we in Bulgarije de hele dag bosvruchten hadden gegeten en dat we ons daar heel gezond bij voelden.

'O, nee hoor, ik denk echt dat dat even slecht is als suiker,' zei Kate hoofdschuddend.

's Middags bleef Peter een boek lezen in de tent en liep ik naar hun kamp, waar ik in het vuur pookte om het een beetje warm te krijgen. Zelfs met al mijn kleren aan had ik het steenkoud. Ik was hout aan het kloven toen Kevin bij me kwam staan en weer over open relaties begon te praten.

'We organiseren deze zomer een Festival van Vrije Liefde,' zei hij.

'O?' antwoordde ik, en ik vroeg me af wat dat inhield en of hij zich wel op z'n gemak zou voelen tussen al die mensen.

Hij legde uit waar het zou plaatsvinden en hoe hij daar publiciteit voor dacht te genereren, terwijl ik een kookpot boven het vuur hing om thee te zetten. Aan het eind van zijn verhaal zei hij: 'Ik ben gewoon gek op knuffelen.'

Ik kwam overeind en zei lacherig: 'Meen je dat nou? Daar heb ik een bloedhekel aan.'

Het was zo'n idiote uitspraak dat iedereen het als een grap zou hebben opgevat, maar hij kon er niet om lachen, en in de loop van de middag zag ik zijn stemming omslaan van overdreven vrolijk en vol plannen, in nukkig en gespannen.

Ik had de indruk dat dit niet liep zoals hij zich had voorgesteld.

Op de derde dag van ons verblijf had Kevin wat gereedschap nodig uit de stad, die op een uur rijden lag. Het was onze eerste gelegenheid om boodschappen te doen, dus gingen we mee. Terwijl zij in de auto op ons wachtten, doken wij een supermarkt in. We waren nog gewend aan Bulgaarse prijzen, en schrokken ons wild van wat alles hier kostte. Snel kozen we de goedkoopste groenten en basisproducten als meel, rijst en linzen. In de rij voor de kassa stonden we vijf minuten lang te overleggen of we dat potje Vegemite wel echt nodig hadden, en alsnog was de rekening torenhoog.

Bij terugkomst in het kamp hielp Kate ons bij het uitpakken van de boodschappen toen haar oog viel op een doos eieren.

'Maar dat zijn eieren van een legbatterij!' zei ze.

'Ik heb de eerste de beste doos gepakt,' hakkelde Peter.

'En ze waren het goedkoopst,' zei ik beschaamd. 'We schrokken ons kapot van de prijzen hier. Maar dat went wel. Volgende keer kopen we weer scharreleieren.'

'Wij kopen alleen maar biologische spullen,' zei Kate. 'Wij geloven dat je kunt stemmen met waar je je geld aan uitgeeft. De consument kan de doorslag geven.'

'In Bulgarije kochten we onze eieren bij de buren, waar de kippen rondliepen,' zei Peter. 'Melk en yoghurt kochten we bij de vrouw met de koe. Het kwam allemaal uit de buurt, het was biologisch en goedkoop. We moeten hier gewoon even wennen.'

Kevin kwam erbij staan. En alweer ging het gesprek over biologisch versus niet-biologisch eten, veganisme, een paleodieet, een ketogeen dieet, slechte suikers in fruit, en Kate kwam nog eens terug op de foute eieren. Kevin stond met zijn hoofd te schudden en keek grimmig. Hij begon op een steeds ruzieachtigere toon te praten en Kate werd almaar stiller. De sfeer was om te snijden.

Toen Kevin weer over de gruwelen van de grootschalige tarwebouw begon, zei Peter dat als hij zich echt zorgen maakte om het milieu, hij ook eens moest nadenken over zijn eigen benzineconsumptie. Er werden oorlogen gevoerd om olie. En hoe zat het met zijn geld op de bank? Het zou best kunnen dat de bank zijn geld in de wapenindustrie investeerde. En in Congo waren waarschijnlijk veel mensen gestorven voor de zeldzame aardmetalen in zijn mobieltje en zijn computer. 'Ik bedoel maar,' zei Peter, 'elke consument is linksom of rechtsom schuldig. Ik denk dat het erom gaat zo min mogelijk te consumeren. Wezenlijke veranderingen kunnen alleen door wetten worden afgedwongen.'

Het werd een verhitte discussie die voortduurde tot het donker was en we gingen slapen.

Peter en ik praatten in de tent nog lang na. Dit werd niks. Maar wat moesten we doen? We wisten niet precies waar we zaten of welke kant we op zouden gaan. Uiteindelijk besloten we naar het noorden te gaan om het natte winterweer te ontlopen. We reisden liever niet met de auto, maar in een land met zo weinig water hadden we weinig keus. Dat betekende dat we een tweedehandsauto moesten kopen, wat een bres in ons spaargeld zou slaan. Dat spaargeld was bedoeld voor onverwachte uitgaven, maar in het algemeen wisten we ons – ook zonder vaste baan – te redden door zuinig om te gaan met de dagelijkse inkopen.

Die nacht sliepen we onrustig omdat we ons bezorgd afvroegen hoe we op korte termijn een autotocht konden organiseren.

's Nachts waren de paarden de kreek overgestoken naar onze tent. En toen we wakker werden zagen we er twee plechtstatig naast de tent staan. We praatten wat tegen ze, gaven een klopje op hun prachtige vacht, en liepen toen met een gespannen gevoel in onze buik naar het kamp van Kate en Kevin.

Peter droeg een armvol brandhout en ik had een zakje meel en een ei bij me. Kate en Kevin maakten hun eigen ontbijt klaar, en ik maakte beslag en bakte pannenkoeken op het houtvuur. Terwijl we zo zwijgend aan het werk waren, liep de spanning steeds verder op. Uiteindelijk begon Kevin te praten en hij klonk nu nog agressiever dan de avond daarvoor. Hij rakelde de discussie van gisteravond weer op over biologisch eten, menselijke gezondheid, dierenwelzijn en kortzichtige consumenten, en zei zelfs dat veganisten de wereld kapotmaakten. Toen ik vroeg hoe dat nou kon werd hij zo kwaad dat ik er maar niet verder op inging.

Net toen Peter aan de laatste pannenkoek wilde beginnen, ontplofte Kevin zowat. 'Als je niet inziet dat tarwe zo godvergeten slecht is, wat ben je dan? Ben je dan stekeblind? Of te stom om voor de duvel te dansen? Kijk om je heen, dan zie je toch wat het allemaal verziekt?'

Mijn hart sloeg over en ik voelde dat er adrenaline in mijn bloed kwam. Ik hield mijn blik omlaag gericht en begon onze spullen bij elkaar te rapen.

'We zijn niet blind of stom,' zei Peter. 'Probeer nou een beetje kalm te blijven.'

'Kalm?' schreeuwde Kevin. 'Waarom zou ik in godsnaam naar jou luisteren? Wie denk je dat je bent dat je mij kunt zeggen dat ik godverdomme kalm moet blijven!' Hij hijgde bijna van woede. Toen ging hij zachter praten. 'Luister vriend,' zei hij dreigend, 'wij kunnen niet samenleven met mensen die de tarwe-industrie steunen. Door die eieren te kopen stem je voor het vreselijke lot van die arme dieren. Wij hóúden van onze dieren! Wij géven om ze. We zouden jullie niet-biologische linzen nog niet aan onze varkens te vreten geven!' De woede kreeg hem weer in zijn greep, en hij begon opnieuw te schreeuwen: 'Het is allemaal godvergeten vergif, de planeet wordt steeds zieker, en daar doen jullie aan mee! Jullie kunnen maar beter opsodemieteren! Begrepen?'

Ik zag Kates gezicht. Ze zag wasbleek.

'Hoor je wat ik zeg?' schreeuwde Kevin.

Ik zag de angst in Kates ogen en ik wist dat het niet voor het eerst was dat Kevin zo door het lint ging.

Peter stak zijn handen omhoog en zei tegen Kate: 'Doe iets!'

Maar zij had in de loop van de jaren geleerd wat op deze momenten het beste voor haar was, en verdween zonder een woord te zeggen in de tent.

We liepen weg, maar Kevin versperde ons de doorgang. Hij stond heen en weer te wiegen op zijn voeten, alsof hij op een knokpartij uit was.

'Kijk uit wat je doet,' zei Peter. 'Wij zijn met z'n tweeën.'

'Wij zijn ook met z'n tweeën!' riep hij terug, maar wij wisten dat Kate de tent niet uit zou komen.

Ik keek Kevin met wijd opengesperde ogen aan. Dat was uit pure angst, maar hij legde het uit als een bedreiging, en hij schreeuwde: 'Kijk me niet zo aan!'

Ik keek hem geschokt aan. Zijn geschreeuw voelde als een fysieke aanranding. Ik keek om me heen of ik iets zag dat ik als wapen kon gebruiken, maar ik besefte dat we koste wat kost een gewelddadige confrontatie moesten vermijden, want Kevin was door het dolle heen. Razend van woede. Als ik een wapen pakte, zou hij een van zijn vlijmscherpe slagersmessen pakken.

'Goed,' zei ik kalm. 'We gaan. We breken ons kamp op, pakken onze rugzak in en we gaan. Probleem opgelost.'

'Ja, rot godverdomme op!' schold hij. 'Dacht je echt dat we samen konden leven met een stel debielen zoals jullie? Jullie zijn hetzelfde als al die andere fucking hypocrieten; hetzelfde als alle andere systeemdebielen! Jullie maken de planeet elke dag verder kapot!'

Op weg naar onze tent volgde Kevin ons op de hielen. Mijn hart klopte in mijn keel en Kevin bleef maar roepen hoe slecht we waren. Zijn stem klonk ineens vreemd en galmend, bijna als een woedende priester in een donkere kerk. Het was verschrikkelijk angstaanjagend.

'We zitten hier niet in de kerk, man!' riep Peter. 'Zoek maar andere mensen om hel en verdoemenis te preken!'

Dat maakte alles nog veel erger, en vanaf dat moment bleef Kevin razen en tieren.

'We moeten van jullie af!' brulde Kevin van een afstandje, terwijl wij haastig onze spullen inpakten.

'De wereld zou beter af zijn als ik jullie rotkoppen eraf zou hakken! Ik zou jullie hier gewoon in het moeras moeten flikkeren! We moeten van jullie af!'

Vol ongeloof keek ik op. Mijn handen begonnen ongecontroleerd te trillen.

'Geen haan die ernaar kraait! Ik smijt jullie met plezier in het moeras. Met álle plezier!' schreeuwde hij. 'Hoor je dat? Mijn goede daad voor vandaag!' Hij lachte sarcastisch. 'Ik ruim alle systeemidioten met plezier op om de aarde te redden!'

We verkeerden in groot gevaar. Eén verkeerd woord en Kevin zou ontploffen en ons aanvallen. Die kerel was volslagen krankzinnig. Als hij ons vermoordde, zouden mijn ouders pas over twee maanden naar ons op zoek gaan.

Toen ik onze slaapmatjes oprolde zag ik Peter naar een paar takken naast onze tent lopen. Hij koos een hard stuk hout uit en zette dat zorgvuldig tegen een boom.

'Wat doe je?' siste ik.

'Ik zorg dat ik me kan verdedigen,' mompelde hij terug. Hij ging met zijn rug naar Kevin toe staan en stopte het jachtmes in zijn schoudertas.

De adrenaline joeg door mijn lijf en met bonzend hart pakten we zo snel mogelijk alles in. Het probleem was dat we net voor een week eten hadden ingeslagen. Nadat we zijn dreigementen een halfuur lang hadden aangehoord, hadden we wonder boven wonder alles in de rugzakken weten te proppen. Het leek wel of die krengen dertig kilo wogen toen we slingerend onder het gewicht het modderige pad afliepen, met Kevin in ons kielzog. Ik voelde me heel kwetsbaar: één duwtje en ik zou voorovervallen.

Ik hield hem vanuit mijn ooghoeken voortdurend in de gaten. Hij volgde ons als een waakhond naar het begin van zijn oprit. Toen we bij het hek kwamen dat de grens van zijn terrein markeerde, bleef hij daar staan. We hoorden hem nog een hele poos schelden.

'Staat hij er nog?' vroeg Peter toen we hem niet meer hoorden.

Ik keek over mijn schouder. 'Ja, nog steeds.'

Toen ik voor de derde keer omkeek, was hij verdwenen.

Pas op dat moment ontspande ik en plotseling voelde ik tranen opwellen, waardoor ik niets meer zag. Mijn rugzak was loodzwaar en mijn benen trilden. We liepen een heuveltje over, en toen we zijn oprit niet meer zagen, liet ik me van angst en uitputting op de grond zakken.

'We lopen naar het eerste huis dat we zien,' zei Peter, 'leggen uit wat er is gebeurd en vragen waar het dichtstbijzijnde politiebureau is. Ik denk dat de politie moet weten wat Kevin voor iemand is.'

'Ja, *We need to talk about Kevin*,' zei ik met een zuinig lachje.

We liepen langs de asfaltweg naar Grayburn. Ik herinnerde me dat Kate had gezegd dat het niet veel meer dan een kruispunt met een benzinestation was, ongeveer tien kilometer verder. De weg liep in een boog om hun terrein heen, en we bleven om ons heen kijken of we hem nog zagen.

Uiteindelijk kwamen we bij een huis waar een man op het punt stond naar zijn werk te gaan. Nog steeds overstuur vertelden we hem wat er was gebeurd.

'Hij woont dáár,' zei Peter, wijzend naar het aanpalende terrein.

'Woont daar iemand?' vroeg de man verbaasd. 'In een tent?'

'Ja, in een moeras,' vulde ik aan.

Hij stelde nog een paar vragen over de buurman van wiens bestaan hij niets wist, en tilde toen onze rugzakken in de laadbak. 'Ik zet jullie af in Grayburn,' zei hij. 'Dan kunnen jullie vandaar naar het politiebureau in Tavelton liften.'

We hadden nauwelijks honderd meter gereden toen er iemand uit de struiken sprong terwijl we langs flitsten. Ik keek over mijn schouder en zag Kevin midden op de weg staan. Hij was één bonk agressie. Blijkbaar was hij over zijn terrein naar de weg gerend. Ik moest er niet aan denken wat er was gebeurd als we niet in de auto hadden gezeten. Het leek wel een griezelfilm. Ik wist zeker dat hij ons anders had aangevallen.

Mijn benen trilden nog steeds toen we in Grayburn uitstapten. Ik bleef maar achteromkijken om te zien of Kevin in zijn auto achter ons aan was gekomen.

We besloten naar een grote stad te liften om daar een tweedehandsauto op de kop te tikken en dan naar het noorden te rijden, ver weg van Kevin, van de tarwegordel, de kou, en alle vreselijke dingen die ons de afgelopen vier dagen waren overkomen.

We werden opgepikt door een vader en zoon uit Perth die net terugkwamen van een jachtpartij. Ze luisterden gefascineerd en onthutst naar ons verhaal over Kevin die ons wilde vermoorden en begraven in het moeras om de planeet te redden.

'Er lopen heel wat gekken rond in de outback,' zei de vader. 'Hebben jullie de film *Wolf Creek* gezien? Dat bloedbad was gebaseerd op een waargebeurd verhaal. Dat soort dingen gebeurt hier.'

Ze reden ons de stad in om de tweedehandsautobedrijven af te gaan, maar die waren allemaal gesloten omdat het zondag was, en dat gold ook voor het politiebureau. De zoon, Mark, bood ons onderdak aan voor de nacht, wat we dankbaar aanvaardden. We hadden genoeg eten bij ons om voor ons allemaal te koken, en om negen uur kroop ik in bed.

Ik was nog steeds ontdaan van de angstigste dag in mijn leven, en voelde opeens de sterke behoefte om onzichtbaar te worden, een gewone burger te worden met een baan en een vast inkomen, verzekeringen, een doorsneehuis in een buitenwijk, een schone keuken, een wasmachine en een auto van dertien in een dozijn in de garage. Dat gevoel was sterk, maar kortstondig. De volgende ochtend was mijn angst weggeëbd en was ik weer mezelf.

We gingen naar een autobedrijf en kochten een Toyota Camry V6 voor 2500 dollar. We overwogen even een duurdere fourwheeldrive te kopen zodat we de woestijn in konden, maar we besloten toch maar het zekere voor het onzekere te nemen en op asfaltwegen te blijven. Dat was misschien minder avontuurlijk, maar leek ons wel veiliger.

Zodra we de auto hadden, reden we naar de politie. We vertelden een agent het hele verhaal en hij vroeg of we aangifte wilden doen: iemand met de dood bedreigen was strafbaar, zei hij. Maar we wilden alleen Kate steunen. Als Kevin zijn woede ooit op haar zou koelen en ze zou naar de politie stappen, zou haar verhaal door dat van ons worden bevestigd.

‘Als hij ooit een vuurwapenvergunning aanvraagt, raad ik u sterk af hem die te geven,’ zei Peter. ‘Als hij een vuurwapen had gehad, had hij ons misschien ter plekke afgemaakt.’

We zeiden tegen de agent dat we zouden terugkomen om te getuigen als zich in de toekomst een incident zou voordoen. We vertelden hem ook dat Kevin had gezegd dat de politie hem zocht.

De agent keek in de database, maar daar bleek Kevin niet in voor te komen. ‘Hij lijkt me een paranoïde, gestoorde figuur,’ zei hij.

8
Australië
'Het leven is een reis door de woestijn'

De volgende dag namen we afscheid van Mark en bedankten hem hartelijk. De vriendelijkste Australiër die we ooit hadden ontmoet. Met een nieuwe voorraad eten, een paar jerrycans met water, een pioniersschep, een emmer, wat gereedschap en een kaart van Australië reden we naar het noorden, de zon, de warmte, de ruimte en de woestijn tegemoet.

Opnieuw reden we door de tarwegordel, huiverend bij de gedachte aan wat er twee dagen geleden was gebeurd. De misselijkmakende beelden van die doorgedraaide idioot bleven nog maanden door mijn hoofd spoken.

De eerste dag reden we acht uur lang over binnenwegen richting Meekatharra om de verkeersdrukte en de toeristen te mijden. Het was een heerlijk gevoel: we waren op pad, maar de auto deed al het werk. Met het uur werd het warmer, en 's middags konden we eindelijk onze trui uittrekken.

We reden door een onafzienbare vlakte begroeid met laag struikgewas en bomen die heel ver uit elkaar stonden. Daartussen bloeiden de wilde voorjaarsbloemen waar Australië zo beroemd om is, en hier en daar zagen we kleine paarse en roze woestijnbloemen.

De weg was een rechte streep op de kaart, en elke kruising

was een hele gebeurtenis. Laat in de middag zagen we links van ons een onverharde weg. Te laat: we raceten er met honderd kilometer per uur langs. Een kilometer verder stonden we eindelijk stil, keerden om en reden terug.

VEEHOUDERIJ – GEEN DOORGAAND VERKEER, lazen we op een bord. Omdat de boerderij waarschijnlijk tienduizend hectare omvatte, besloten we toch voorzichtig verder te rijden. Na een paar kilometer liep er een smal karrenspoor het struikgewas in. We volgden het spoor en zagen dat we niet de eersten waren die dat gedaan hadden. Toen het pad ophield stopten we, haalden de bagage uit de kofferbak, zetten de tent op en gingen hout sprokkelen. Alle takken waren gortdroog, en het was kinderspel om er een vuur mee aan te leggen. Het was nog steeds aangenaam warm en ik voelde een zachte bries langs mijn huid strijken. Ik ademde diep in, rook de droge lucht en was enorm opgelucht terug te zijn in de warmte en veiligheid van de wildernis. Niemand in de buurt, geen idioten, geen doodsbedreigingen, geen gevaar, alleen stilte.

Na een kwartier hadden de vliegen ons gevonden. Het waren kleine, nogal slome vliegjes die op ons gezicht afkwamen en het vooral voorzien hadden op onze vochtige ooghoeken. Het werden er steeds meer, maar gelukkig staken ze niet. We ontdekten dat ze wegbleven als we in de rook gingen staan.

Tegen de tijd dat de zon zijn warmte had verloren, ging Peter een eindje wandelen om de omgeving te verkennen. Toen hij terug was, deed ik dat ook, en ik merkte dat ik me in dit terrein op een nieuwe manier moest leren oriënteren. Ik moest herkenningspunten zoeken en ze in de goede volgorde onthouden. Ik zag een termietenheuvel – een toren van ongeveer anderhalve meter hoog. Toen ik beter keek, zag ik dat de modder dicht op elkaar was geperst en dat er gaatjes in zaten – een razend knappe constructie. Binnenin zat een uitgebreid systeem van tunnels en kamers, een heel ventilatiesysteem om het nest koel te houden. Ik ontdekte kangoeroesporen en volgde die een tijdje tot ze verdwenen. Ik zag een witte rots, een heuveltje en een dode boom.

Maar toen ik me omdraaide zag ik geen spoor van ons kamp, zelfs geen rook. Ik had niet meer dan honderd meter gelopen, en toch werd ik zenuwachtig. Ik was zo gewend aan uitlopers, heuvelruggen, valleien en stroompjes dat ik bang was dat ik binnen enkele minuten in de Australische outback zou verdwalen.

Ik volgde mijn eigen voetafdrukken terug naar het kamp, maar ik wist dat het een poos zou duren voor ik mijn weg in dit landschap zou kunnen vinden.

De volgende ochtend werd ik wakker bij zonsopgang. Het was heerlijk koel, dus stond ik op en volgde de onverharde weg naar een zanderige open plek. De hemel kleurde langzaam geel, en ik werd me bewust van de onmetelijke ruimte om me heen. Aan de rand van de open plek verscheen opeens een kangoeroe. Hij keek me kalm en schuchter aan. Toen ik onbeweeglijk bleef staan, maakte hij een onhandig sprongetje naar voren en begon aan het gras te knabbelen. Maar toen ik een paar passen dichterbij kwam, ging hij ervandoor – eerst rustig, en daarna wat sneller, tot hij met een ongelooflijke snelheid op de horizon af sprong. Zijn staart golfde op en neer en hield hem volmaakt in evenwicht terwijl hij met sprongen van wel drie meter lang weg spurtte en uiteindelijk versmolt met de woestijn. Het was een indrukwekkend gezicht.

We waren van plan een rustdag te nemen, maar toen de zon opkwam keerden de vliegen terug, en om tien uur was het al bloedheet. Afgezien van een heuveltje in de verte was het landschap zo plat als een pannenkoek, en het struikgewas met zijn armetierige blaadjes bood niet veel bescherming tegen de zon. Er was nergens echte schaduw te vinden. Dus toen we langzamerhand het kookpunt naderden, besloten we te vluchten. We pakten onze spullen, draaiden de autoramen omlaag en gingen ervandoor.

We reden dagenlang door het gortdroge, verschroeide landschap terwijl de zon onze zwarte auto blakerde. Door de open raampjes waaide hete lucht naar binnen en langzaamaan raakte alles met een laag stof bedekt. Wij waren de kleinste auto op de weg – verder zagen we alleen maar campers, pick-ups en grote vrachtwagens met opleggers en aanhangwagens. 's Nachts hoorden we de reusachtige vrachtwagens vaak langsrijden, omdat het moeilijk was om een eind van de hoofdweg af te komen. Vijftig meter aan weerszijden van de weg was een hek geplaatst om te voorkomen dat afgedwaalde koeien hun dood tegemoet liepen, en ons ervan te weerhouden de woestijn te verkennen. Soms hadden we geen andere keus dan op de gratis kampeerplaatsen langs de weg te staan, waar wel een toilet was, maar geen drinkwater. Onze jerrycans vulden we bij tankstations met water dat naar chloor smaakte. Ik verbaasde me erover dat wildkamperen hier verboden was, maar dat ze niet moeilijk deden over open vuur. Nergens hebben we een bord gezien waarop open vuur werd verboden.

De echt spectaculaire natuur zat opgeborgen in nationale parken waarvoor je moest betalen en die je moest delen met honderden andere toeristen, meestal Grijze Nomaden die permanent in hun pick-ups en campers woonden en met de jaargetijden mee door het land trokken. Meestal reden we maar door in de hoop iets beters te vinden.

Dagenlang reden we in noordelijke richting. Elke avond zetten we de tent op, legden een vuur aan, kookten een maaltijd en genoten van de ondergaande zon. Elke ochtend pakten we onze spullen weer in en reden verder, benzine en geld verstokend. We staarden door het raampje naar het vlakke, met struikgewas begroeide landschap dat vanuit de auto gezien nooit leek te veranderen. Ik verveelde me en werd steeds ongelukkiger. Autorijden zou een prima oplossing zijn als ik ooit in een rolstoel belandde, maar ik had veel te veel energie en voelde me opgesloten. Ik ergerde me aan van alles. Peter werd prikkelbaar en we kregen ruzie over de onbenulligste dingen.

Toen we aankwamen in het kleine, maar drukke stadje Broome, reden we over iets scherps en kregen een lekke band. We gingen meteen naar een garage om de band te laten repareren, en terwijl Peter bij de auto bleef wachten, ging ik op zoek naar een bibliotheek om mijn e-mail te lezen. Het regende reacties op mijn oproep voor de vrouwenexpeditie in Nieuw-Zeeland, maar tot nu toe had geen van de tweehonderd vrouwen die gereageerd hadden, ook maar enige ervaring met jagen of vissen. De meesten schreven dat ze snel dingen oppikten, maar ik wist nog heel goed hoe lang het had geduurd voordat ik de kunst meester was. Ik stuurde een aantal reacties door aan Tamar met de vraag wat zij van onze potentiële expeditieleden vond, maar ik besloot dat als ik geen ervaren jager kon vinden, we gewoon met z'n tweeën zouden gaan. Twee vrouwen kon ik wel van vlees voorzien, maar niet vijf.

Tamar schreef lange enthousiaste e-mails terug over onze voorgenomen expeditie en droeg ook ideeën aan voor andere toekomstige trektochten: rendierherders in Mongolië opzoeken bijvoorbeeld, of met valken leren jagen in Georgië. Terwijl ik terugliep naar de garage bedacht ik wat een geweldig, opwindend leven Tamar leidde. Zij was pas echt vrij omdat ze in haar eentje reisde. Zou ik dat op een dag ook kunnen doen?

Die avond besprak ik dat met Peter.

'Ja,' zei hij, 'het is geweldig om alleen te reizen, maar dat kun je doen als je wat ouder bent. Kijk maar naar mij: ik begon pas met lange trektochten maken toen ik al in de zestig was! We kunnen samen in de nabije toekomst nog veel avonturen beleven. Waarom zouden we niet alles uit ons samenzijn halen? Ik heb het gevoel dat ik er niet lang meer zal zijn.'

'O, o, o,' zuchtte ik weinig meelevend, en ik sloeg mijn ogen theatraal ten hemel. 'Wat doe je toch altijd dramatisch! Wat is er dan?'

'Niks. Ik weet het niet. Gewoon een gevoel,' zei hij.

We reden honderden kilometers door een verschroeid en meestal kaal landschap. We maakten ruzie of we zwegen. Starend naar de kaarsrechte weg voor ons droomde ik van de tocht door de Zuidelijke Alpen. Droomde ik van de bergen, heldere rivieren en uitgestrekte bossen die op het Zuidereiland op mij wachtten.

Volgende week werd ik vijfendertig, en plotseling drong het tot me door dat ik ouder werd. Over vijf jaar zou ik veertig zijn. Ik moest alles uit deze goede jaren halen zolang ik nog sterk en fit was. Ik dacht aan de Andes in Zuid-Amerika, aan Afghanistan, aan Rusland, en werd bekropen door een gevoel van rusteloosheid. Ik had het gevoel dat ik hier kostbare tijd en geld verspilde met het rijden door een eentonige woestijn vol termietenheuvels.

We stopten bij een parkeerplaats langs de weg om te lunchen. Ik begon hout te sprokkelen om thee te zetten, maar een vriendelijke buurman bood aan wat water op zijn gasstel te koken. Bij een kop thee in de airconditioned keuken van hun camper zaten we wat te kletsen. Het stel was al jaren onderweg. Ze waren langs de hele oostkust gereden, vertelden ze, en waren nu op weg naar de westkust, waar ze op bezoek gingen bij hun kleinkinderen in Perth.

Toen we weer verder reden, merkte ik dat ik me had zitten ergeren aan al die verhalen over kleinkinderen.

'Moet je al die ouwe mensen nou zien, ik ben ze helemaal zat!' zei ik.

'Jammer genoeg is dat mijn generatie. Dan vind je mij zeker ook oud,' zei Peter op gekwetste toon.

'Jij bent niet zoals zij, maak je geen zorgen,' zei ik. Maar hij had wel gelijk. Hij maakte deel uit van die generatie.

'Waarom erger je je nou zo aan ze?' vroeg hij na een poosje.

'Dat weet ik niet,' zei ik. 'Ik vind ze gewoon irritant.'

Het volgende uur zwegen we, en dacht ik na over al die Grijze Nomaden in de herfst van hun leven. Het confronteerde me met mijn eigen angst voor het ouder worden. Op een dag zou ook ik oud en zwak zijn, en zou ik geen trektochten meer kunnen maken. Op een dag zou ik geveld worden door kanker of een andere vreselijke ziekte en zou ik sterven. Maar voor die tijd zou ik dit allemaal met Peter moeten doormaken. Nu hij vierenzestig was werd hij ouder, voelde hij zich ouder, en als ik voor hem moest zorgen waren mijn kansen verkeken om de wereld over te reizen. Was het een stomme beslissing geweest om twaalf jaar geleden mijn lot met dat van hem te verbinden? Moest ik er nu tussenuit knijpen? Om zijn ouder worden te ontlopen nu het nog kon?

Die vragen lieten me een week lang niet los. Mijn verjaardag kwam en ging voorbij, en een paar dagen later vroeg Peter me waar het jachtmes was. Ik zei dat ik het niet wist. Hij beweerde dat ik het als laatste had gebruikt. Het werd een welles-nietesspelletje, en ik zei dat hij het zelf als laatste had gebruikt en dat het in de kofferbak lag, in de doos met de blikjes, en dat hij nou eens moest ophouden met mij altijd de schuld te geven als er iets kwijt was.

Zwijgend pakte hij het mes en ik was me ervan bewust hoe boos ik tegen hem had gedaan. Ik zag mijn eigen gedrag als in een spiegel, en besefte dat ik actief bezig was onze relatie kapot te maken. Ik begreep dat ruzies nooit zomaar ontstaan, maar dat er altijd sprake is van een keuze. Gedrag kan inslijten en een gewoonte worden die vervolgens moeilijk af te leren is, maar aanvankelijk heb je altijd een keuze.

Ik schrok van waar ik mee bezig was, want ik wilde Peter niet kwijt. Ik hield zielsveel van hem en hij was de belangrijkste persoon in mijn leven. Vroeg of laat moest ik het ouder worden onder ogen zien, met of zonder Peter. Ik herinnerde me een oud gezegde: de dood is de beste leermeester. Ik besloot mijn lot te omarmen en de dood als leermeester te nemen.

Toen we die avond bij ons vuurtje zaten, maakte ik mijn excuses tegen Peter. Ik legde uit dat onze ruzies voortkwamen uit mijn angst voor het ouder worden, of liever gezegd zíjn ouder worden. Het was een pijnlijk onderwerp. Het had onze relatie overschaduwd sinds de dag dat we elkaar hadden ontmoet. Hij antwoordde dat hij me niet gevangen wilde houden en dat ik vrij was om te gaan wanneer ik wilde, en dat hij heel blij was dat ik al zo lang bij hem was gebleven.

Ik antwoordde dat ik niet bij hem weg zou gaan, en toen ik die woorden zei, moest ik huilen. Ik beloofde dat ik er voor hem zou zijn. En hopelijk zou er ook iemand voor mij zijn wanneer ik zelf oud was.

Door al die gesprekken over ouder worden en doodgaan kreeg ik een akelig voorgevoel over Peters gezondheid. Er was iets op til. Het leek op de angstaanjagende stilte voor een aardbeving.

Op een dag zagen we een meer langs de weg waar een paar campers stonden. Het was een informele kampeerplaats op het land van een veeboer. We reden zo diep mogelijk de bush in en zetten de tent op onder een paar baobabbomen. Met hun brede stam en dunne takken hadden ze iets weg van een fles, en in het rode avondlicht leek de bast koperkleurig op te lichten. Toen ik op de stam klopte, klonk het alsof deze bomen water opsloegen. Vreemd genoeg had ik het gevoel dat een baobabboom graag gezelschap heeft van andere baobabbomen. Alsof ze verdrietig werden als ze te ver van elkaar af stonden.

Omdat we op deze plek relatief weinig last hadden van irritante insecten, bleven we er een week. Na een paar dagen was ons water op, maar van een paar vriendelijke reizigers mochten we onze jerrycans vullen uit hun grote tank.

Elke dag als de zon opkwam, liep ik naar het meer om naar de roze kaketoes te kijken die daar in de bomen zaten. Het was een fenomenaal gezicht. De galahs kwamen krijsend aangevlogen, cirkelden wat rond, en streken dan neer. Het individu ging volledig op in de groep. Ze praatten met elkaar, voelden zich bij elkaar op hun gemak en hadden er in tegenstelling tot de mens geen behoefte aan om alleen te zijn.

Elke middag waste ik onze kleren in het meer, waar zich vier krokodillen in ophielden. Het was fascinerend om ze boven water te zien verschijnen: eerst zag je langzaam een neus boven water komen en daarna deed het beest zijn bek open, zodat je al zijn tanden kon zien. Misschien was dat om af te koelen, maar het leek net alsof ze grijnsden. Nadat ik ze een poosje had geobserveerd kwam ik tot de conclusie dat ze ongevaarlijk waren.

Op een middag nam Peter me mee naar een grote baobab die

hij in de verte had gezien, en ik liep achteloos achter hem aan door de struiken. Ik had een stok bij me waarmee ik steeds op de grond sloeg om de slangen af te schrikken die hier overdag best eens zouden kunnen zitten. Toen we bij de boom waren aangekomen, stelde Peter voor om nog wat verder te lopen.

'En als we nou verdwalen?' zei ik.

'Verdwalen? Dat zou betekenen dat we eindelijk ver genoeg van de snelweg vandaan zijn. Luister.'

Ik draaide me om, en toen ik mijn handen achter mijn oorschelpen legde, hoorde ik af en toe een vrachtwagen. 'Leve je olifantsoren,' zei ik.

'Meestal ben ik die liever kwijt dan rijk, maar in de Australische outback zijn ze wel handig.'

De dode bladeren en het dorre goudkleurige gras onder onze voeten maakten een knisperend geluid, wat in deze omgeving merkwaardig hard klonk. Na een paar minuten lopen hadden we het gevoel dat we de bewoonde wereld achter ons hadden gelaten, en hoe verder we gingen, hoe meer ik ontspande. We kregen weer oog voor de schoonheid van de natuur en het was of ik alles voor het eerst kon ruiken, horen en voelen. Langzaamaan raakten we gewend aan de flora en fauna, aan het terrein en aan de hitte. Het landschap was niet eens bijzonder spectaculair, maar het bezat een heel eigen schoonheid.

De baobabbomen staken hoog boven de lage struiken en het lange gras uit. We liepen van de ene boom naar de andere. Peter raapte de grote zaadpeulen op en tikte ze ritmisch tegen elkaar, wat een rammelend geluid maakte. Op een of andere manier voelde het logisch om de bomen om hulp te vragen bij het vinden van de terugweg. Na een paar uur waren we weer terug in het kamp. Zonder problemen hadden we de terugweg gevonden. Peter legde de zaadpeulen onder onze eigen baobabboom, als geschenk van de andere bomen.

In Halls Creek stopten we om boodschappen te doen. We hadden nog genoeg eten in blik en andere basisproducten, maar we wilden graag wat vers fruit en groenten. Toen Peter de supermarkt in dook, zag ik een kleine kliniek. Instinctief liep ik naar binnen om te vragen of we recht hadden op medische behandeling wanneer dat nodig mocht zijn. De receptioniste zei dat er een wederzijdse overeenkomst bestond tussen Australië en Nieuw-Zeeland, en dat de ziekenhuiszorg gratis was voor Nieuw-Zeelanders.

'Hoezo, schatje? Heb je een acuut medisch probleem?' vroeg ze.

'Eh, nee, eigenlijk niet,' zei ik, van m'n stuk gebracht.

'Nou, gelukkig maar. Goeie reis!'

We vulden onze jerrycans bij het benzinestation en wilden een paar kilometer buiten de stad kamperen, vlak bij een plek die Sawpit Gorge heette. De hobbelige weg zat vol stenen en was bedekt met een dikke laag stof, en het zag er niet naar uit dat we met de auto tot bij de kloof konden komen. Dus stopten we langs de weg, zetten de tent op in het stof en maakten vuur met stoffige takken. Ik liep rond op blote voeten, en mijn benen zaten onder het witte stof.

We bespraken onze plannen voor de volgende dag. We konden afsteken door de woestijn over een onverharde weg, of we konden de gewone snelweg in noordelijke richting volgen. Peter stond te popelen om de avontuurlijke weg te nemen, maar ik kreeg een onheilspellend gevoel bij de gedachte dat we onvoorbereid een tocht door de woestijn zouden maken. Ik was een beetje besluiteloos en besloot naar de kloof te wandelen. Het bleek een prachtige rotsformatie te zijn, met een poel. Het weelderige groen langs de oever trok veel vogels aan en hun gezang weerkaatste tegen de wanden van de kloof.

Naast een Toyota Landcruiser zaten twee mannen bier te drinken. Ik begon een gesprekje en vertelde over Peters plan om een stuk door de woestijn te rijden.

'En je zegt dat jullie geen fourwheeldrive hebben?'

'Nee, gewoon een stadsauto, een Toyota Camry,' zei ik. 'Hij staat hier verderop.'

'En heb je twee reservewielen?'

'Eéntje maar.'

'Je moet er op z'n minst twee hebben, *mate*. Hoeveel brandstof heb je bij je?'

'Zestig liter in de tank en nog twintig in een jerrycan.'

'En hoeveel water?'

'O, meer dan genoeg. Vijftig liter,' zei ik.

'Daar ben je in de bloedhete woestijn in vierentwintig uur doorheen. Heb je communicatieapparatuur, een noodbaken, GPS en dat soort dingen?'

'Helemaal niks.'

'Ook geen telefoon?'

'Nee, ik had sowieso niet verwacht dat er daar bereik zou zijn.'

'Nee, maar heb je wel gereedschap bij je? Weet jij of je man hoe je iets moet repareren als je pech krijgt?'

'Nee,' zei ik, en ik begon me zo langzamerhand heel stom te voelen.

'Niet doen, mate. Jullie zijn niet goed voorbereid.'

'Dat heb ik ook tegen mijn man gezegd, maar hij wil het toch.'

'Nou, hij gaat toch zeker niet zonder jou?'

'Nee, dat denk ik niet.' Ik bedankte de mannen voor hun goede raad en liep terug naar ons kamp, waar Peter takken aan het breken was voor het vuur. Ik vertelde hem wat de mannen hadden gezegd.

'Als je niet door de woestijn wilt, gaan we terug naar de snelweg,' zei Peter. 'Geen probleem. Dan gaan we gewoon veilig terug naar de weg.'

'Ik heb een oplossing!' zei ik. 'We laten die mannen weten wanneer we gaan en waarheen. We noteren hun telefoonnummer en we vragen iemand aan de andere kant van de woestijn of we zijn telefoon mogen gebruiken om ze te laten weten dat we veilig zijn aangekomen. Als ze voor een bepaalde datum niets van ons hebben gehoord, bellen ze de politie. Dan hoef ik nu alleen onze paspoortnummers maar op te schrijven en –'

'Nee, nee, nee. Ik wil er geen vreemden bij betrekken, dan

wordt het allemaal veel te ingewikkeld. We kunnen beter niet gaan.'

'Het is ook míjn leven, hè?' zei ik, en ik rechtte mijn rug.

'We nemen het risico, of we gaan terug naar de snelweg,' zei hij.

'Als we totaal onvoorbereid de woestijn in gaan, kunnen we het loodje leggen,' zei ik. 'Dat gebeurt ook regelmatig.'

'En op de snelweg kunnen we ook doodgaan,' zei Peter. 'Van saaiheid en verveling.'

Ik moest lachen.

We bespraken de risico's. Als we een lekke band kregen, zouden we de band verwisselen. Bij een tweede lekke band zouden we met onze schep een kuil onder de auto graven zodat we in de schaduw konden wachten tot er een auto langskwam. Ik zou dan meerijden naar de stad om hulp te halen of een nieuwe band, en Peter zou bij de auto wachten. Als zich een ernstig probleem voordeed zouden we onze rugzak pakken en liftend verdergaan, en de auto achterlaten.

'En als het water op is, vergeet dan het reservoir van de ruitensproeiers niet,' zei ik.

'Bah!'

'Nou, het is toch water? Je hebt alleen een rietje nodig.'

De volgende ochtend wisten we nog steeds niet wat we gingen doen. We pakten alles in en stapten in de auto. Na vijf kilometer kwamen we bij de splitsing.

'Links of rechts?' vroeg Peter.

'Rechts,' zei ik.

Hij keek me glimlachend aan. 'Weet je 't zeker?'

'Ja.'

'Daar gaan we dan,' zei hij, en hij reed de onverharde weg op, de woestijn in.

Voor het eerst sinds we in Australië waren voelde ik weer opwinding. We gingen het onbekende tegemoet. Nu we het comfort en de zekerheid achter ons hadden gelaten werden mijn hersenen en zintuigen weer geactiveerd. Alles wat we deden of niet deden was nu van belang. We moesten samenwerken als een team, alert en voorzichtig zijn, want we waren nu verantwoordelijk voor ons eigen leven. We hadden ons lot in eigen hand genomen en voelden ons weer verbonden met elkaar.

Ik moest kaartlezen. Het was belangrijk precies te weten waar we zaten, want er lagen waterreservoirs langs de route. Telkens als ik een wegwijzer zag noteerde ik de stand van de kilometerteller. Als we pech zouden krijgen, wist ik hoe ver ik terug moest lopen om water te halen. Peter reed langzaam, soms maar dertig kilometer per uur, over de stoffige, hobbelige weg. De hele auto trilde en maakte een hoop lawaai. Wanneer ik over mijn schouder keek, zag ik de stofwolken die we opwierpen.

Het landschap was gevarieerder dan wat we vanaf de snelweg hadden gezien, heuvelachtig, met bomen en hier en daar een kleine rotspartij. Toen we een schriele eucalyptus zagen staan die een klein beetje schaduw gaf, stopten we daar om te lunchen. Zodra we stilstonden werd de hitte op slag ondraaglijk. Er stond geen zuchtje wind, en alle levende wezens hadden beschutting gezocht tegen de moordende zon, in afwachting van de avond. Peter vond wat dood hout en maakte een vuurtje om thee te zetten. Ik deed de kofferbak open om de ingrediënten voor de chapati's te pakken, en zag dat al het eten en alle andere spullen onder een laag rood stof zaten. En toen ik mijn bezwete voorhoofd afveegde en mijn neus snoot, zag ik dat het papier roodbruin was. Het was zo warm dat ik het zelfs in een korte broek en een bikinitopje bloedheet had.

We aten snel onze lunch op. Toen de vliegen niet meer te harden waren, doofden we het vuur met een klein beetje kostbaar water en wat zand en sprongen weer in de auto. Bewegen was beter dan stilstaan.

In de late namiddag zagen we een zijpad dat we insloegen en tot het einde toe volgden. Daar zetten we de auto neer, opgelucht en opgetogen dat we het zonder incidenten hadden gered. We stonden boven op een heuveltje van het weidse uitzicht te genieten. Maar binnen twee minuten diende zich een nieuw soort insect aan. Zweetbijen. Ik veegde mijn bezwete huid af met een stuk stof, maar ze bleven komen. Honderden kleine bijtjes krioelden over mijn rug, armen en benen – een gevoel dat zo huiveringwekkend was dat ik er kippenvel van kreeg. Na een poosje dacht ik dat ik gek werd.

We zetten snel de tent op en gingen erin zitten. Maar al gauw werd het binnen zo verstikkend heet dat we weer de tent uit kropen en constant heen en weer liepen terwijl we met een T-shirt op onze rug sloegen om de insecten weg te houden. Stilstaan was geen optie.

We pakten de grote jerrycan om wat water te drinken, maar toen doken er opeens tientallen dorstige honingbijen op. Die waren veel groter dan de zweetbijen, en ze konden steken. Al snel danste er een hele zwerm rond de blauwe jerrycan. Peter wapperde met zijn T-shirt voor mijn gezicht zodat ik kon drinken. Het was ondraaglijk – tot het magische uur aanbrak.

Toen de grote rode zon wegzonk achter de oranje horizon, verdwenen de insecten als bij toverslag en kon ik mijn ogen weer opendoen en ontspannen. We gingen op de heuvel staan en zagen hoe de wereld om ons heen verstilde. Alle kleuren werden zachter. Over de grasvlakten lag een rode gloed, de rotsen kleurden roze en de struiken lichtten goudkleurig op. Uit het westen waaide nu een koele bries, en alles begon te ademen. We staarden in stille verwondering naar de horizon. De aarde was ontzagwekkend groot, de hemel gigantisch, en alles om ons heen was volmaakt in balans. Er was rust. Alles was tot stilstand gekomen om uit te rusten, lief te hebben, zich verbonden te voelen. We hadden duizenden kilometers afgelegd om dit magische moment te ervaren.

Toen verdween het laatste streepje zon en werden de eerste sterren zichtbaar. Langzaam verscheen de heldere Melkweg boven ons. De sterren waren kristalhelder. Het was of we alleen op de wereld waren. Alsof ons bewustzijn vrij als een arend op de wind boven de uitgestrekte vlakten kon zweven.

We brachten maar één nacht in de woestijn door, want de volgende middag zouden we in Kalkarindji aankomen, een afgelegen aboriginalgemeenschap. We waren trots dat ons autootje het had gered, maar toen we daar aankwamen leek niemand onze komst op te merken. De Australische aboriginals die rond het benzinestation zaten, hadden al meer dan genoeg witte mensen op doorreis gezien: ze hoefden niet zo nodig met ons te praten. De tieners staarden op hun iPhone naar een wereld die ze waarschijnlijk nooit zouden ervaren. Ze waren losgeweekt van de woestijn maar stonden ook ver van de moderne wereld af. Het was een deprimerend beeld. Ik wilde de meiden vragen naar hun leven in Kalkarindji, wat ze dachten, waar ze van droomden, en waar ze dachten dat het met hun volk naartoe ging. Ik wilde met ze praten, maar voor één keer wist ik niet wat ik moest zeggen

We liepen de koude airconditioned winkel in waar een stronk broccoli acht dollar kostte. Er waren kangoeroestaarten te koop met de huid er nog aan, verpakt in vershoudfolie, maar vijftien dollar per stuk vonden we te duur. We zetten ons lege mandje terug en liepen weer naar buiten, naar het verblindende licht en de verzengende hitte.

Na vijf weken en bijna vijfduizend kilometer reden we Mount Isa binnen, een kopermijnstadje. In een tweedehandswinkel kocht Peter een T-shirt met het opschrift HET LEVEN IS EEN REIS DOOR DE WOESTIJN. De afbeelding op het shirt leek precies op de woestijn waar we doorheen waren gereden. Opgedroogde modder en een paar schrale bomen.

We reden nog zestig kilometer door naar een dam waar je wild mocht kamperen. We zetten de tent op naast een prachtig meertje – een soort hof van Eden waar grote pelikanen op het water dobberden. 's Avonds zagen we een paar kleine kangoeroes rondscharrelen, die aan campers gewend waren geraakt. Afgezien van een paar muggen waren er vreemd genoeg geen andere irritante insecten, zodat we wat langer op deze mooie plek bleven.

We hadden maar één stel buren, een aardig koppel dat ons uitnodigde om een biertje met ze te drinken. Ze hadden zeven jaar in Mount Isa gewoond, waar ze een pub hadden. Ze vertelden over de koperwinning in hun streek, dat er bij de verwerking van koper zwaveldioxide vrijkwam en dat ze af en toe een zwavelsmaak in hun mond proefden. Ze beweerden dat een opeenhoping van koper tot agressie leidde, en dat hadden ze bij zichzelf ook ervaren.

We kregen het over de krokodillen in het meer, en de man liet ons op zijn telefoon een foto van een tijgerslang zien, die hij gisteravond vlak naast de camper had gemaakt. Hij zei dat een beet dodelijk kon zijn, en dat ze daar vrij regelmatig voorkwamen.

'Je kunt maar beter voorzichtig zijn als je 's avonds rondloopt,' zei hij. 'Doe je zaklamp aan, loop langzaam en gebruik een stok om ze te laten weten dat je eraan komt, want ze jagen 's nachts.'

'Ze jagen 's nachts?' herhaalde ik, en ik realiseerde me hoeveel geluk ik had gehad toen ik zonder licht in het donker had gelopen. We waren in gevaar geweest zonder het te weten.

Toen we daarna naar onze tent terugliepen, schenen we met de zaklamp om ons heen. Ik herinner me nog dat ik optimistisch gestemd was, maar dit zou de laatste zorgeloze avond in lange tijd worden.

9
Australië
H van Hospital

De volgende dag kreeg Peter diarree. Omdat hij dat in India al honderd keer had meegemaakt, maakte hij zich geen zorgen. Hij weet het aan de Chinese afhaalmaaltijd of aan het smerige water waarmee hij zijn gezicht had gewassen, en hij ging in de schaduw liggen. Het was rond de 35 graden en rond het middaguur was de hitte zelfs in de schaduw amper uit te houden. We hadden nog ongeveer veertig liter lauwwarm water in onze jerrycans en Peter leek genoeg te drinken, maar elke dag kreeg hij minder eetlust, en na drie dagen stopte hij zelfs helemaal met eten. Volgens de autoradio bedroeg de luchtvochtigheid slechts acht procent, wat betekende dat we alleen al door te ademen vocht verloren. Ik spoorde hem aan veel te drinken en gaf hem wat zakjes ORS-poeder dat we altijd bij ons hadden. Ik had er alle vertrouwen in dat hij snel zou herstellen.

Ik begon me pas zorgen te maken toen Peter me vertelde dat hij steeds flauwviel als hij naar de wc ging. Een echte wc was er natuurlijk niet: ook 's nachts moest hij zo'n vijftig meter de bosjes in lopen met een schep, een gat graven, zijn behoefte doen en het gat weer dichtscheppen. Dat was afmattend voor hem nu hij al zoveel moeite had met lopen. Het was eigenlijk een wonder dat hij zich niet had verwond als hij flauwviel.

Na vijf dagen probeerde ik hem over te halen naar het ziekenhuis te gaan. Ondertussen had hij koorts gekregen en had hij last van hevige buikpijn, duizeligheid en flauwvallen. Uiteindelijk gaf hij toe en zei: 'Misschien krijg ik morgen wel te horen dat ik iets ernstigs heb.'

Tegen zonsondergang toen de temperatuur daalde, kroop hij moeizaam de tent uit om bij me te komen zitten. We zwegen terwijl er een gouden glinstering door de takken viel en een pelikaan geruisloos voorbij dreef in de oranje gloed van de ondergaande zon. Hij deed zijn bek open en schepte liters water naar binnen.

Nadat Peter weer in de tent was gaan liggen, zat ik nog een poos naar het water te kijken met zijn spiegelgladde, zijdezachte oppervlak. Ik keek om me heen en sloeg het landschap zorgvuldig in mijn geheugen op, want ik had het gevoel dat ik het nooit meer zou zien.

De volgende ochtend brak ik de tent af en reed ik met Peter zestig kilometer terug naar het ziekenhuis van Mount Isa. Hij had een fles water op schoot waar hij af en toe van dronk.

Aangekomen bij het ziekenhuis was hij niet in staat om van de auto naar de spoedeisende hulp te lopen. Ik rende naar binnen om een rolstoel te halen. De receptionist gebaarde dat Peter meteen naar binnen kon. De arts had aan twee woorden van het verhaal genoeg om Peter aan een infuus en aan de hartbewaking te leggen om uit te zoeken waarom hij telkens bewusteloos raakte.

Die avond werd Peter op een eenpersoonskamer op de derde verdieping gelegd waar ik naast hem op een uitklapbare fauteuil kon slapen. Het raam keek uit op een airconditioning en een streep blauwe lucht van tien centimeter. Om zeven uur was het donker en lagen we naar het vreemde gezoem op de achtergrond te luisteren. Het leek of we in een vliegtuig op weg waren naar een andere wereld. Er hing ook een tikkende klok, en om de twee seconden klonk er een zacht geratel, als van een babyspecht. Allemaal vreemde geluiden na het gekrijs van de galahs, het geblaf van de dingo's in de verte en het gedreun van springende kangoeroes waar we aan gewend waren geraakt.

Peters behandelend arts verscheen de volgende ochtend. Hij was kundig, vriendelijk en respectvol en maakte zich vooral zorgen over de diarree. Hij schreef antibiotica voor. Toen het ene middel niet aansloeg, schreef hij een ander voor, maar niets hielp. Ondertussen werd Peter steeds zieker. Hij had vreselijke pijn in zijn onderbuik en plaste een dikke gele vloeistof. Zijn billen kon hij niet meer zelf afvegen, en telkens als hij uit bed stapte om te plassen raakte hij dertig seconden lang buiten westen. Ik bleef steeds bij hem en ving hem dan op in mijn armen. De artsen maakten zich zorgen over dat flauwvallen en maakten een MRI-scan van zijn hersenen, maar vonden geen afwijkingen.

Na een paar dagen kwam de arts tot de conclusie dat Peter last had van ernstige uitdroging, veroorzaakt door diarree en het extreem lage vochtgehalte in de meedogenloze hitte. De volgende stap was te controleren hoe het met zijn nieren was gesteld. Hij vertelde ons dat veel inheemse Australiërs en veehouders last hadden van nierproblemen als gevolg van uitdroging. Hij liet Peter een contrastvloeistof innemen en gaf opdracht tot een scan, waarop hij zag dat Peters nieren inderdaad waren aangetast. Plotselinge schade aan de nieren wordt acuut nierfalen genoemd, zei de dokter, en het herstel zou een maand of langer duren.

Peter lag nog steeds aan een infuus, maar zijn nieren konden al dat vocht niet aan, zodat zijn lichaam al het water opnam en hij als een ballon begon op te zwellen. Zijn borst was opgeblazen, zijn buik werd dik alsof hij tien kilo zwaarder was geworden en zelfs zijn oogleden waren opgezet. Het vocht in zijn lijf drukte op al zijn organen, wat een aanhoudende martelende pijn veroorzaakte. Hij kreeg sterke pijnstillers om hem de dag door te helpen.

De artsen onderzochten de creatininewaarden, een afvalproduct van de spieren dat normaal gesproken door de nieren uit het bloed wordt gehaald. Als de creatininewaarde in de urine hoog is, betekent dit dat de nieren niet goed werken. Bij aankomst in het ziekenhuis was Peters waarde 120, en drie dagen later was die 450, en na vier dagen 750. De arts raakte in paniek, want Peter ging onder zijn ogen ongelooflijk snel achteruit, en hij besloot een nierspecialist in Townsville te consulteren. Vlak daarna werd Peter naar de intensivecareafdeling gereden.

'Hij heeft een ernstige vorm van nierfalen,' zei de dokter, 'en er dreigt totale orgaanuitval.'

Totale orgaanuitval klonk fataal, en ik was radeloos. Er hing een donkere wolk boven mijn hoofd en ik moest voortdurend huilen. Ik dacht niet aan de toekomst; het enige waar ik aan dacht was of hij de volgende dag zou halen.

Op de IC mocht ik natuurlijk niet bij Peter slapen, dus 's avonds reed ik naar een kampeerplek en zette daar de tent op. Ik voelde me ontzettend eenzaam en besefte opeens hoe het leven eruit zou zien zonder hem, waardoor ik nog verdrietiger werd. Het werd een slapeloze, angstige nacht.

Bij het eerste ochtendgloren rolde ik de tent op en reed terug naar het ziekenhuis. Op de parkeerplaats stond een frangipaniboom, en de bloemen roken zo subtiel en zoet dat ik een handvol bloemblaadjes voor Peter plukte.

Om tien uur mocht ik de IC binnen, en mijn ogen schoten vol tranen toen ik hem zag. Hij had een soort wasknijper op zijn vinger om zijn hartslag te meten, en zijn buik was zo opgezwollen dat hij nu moeite had met ademhalen. Ze hadden een buisje in zijn neus aangebracht om zuurstof toe te dienen, maar daardoor waren zijn neus en keel gaan bloeden, en zat er opgedroogd bloed rond zijn neus en mond. Ze hadden ook een katheter bij hem aangebracht om de urine vanuit de blaas af te voeren. Overal waren schermen, en op de verpleegpost hield een verpleegkundige zijn gegevens op een computer in de gaten. Als er een apparaat piepte, stond er binnen een paar seconden iemand naast zijn bed.

'Dag liefste,' fluisterde ik. 'Ik heb wat bloemen voor je meegenomen. Ruik je ze?' Ik hield de bloemblaadjes bij zijn neus, met de gedachte dat ik hem daarmee iets uit de natuur kon geven.

'Lekker,' zei hij. Zijn ogen stonden mat, zijn tong was dik en hij sprak onduidelijk. Hij had amper genoeg energie om te praten, laat staan om de bloemen te ruiken.

Door al die koude vloeistof die hem werd toegediend voelde Peter constant koud aan. Nog maar vijf dagen geleden had hij last gehad van de ondraaglijke hitte in de woestijn, en nu lag hij te rillen van de kou. Maar het ergste voor hem was het lawaai. De deur van zijn kamer had een dranger, waardoor die telkens met een luide klap dichtsloeg. Zijn grote, gevoelige olifantsoren, die in de natuur zo vaak hun dienst hadden bewezen, waren hier in het ziekenhuis een vloek. Telkens wanneer de deur dichtsloeg leek het of er een pistool afging, en ik vond het hartverscheurend om te zien welk effect dat op hem had. Ik legde het verplegend personeel uit dat hij een gevoelig gehoor had en vroeg ze de deur zachtjes dicht te doen.

Met een slangetje in zijn neus, een infuus in zijn arm, een wasknijper op zijn vinger en elektroden op zijn borst kon ik nauwelijks geloven dat het Peter was die daar lag. Peter, die nog geen tien dagen geleden bij het kampvuur onbezorgd op zijn hurken had gezeten, vocht nu voor zijn leven.

Om vijf uur 's middags was het bezoekuur voorbij, maar die tweede nacht op de IC werd ik door niemand weggestuurd. Ik wist niet zeker of dat een goed of een slecht teken was. Een uur later kwam de arts binnen om te zeggen dat hij bezig was een helikoptervlucht naar het ziekenhuis in Townsville te regelen. Toen het om zeven uur donker werd, legde ik Peters ziekenhuishanddoeken op de grond bij wijze van slaapmat en gebruikte mijn boek als kussen. Het werd nu te donker om te lezen en in plaats daarvan luisterde ik naar Peters moeizame ademhaling. Als ik hem hoorde zuchten stond ik op om naar hem te kijken. Als het loos alarm was, ging ik weer liggen. De vloer voelde koud aan. Ik was doodop.

In de kamer naast ons ging het alarm af. Iemand riep iets, een vrouw begon te huilen, verpleegkundigen renden heen en weer. Peters toestand kon elk ogenblik verslechteren, zodat ook zijn machines zouden gaan piepen. Het wachten was zenuwslopend, want er kon elk moment een alarm afgaan.

Om negen uur kwam de dokter weer binnen om te zeggen dat er een vliegtuig beschikbaar was en dat Peter naar Townsville vervoerd zou worden, bijna duizend kilometer verder naar het oosten.

'Over een uur wordt hij opgehaald.' Hij keek me aan. 'Ga nu maar in de wachtkamer zitten. Ik kom er zo aan.'

Zodra hij binnen kwam lopen, vroeg ik hem: 'Is Peters toestand levensbedreigend?'

'Luister.' Hij ontweek mijn blik. 'Ik zou hem niet naar Townsville laten vervoeren als zijn toestand niet kritiek was, maar daar is hij in goede handen. Op de afdeling nierziekten daar werken uitstekende specialisten.' De twee uur durende vlucht zou Peter geen goed doen, zei hij, en hij waarschuwde me dat Peters toestand verslechterd kon zijn wanneer ik hem weer zag. 'Wees op het ergste voorbereid,' zei hij.

Ik knikte. Maar hoe bereid je je op het ergste voor, vroeg ik me af. Door alvast te bedenken wat je moest doen als hij overleed?

De dokter besteedde vervolgens twintig minuten van zijn kostbare tijd om me nauwkeurig uit te leggen hoe ik in tien uur over een kaarsrechte weg naar Townsville kon komen.

'Als je eenmaal in de stad bent, volg dan de borden met de H van hospital.'

'H van hospital,' herhaalde ik. 'Dank u wel.'

De dokter ging naar huis en ik was volledig de kluts kwijt. Bedrukt liep ik naar het kantoortje naast Peters kamer.

'Heb je zijn familie al gewaarschuwd, zijn broers en zussen?' vroeg de hoofdzuster vriendelijk.

'Nee, we hebben geen telefoon,' zei ik.

'Je mag ze hier wel even bellen,' zei ze, en reikte me een telefoon aan.

'Ik heb hun nummer niet,' zei ik. 'Alleen hun e-mail. Mag ik misschien even een computer gebruiken?'

Zodra ik in haar stoel zat onderging ik een complete transformatie: ik was op slag rationeel, logisch en kalm. Ik opende mijn inkomende mail, selecteerde een zwik adressen, typte snel een bericht en verstuurde het. Nu ik er toch zat, nam ik mijn andere mail ook nog even door. Toen ik vijf minuten later uitlogde, dacht ik na over deze plotselinge beheerste gemoedstoestand. Ik vond het verontrustend dat ik zo snel van de ene gemoedsgesteldheid naar de andere kon overschakelen. Was dat het effect van de computer? Koos ik onbewust voor een overlevingsstrategie? Welke gemoedstoestand was de echte? En als ze allebei echt waren, kon ik er dan tussen kiezen? Zo niet, waarom was ik er dan aan onderworpen en wie trok er dan aan de touwtjes?

Veel tijd om erover na te denken had ik niet, want op het moment dat ik het kantoortje uitkwam, zag ik Peter door de ruit en was ik weer een emotioneel wrak.

Om elf uur kwam er een verpleegster de kamer in om Peter een extra grote dosis fentanyl toe te dienen voor de twee uur durende vlucht naar Townsville. De paramedici van de Flying Doctors kwamen binnen lopen met een brancard en met z'n vieren tilden ze Peter van het bed. Met veel lawaai werd hij door de gangen gereden, en ik rende achter hen aan. Door lange gangen, hoeken om, door dubbele deuren, en plotseling stonden we buiten in het donker. De lucht was warm en zacht, en doortrokken van de subtiele geur van frangipanibloemen.

'Ruik je de frangipani, liefste?' vroeg ik.

Peter keek me diepongelukkig aan en fluisterde: 'Ja.'

'Wilt u nu uw laatste afscheidswoorden zeggen?' vroeg de verpleegster.

Laatste afscheidswoorden? Dat kon toch niet? Dit was toch zeker geen laatste afscheid? Maar als het dat wel was, dan moest ik de woorden nu uitspreken.

Ik boog me over hem heen en probeerde hem te omhelzen zonder druk op zijn lijf uit te oefenen. Ik kuste hem op zijn voorhoofd. Hij leek in de war en veel pijn te hebben.

'Ik weet niet of ik het haal, Miriam,' zei hij.

'Dat gaat je lukken,' zei ik, 'omdat ik zoveel van je hou.'

'Als je veel van iemand houdt, moet je hem soms laten gaan.'

Ik keek hem verdwaasd aan en kuste hem opnieuw. Wat bedoelde hij met 'hem laten gaan'?

'De dood is alleen slecht als je gezond bent... Maar op dit moment,' zuchtte hij, 'zou de dood een zegen zijn. Het zou niets uitmaken, Miriam, het zou niets uitmaken.'

'Voor mij maakt het wel veel uit, liefste,' fluisterde ik, en de tranen stroomden geluidloos over mijn wangen toen ze hem naar de ambulance reden die hem naar het vliegtuig zou brengen. Nadat de ziekenauto vertrokken was, stond ik daar hulpeloos alleen in de donkere nacht, met Peters kleurige schoudertas met onze paspoorten en ons geld in mijn handen geklemd.

Ik liep naar de auto, die als laatste op het parkeerterrein was overgebleven, reed naar dezelfde kampeerplek en zette de tent op bij het licht van de maan. Aan de andere kant van het hek knabbelde een jonge kangoeroe aan het gras. We keken een poosje naar elkaar tot ik de tent in kroop. Misselijk van angst en bezorgdheid ging ik liggen. Een halfuur later hoorde ik Peters vliegtuig opstijgen.

'Alsjeblieft, zorg alsjeblieft dat je Townsville haalt,' huilde ik.

De volgende ochtend om zeven uur ging ik op weg bij een wolkeloze hemel. Het eerste uur reed ik de opkomende zon recht tegemoet. De omgeving rond Mount Isa was heuvelachtig, met schitterende bossen en hier en daar wat rotsformaties, maar daarna werd het landschap vlak en eentonig.

Gedurende de tien uur durende rit was ik soms kalm, soms verdrietig en op andere momenten dacht ik het ergste. Dan beeldde ik me in dat Peter al was overleden en dat ze me niet konden bereiken. Ik dacht aan de begrafenis. Met wie moest ik als eerste contact opnemen? Wilde hij begraven worden of gecremeerd? Waar moest ik zijn as laten? Het leek of mijn hart werd opengereten door de klauw van een tijger bij de gedachte dat ik de rest van mijn leven zonder Peter moest leven. Op een zeker moment was ik bang dat zijn lichaam het op wilde geven. Ik voelde dat hij afscheid van het leven wilde nemen. 'Nee liefste, hou vol! In godsnaam, hou vol!' brulde ik.

Toen ik uiteindelijk geen tranen meer overhad werd ik weer rustig. Rond lunchtijd stopte ik langs de weg om wat crackers uit de kofferbak te pakken en verbrandde mijn blote voeten bijna op het asfalt. Daarna reed ik weer verder over de lange rechte weg, die glinsterde van de zinderende hitte. Ik kon mijn ogen nauwelijks openhouden en reed knikkebollend achter het stuur honderden kilometers naar het oosten, tot ik de H van hospital zag.

Tegen zessen reed ik de stad binnen en moest links en rechts invoegen op de drukke snelweg. Bij het ziekenhuis vond ik meteen een plekje om te parkeren. Ik griste Peters schoudertas mee en stormde door de dubbele deuren naar binnen, en liep recht op de informatiebalie af.

'Ik ben hier voor mijn man, Peter Raine. Hij is hier vandaag vanuit Mount Isa naartoe gevlogen; hij zou op de nierafdeling moeten liggen.' Ik sprak heel snel, zodat de receptioniste zou begrijpen dat ik haast had. Dat ik tien uur achter het stuur had gezeten om hier zo snel mogelijk te zijn. Ik had mezelf op het ergste voorbereid: misschien was hij al overleden. Met een plattegrond van het ziekenhuis in de hand spurtte ik de trap op, rende de hoek om en de gangen door tot ik hem had gevonden.

Hij leefde. Hij lag in een bed achter drie blauwe gordijnen en hij glimlachte. Hij zag er beter uit dan ik had verwacht. Hij had alleen een infuus. Hij kon praten, hij kon zich zonder hulp omdraaien en kon zelfs uit bed om te plassen.

Hij vertelde dat hij tijdens de vlucht zo'n pijn had gehad dat hij had gebeden dat het vliegtuig zou neerstorten. 'Voor de piloot zou dat vreselijk zijn geweest,' zei hij, 'maar als ik een euthanasieknop had gehad, had ik erop gedrukt.'

Om acht uur was het bezoekuur voorbij en vroeg de verpleegkundige me te vertrekken. 'Waar slaap je?' vroeg ze vriendelijk.

Ik zei dat ik dat niet wist. Ik had gehoopt dat ik naast Peter zou kunnen slapen, maar er lagen drie andere mensen op dezelfde kamer.

'We hebben een maatschappelijk werker om familie van patiënten bij te staan. Je kunt haar morgen op deze verdieping vinden, in deze kamer,' zei ze, wijzend op de plattegrond. 'En waar slaap je vannacht?' vroeg ze.

'In de auto misschien? Op het parkeerterrein?'

'Nou, laten we hopen dat ze morgen onderdak voor je kunnen vinden. Wat is je mobiele nummer?'

'We hebben geen telefoon,' zei ik.

Ze keek bedenkelijk. 'Maar hoe kunnen we dan contact met je opnemen? Als er iets met Peter aan de hand is?'

Ik staarde even naar het bureau en de vaas met bloemen. Voor het eerst in mijn leven was ik er niet trots op om te zeggen dat we zonder mobieltje en computer door het leven gingen. Ik voelde me opeens heel dom.

'Ik ben hier,' zei ik zwakjes. 'Ik ben hier de hele dag, elke dag, tot hij ontslagen wordt.'

De volgende ochtend ging ik bij de maatschappelijk werker langs.

'Ga zitten, kind. Hoe gaat het?' vroeg ze, en ik begon te huilen.

We bespraken de accommodatiemogelijkheden, campings, pensions en hostels. De dichtstbijzijnde camping lag op een uur rijden, het goedkoopste hotel was 40 dollar per nacht en was twintig minuten rijden.

'Misschien moet hij hier wel wekenlang liggen!' zei ik, en barstte weer in tranen uit. In vijf dagen tijd was ik van een blije optimistische vrouw in een labiel wrak veranderd. Ik was uitgeput en schoot bij het minste of geringste vol. Ik was zo kwetsbaar dat ik angst voor slecht nieuws begon te krijgen. Ik werd introverter en meed vreemden, bang dat ik een chagrijn tegen het lijf zou lopen. Een vriendelijk gebaar daarentegen deed wonderen. Ik had nooit begrepen hoe zwaar het moest zijn als je geliefde ernstig ziek was, maar nu maakte ik het zelf mee. Nog niet zo lang geleden verlangde ik ernaar boven op een berg het oog van een onweersstorm te trotseren, en nu was ik zo breekbaar als een jong katje, bedelend om een blijk van vriendelijkheid. Het was een fascinerende metamorfose.

Ik zou eventueel een kamer in een pension kunnen nemen, maar ik wilde dicht bij Peter zijn. Dus leek in de auto slapen me verreweg het handigst. Alleen moest ik me dan wel verstoppen voor de bewakers, die het vast niet goed zouden vinden als ik op het parkeerterrein sliep. Maar na een paar dagen ontwikkelde ik een routine. Elke avond na het bezoekuur liep ik nonchalant naar de auto, ging op de bestuurdersplaats zitten en trok het portier dicht alsof ik zou wegrijden. Vervolgens deed ik de portieren op slot en kroop naar de achterbank. Ik had de ramen met karton en plakband afgedicht om te voorkomen dat de auto te heet werd en iemand naar binnen kon kijken. De hele nacht lag ik daar met opgetrokken knieën. Het was zo heet in de auto dat ik onmiddellijk begon te zweten, maar als ik de raampjes te ver omlaag draaide, zou dat de aandacht van de bewakers kunnen trekken, en daarom trainde ik me in het vertragen van mijn ademhaling om zo mijn lichaamstemperatuur te verlagen. Plassen was ook een probleem. Je moest bijna een acrobaat zijn om in een auto in een emmertje te plassen, maar het lukte me.

Ik wist niet hoelang Peter nog in het ziekenhuis moest blijven. Een week, een maand? Maar ik moest inventief zijn, voor alles oplossingen vinden en een systeem bedenken om te overleven. Wanneer ik 's ochtends uit de auto kwam deden mijn knieën pijn, omdat ik ze urenlang niet had kunnen strekken. Maar al met al sliep ik daar verrassend goed.

Ik voelde me nooit alleen, want Peter lag maar een paar honderd meter verderop. En ik had ook gezelschap van wilde kangoeroes. Dat ontdekte ik op een avond toen het zo verstikkend heet was dat ik het achterportier een fractie openzette. Ik draaide mijn hoofd om frisse lucht in te ademen, en zag op nog geen meter afstand een kleine grazende kangoeroe naar me kijken.

Ik was altijd de bezoeker die er het eerst was en als laatste wegging. Ik zat de hele dag naast Peters bed. Wekenlang brachten we door op drie vierkante meter achter drie blauwe gordijnen. Ik merkte welke verpleegkundigen aardig waren, en mijn favoriet vertelde me waar ik kokend water kon halen, zodat ik thee en koffie kon zetten. Peter had weinig eetlust en kreeg zijn maaltijden niet op. Dus at ik wat hij niet op kon, en ik kocht regelmatig vers fruit in de winkel. Er was maar één verpleegster die wist dat ik in de auto sliep. Wanneer zij dienst had wachtte ik een rustig moment af en vroeg dan of ik snel een douche kon nemen. En om de andere dag sloot ik mezelf op in een van de toiletten bij de ingang, waar ik wat kleren in de wasbak waste. Die hing ik dan over de autostoelen, en wanneer ik 's avonds terugging naar de auto waren ze droog.

Als Peter sliep las ik boeken, die ik op verschillende afdelingen bij elkaar sprokkelde of van de familie van andere patiënten kreeg, en daarna weer ruilde bij het tweedehandsboekenstalletje naast de ingang van het ziekenhuis. Ik beschikte over een eindeloze voorraad boeken, want mijn jager-verzamelaarsinstinct bleef al die tijd intact.

Omdat ik er altijd was, vroegen de andere patiënten op de kamer me vaak of ik hen even kon helpen. 'Zuster Miriam' noemden ze me, en ik was blij dat ik me nuttig kon maken. De jonge vrouw in het bed naast Peter had de afgelopen drie jaar meer tijd in het ziekenhuis doorgebracht dan daarbuiten. Ik nam haar soms stiekem mee in de rolstoel naar een café in de buurt om haar een vleugje van de buitenwereld te laten opsnuiven.

Op een ochtend, toen Peter drie weken in het ziekenhuis lag, sloop ik heel vroeg naar binnen met een bosje geurende veldbloemen. Het licht was nog uit, alle patiënten sliepen nog en ik ging stilletjes zitten lezen. Uiteindelijk werd Peter wakker en haalde zijn kleine turquoise handdoekje van zijn ogen.

'Goeiemorgen,' fluisterde ik. 'Heb je goed geslapen?'

Ik kuste zijn voorhoofd. Hij rook zurig. De ziekte en de medicijnen hadden hem van zijn natuurlijke lichaamsgeur beroofd, de geur gestolen waar ik zo van hield.

Hij zag er afgemat uit, en zijn ogen waren rood. 'Ik slaap hier nooit erg diep,' zuchtte hij. 'Ze maken me midden in de nacht wakker om allerlei dingen te meten. Patiënten drukken op het alarm om de verpleging te roepen. Ik zou zo graag eens goed willen slapen, ik ben totaal... totáál uitgeput.'

Hij sprak langzaam en zijn stem klonk schor. Het was de eerste keer dat ik zag dat hij bijna moest huilen.

'Ik kwijn hier weg,' zei hij. 'Ik zou zo graag eens buiten willen slapen, al is het maar voor één nacht.'

Er kwam een verpleegkundige binnen. Ze noteerde weer alles wat er te meten viel en gaf hem zijn dagelijkse pillen: tien verschillende medicijnen. Het eerste medicijn had bijwerkingen, die werden onderdrukt met het tweede medicijn, dat ook weer bijwerkingen had, die met het derde medicijn werden tegengegaan. En zo verder. Op het laatst wist je niet meer wat de oorspronkelijke symptomen waren.

Daarna kwam er een andere verpleegkundige om bloed af te nemen. 'Tijd voor een nieuwe canule!' zei ze. Elke drie dagen moest er een nieuwe worden ingebracht. Dat ging altijd lastig, want Peter was nog steeds uitgedroogd, waardoor zijn aderen moeilijk te vinden waren. Elke keer opnieuw was het een marteling voor hem.

Een uur na het ontbijt kwam de specialist langs op haar ronde. We noemden haar 'dokter Bright' vanwege haar altijd opgewekte en positieve instelling. Het was het belangrijkste moment van de dag. Als de dokter op de zaal kwam werd het plotseling stil. Alle tv's werden uitgezet en iedereen luisterde mee naar de gunstige prognose of het slechte nieuws dat hun buren te horen kregen.

Vandaag had dokter Bright geen vrolijk nieuws. Ze had meer uitslagen binnengekregen, en Peters GFR-waarde, een indicator voor het vermogen van de nieren om afvalstoffen uit het bloed te filteren, was tot 7 gedaald. Gezonde mensen hebben een GFR-waarde van rond de 90. Daarom gaf dokter Bright opdracht tot een biopsie om uit te zoeken of hij al lang last had van nierfalen, of dat er sprake was van acuut nierfalen als gevolg van de uitdroging. In het laatste geval was er kans op herstel. Peter werd op de wachtlijst voor de biopsie gezet, maar het zou nog een week duren voor hij aan de beurt was.

Na het vertrek van de dokter liep ik een halfuur in de gloeiend hete zon naar de supermarkt om verse mango's, meloenen en papaya's te kopen, het enige voedsel dat Peter nu lekker vond. Ik stak de hoofdweg over toen er even een gaatje in de stroom auto's viel. Hier liepen nooit mensen, er was zelfs geen trottoir. Alleen een berm met een hoop afval tussen het verpieterde bruine gras. Plastic flessen, verpakkingen en blikjes, die uit autoraampjes waren gesmeten.

Ik wandelde naar de oever van de rivier waar reusachtige bomen stonden en raakte hun bast aan. Mijn ogen schoten vol tranen en ik voelde me intens verdrietig worden. Peter ging achteruit. Misschien zou hij zelfs overlijden. Ik zat daar een hele tijd bedroefd voor me uit te staren.

Toen keek ik omhoog naar de boom: één tak was dood, maar de andere leefden nog. Kon Peter niet in leven blijven ondanks zijn zwakke nieren? Zou de rest van zijn lichaam zijn nieren kunnen helpen? Zijn lichaam kon die zwakke nierfunctie toch compenseren?

Bij terugkeer in het ziekenhuis was zijn bed leeg. In paniek vroeg ik de verpleegster wat er aan de hand was. Hij was naar de radiologieafdeling voor een scan, zei ze. Ik rende de trappen af, gangen door, en nam de lift helemaal naar de kelderverdieping. Daar zag ik hem in een rolstoel zitten in de wachtruimte, zijn hand via een slangetje gekluisterd aan de standaard met de infuuszak achter hem. Hij zat voorovergeleund naar de grond te staren en zag er mistroostig en eenzaam uit. Ik herkende hem bijna niet. Tussen de andere patiënten leek hij een gewone man van vijfenzestig. Een zieke man met holle ogen in groene ziekenhuiskleren. Mijn hart brak toen ik hem daar zo zag zitten. Ik wilde hem in mijn armen nemen en hem vasthouden als een kleine jongen, zodat hij zijn tranen de vrije loop kon laten. Maar Peter had geen energie om te huilen of te praten. Hij had nog maar net genoeg energie om in leven te blijven.

Ik rende op hem af, en toen hij me in het oog kreeg werd hij weer de man die ik kende. Ik omhelsde hem, wreef liefkozend over zijn rug, en realiseerde me dat als ik hier die laatste weken niet was geweest, hij het allang had opgegeven.

Ik haalde een stoel, ging naast hem zitten en hield zijn hand vast. Zijn huid was bezaaid met blauwe en rode plekken als gevolg van het moeizame bloedafnemen. Ik raakte de plekken op zijn arm aan en keek naar mijn eigen hand. Mijn aderen waren duidelijk zichtbaar, opgezet van het rennen door het ziekenhuis. Vergeleken bij hem zag ik er heel sterk en fit uit, maar deze keer hadden mijn spieren geen enkel nut. Deze keer kon ik hem niet dragen. Het maakte me in- en intriest – met al mijn spierkracht kon ik zijn nieren niet redden.

Ik vertelde Peter over de boom met zijn dode tak, die zich weer hersteld had. 'In alles wat leeft zit een sterke drang om te overleven,' zei ik.

Hij knikte.

Een fractie van een seconde ontmoetten zijn grijze ogen de mijne. Ik zag geen sprankeling, geen vreugde, geen hoop of kracht.

Na de scan werd hij teruggereden naar de afdeling. Het avondeten werd gebracht, we dronken een kop thee en ik gaf Peter zijn dagelijkse rugmassage om doorligwonden te voorkomen. Hij lag in bed en hield mijn hand vast terwijl ik een boek las. Zo nu en dan gaf hij een teder, liefkozend klopje op mijn vinger en dat voelde zo liefdevol dat ik dat moment voor altijd wilde koesteren. Toen het bijna donker was, moest ik weg. Hij stapte met veel moeite uit bed, want hij wilde me per se omhelzen.

'Dank je voor alles wat je hebt gedaan.' Hij hield me stevig vast en streelde mijn rug. 'Echt, ik meen het,' fluisterde hij.

'Ik ben al blij dat je nog leeft,' zei ik. 'Ik hou heel veel van je. Dat is altijd zo geweest.'

Tranen rolden over mijn wangen.

'Waarom moet je nou huilen?' vroeg hij verbaasd.

Ik had hem nog nooit zo liefhebbend, teder en kwetsbaar meegemaakt. We hielden elkaar vast en hij opende zijn hart voor me. Ik voelde de energie, en dat raakte me diep.

'Je stelt je hart open,' fluisterde ik.

'Nee, ik heb geen energie om het dicht te houden,' zei hij. 'Ik zie nu dat liefde eigenlijk vanzelf stroomt. Dat juist als je niks doet, de liefde vanzelf uit je hart komt. Wanneer de dood nabij is, word je goed in ontvangen en geven. Ontvangen en geven.'

Zwijgend hielden we elkaar vast. Het duurde niet langer dan een minuut, maar het was een moment van innige liefde. De afgelopen maanden waren er wat spanningen tussen ons geweest, maar die waren nu helemaal weggenomen. Ik had tranen in mijn ogen terwijl ik over de parkeerplaats naar de auto liep. Ik was intens gelukkig, en ik voelde me vrij. En op dat moment vroeg ik me af of liefde en vrijheid hetzelfde zijn – in hun diepste kern.

De volgende ochtend was hij al wakker toen ik binnenkwam. Hij keek ernstig.

'Hoe voel je je vandaag?' vroeg ik.

'Midden in de nacht voelde ik de dood eraan komen,' zei hij.

'Wat bedoel je?'

'De dood was hier. Ik voelde zijn aanwezigheid. Het was een sterke, maar door en door goedaardige entiteit, gespeend van elke kwaadaardigheid. Ik voelde geen angst, alleen opluchting. Ik dacht: dit is het dan. Hij komt me halen. Heel anders dan ik me had voorgesteld. Niks om bang voor te zijn. Het was eigenlijk een mooie en liefdevolle ervaring. Maar hij kwam niet voor mij.'

'Hè?'

'Een halfuur nadat ik zijn aanwezigheid had gevoeld, overleed er een man hiertegenover op de gang. Midden in de nacht gingen er allerlei alarmbellen af, en kwamen er artsen en verpleegsters aanrennen en werd de man weggereden.'

'Is er iemand overleden? Vertel me nog eens wat er gebeurde? Je voelde dat er een vriendelijke versie van Magere Hein in aantocht was, maar die kwam iemand anders halen?'

'Nee, nee, helemaal niet. Wij verkeren in de dimensie van het leven, maar er is ook een dimensie van de dood. Die bestaan naast elkaar. In ons denken scheiden we die twee, maar ze bestaan allebei tegelijk. Als je in het leven staat, zie je de dood niet, maar die is er wel. En het verrassende is dat je je in die andere dimensie heel vredig voelt.'

'Zou het kunnen dat die andere dimensie "de hemel" wordt genoemd?' vroeg ik.

'Dat weet ik niet. Waarschijnlijk stellen we ons de hemel te simplistisch voor, als een plek waar we onze overleden geliefden tegenkomen. Maar dat weet ik natuurlijk niet. Die kwestie moet ik in een later stadium onderzoeken,' zei hij glimlachend. 'Maar één ding voelde ik heel duidelijk: in die dimensie ervaar je de meest verrukkelijke geestestoestand die je je kunt voorstellen.' Hij pakte mijn hand. 'Echt, Miriam. De dood is niets om bang voor te zijn.'

De aanvankelijke verbetering na zijn ziekenhuisopname in Townsville zette niet door, en Peters gezondheid ging steeds verder achteruit. Het slaapgebrek begon hem parten te spelen en hij viel steeds sneller af: één kilo in de twee dagen. Zijn gezicht was uitgemergeld en hij was vel over been. De diarree was vanzelf opgehouden, maar zijn nierfunctie leek nog verder verslechterd.

Na bijna vier weken in het ziekenhuis was er plaats voor hem in de operatiekamer, en werd hij weggereden voor een biopsie. Een kundige chirurg nam met een lange naald een flintertje nierweefsel weg, en even later kregen we het resultaat te horen. Peter werd officieel gediagnostiseerd met acute tubulusnecrose, een niet-chronische, acute nierbeschadiging. Het verschil tussen leven en dood. Van acuut nierfalen kun je genezen, maar van chronisch nierfalen niet; dan heb je dialyse nodig en uiteindelijk een niertransplantatie. Dit was heel goed nieuws.

Na de biopsie verbeterden Peters bloedwaarden net voldoende voor ontslag uit het ziekenhuis. De specialist zei dat zijn nierfunctie minstens tot tachtig procent kon herstellen, maar, voegde ze eraan toe: 'dat kan wel anderhalf jaar of langer duren'.

Voor het eerst in vijf weken trok Peter zijn eigen kleren weer aan. We bedankten alle verpleegkundigen en artsen en namen afscheid van de buren op zijn kamer. Ik reed Peter in een rolstoel door de gangen. Bij de ingang hielp ik hem overeind, rende naar de auto en reed terug naar de ingang. Hij stond daar in de zon op me te wachten, smalletjes en zwak. Zijn T-shirt hing losjes over zijn knokige schouders, zijn haar was dof, en op zijn bleke gezicht lag een zorgelijke uitdrukking. Maar de afgelopen vijf weken had ik elke dag naar dit moment verlangd en mijn hart sprong op van blijdschap nu ik hem hier in de frisse buitenlucht zag staan.

Peter stapte in, en ik reed langzaam weg over het ziekenhuisterrein. Door het open raampje zwaaide ik naar het gebouw dat ik zo goed had leren kennen. Toen naderden we de snelweg.

'Welkom in de echte wereld, Mister Peter Raine!' lachte ik blij.

De dokter had ons gewaarschuwd: Peter was een half verzopen vlinder. Eén fout, één moment van uitdroging, één ogenblik van fysieke belasting en hij zou weer in het ziekenhuis belanden. We gingen naar Cairns, waar Peter verder kon aansterken voordat we naar Nieuw-Zeeland zouden vliegen. We konden daar logeren bij de dochter van een vriendin van mijn moeder – mijn ouders hadden contact met haar gezocht en verteld wat ons was overkomen. Zij en ik hadden elkaar voor het laatst gezien toen we zes jaar oud waren, en ik was haar en haar gezin oneindig dankbaar voor hun gastvrijheid.

Onderweg bleek dat zelfs autorijden een regelrechte bezoeking was voor Peter. Stoppen en optrekken was pijnlijk, een rotonde een marteling, en de vier uur naar Cairns was een hel voor hem. Toen we eindelijk aankwamen zakte hij in elkaar van uitputting.

Het huis van Astrid en Marc-Peter lag in een omheinde buitenwijk vlak bij het strand. Het werd omringd door bomen en was gebouwd voor de tropen, met overal ventilatieschachten en geen airconditioning. Het deed Peter veel goed om weer in een natuurlijke omgeving te zijn zonder allerlei alarmbellen die 's nachts afgingen.

Tijdens die twee weken in Cairns verzamelde ik alle medische dossiers van Peter en alle verwijzingen, verkocht ik onze auto online na het invullen van allerlei formulieren, ontving ik een vrijwaringsbewijs, en organiseerde ik onze reis naar Nieuw-Zeeland. Tot nu toe hadden we altijd op de bonnefooi gereisd en hadden we nooit van tevoren onderdak geregeld. Nu plande ik elke stap van onze reis, want elke onverwachte gebeurtenis zou een ramp voor Peter betekenen. Ik regelde een duur hotel vlak bij het vliegveld van Sydney zonder op de kosten te letten. Geld speelde geen rol meer. Nadat ik een berg officiële documenten had doorgeploegd, realiseerde ik me dat ik door mijn nomadische leven in de wildernis al die jaren gevrijwaard was gebleven van een heleboel administratieve verplichtingen waar de meeste mensen zich elke dag mee bezig moeten houden.

Eind november was Peter eindelijk voldoende aangesterkt om te reizen. We vlogen van Cairns naar Sydney en namen daar een ander toestel dat ons over de Tasmanzee bracht.

Het eerste wat we zagen was een riviermonding en groene struiken langs de kustlijn. Het felle groen lag te sprankelen in de zon. Alles was kristalhelder: de helderwitte wolken, het scherpe licht, de schone lucht. Het land leek leeg, alsof er geen mensen woonden, de vegetatie zag er levenskrachtig en gezond uit, en ik slaakte een zucht van verlichting. Na anderhalf jaar weg te zijn geweest, had ik het gevoel dat ik weer thuis was gekomen.

ZUIDEREILAND
NIEUW-ZEELAND

10

Nieuw-Zeeland

Een heroïsche vrouwenexpeditie

Kort na onze terugkeer in Auckland kocht ik een auto en bracht ik Peter naar Whanganui, in het zuiden, waar we bij onze vriend Nick Maverick logeerden. Een paar weken later zou ik aan mijn lang van tevoren geplande expeditie beginnen. Ik keek er enorm naar uit om weer in de bergen te zijn, maar ik vond het heel moeilijk om Peter achter te laten nu hij nog zo zwak was. Maar hij wist hoelang ik hier al naartoe had geleefd en zei dat hij zich al een stuk beter voelde en absoluut wilde dat ik ging. 'Het is midzomer en de bergen roepen,' zei hij. 'Je moet dit doen, liefste – deze keer moet je voor ons tweeën wandelen.'

Tijdens ons verblijf in Whanganui stond ik voortdurend in contact met Tamar, mijn mede-expeditielid. Ik had geen andere ervaren vrouwen kunnen vinden, dus gingen we met z'n tweeën. Tamar had alle begrip voor mijn lastige situatie en was bereid de tocht af te breken als Peters gezondheid verslechterde. Peter beloofde me dat hij het me zou laten weten als hij me nodig had, en ondertussen zou Nick voor hem zorgen. Tamar had een GPS-inReach, en als er iets was konden ze ons een bericht sturen. Als het moest kon ik in een paar dagen terug zijn. Maar toch nam ik op die zonnige decembermiddag met een bezwaard gemoed afscheid van Peter.

We omhelsden elkaar en gaven elkaar een kus, de tranen stroomden over mijn wangen, en toen liep ik weg.

Het regende toen ik met mijn twee dreigende geweren de ferry naar de westkust van het Zuidereiland nam, waar ik had afgesproken met onze goede vriend Daniel. We hadden hem acht jaar geleden in de wildernis leren kennen, en ik had veel van hem geleerd. Hij had mij onder andere leren schieten. Het was heerlijk om hem weer terug te zien.

En Tamar was er ook. Ze was nauwelijks veranderd sinds we elkaar in Bulgarije hadden ontmoet – nu een halfjaar geleden. Ze zag er fit en gezond uit en het was fijn om elkaar weer terug te zien. We vertelden elkaar wat we in de tussentijd allemaal hadden meegemaakt en keken vol spanning uit naar de tocht die voor ons lag, hoewel we ook een tikje zenuwachtig waren.

Ik pakte de geweren en legde Tamar uit wat ze moest weten over ons belangrijkste uitrustingsstuk waarmee we ons straks in leven moesten houden. Ik had een nieuwe .223 gekocht en zij zou mijn oude geweer krijgen. Volgens de wet mocht ze samen met mij jagen, zolang ik er maar te allen tijde bij was.

Daniel nam ons mee naar de schietbaan om te oefenen. Hij hielp me met het perfect afstellen van de richtkijkers zodat het doel beter in beeld kwam en het schot nauwkeuriger geplaatst kon worden. Als dit geen vrouwenexpeditie was geweest, was hij graag met ons meegegaan, zei hij. Het zou leuk zijn geweest om hem erbij te hebben, maar ik wist ook dat hij als vanzelf de leiding zou nemen. Hij was sterker, fitter en ervarener dan wij, en vanaf het eerste moment zouden wij hem gevolgd zijn. Hij zou onze route bepalen, hij zou het wild schieten en op zijn rug nemen, en tegen de tijd dat we terug waren in ons kamp zou hij alvast de tenten hebben opgezet, hout hebben gesprokkeld, een vuur hebben gemaakt en het vlees al hebben klaargemaakt.

Dit keer had ik de leiding.

Als tiener droomde ik er al van om op expeditie te gaan. We zouden alleen een geweer en een hengel meenemen en leven van de jacht, de visvangst en eetbare planten. We zouden talloze woest kolkende rivieren oversteken en zelf onze weg zoeken door de bergen – zonder een uitgestippelde wandelroute of een pad te volgen.

Tamar en ik waren van plan om naar het zuiden te lopen, van Arthur's Pass naar de Ahuriri-rivier, en al die tijd in het hooggebergte blijven, waar de gletsjers lagen. Ik wilde dit keer de ruigste plekken opzoeken om de grenzen van mijn kunnen te testen. Ik wilde ontdekken uit welk hout ik was gesneden en hoe ik in een team zou functioneren. En dan was er nog die vraag die voortdurend in mijn achterhoofd speelde: wie was ik zonder Peter?

Afgezien van het geweer droeg ik dezelfde bepakking als in Europa. Daar kwamen nu mijn geweer, de richtkijker, de geluiddemper en veertig kogels bij, samen meer dan vijf kilo. Tamars geweer en de kogels wogen vier kilo, maar zij droeg ook haar hengel. Ik had een lichtgewicht vierseizoenententje bij me waarin we samen konden slapen. We hadden allebei slaapmatjes en slaapzakken die bestand waren tegen een temperatuur van min 25 graden. Ik zou uit de koekenpan eten en Tamar uit een plastic bord. We hadden twee metalen lepels bij ons, mijn grote kookpot en Tamars kleinere pan. We hadden een flinke voorraad waterbestendige lucifers bij ons en waren van plan op open vuur te koken – in het hooggebergte waar het vaak regende en sneeuwde mocht je vuur maken. Voor noodgevallen hadden we een EHBO-doos bij ons en de GPS-inReach van Tamar. Verder hadden we een kompas bij ons, kaarten van het gebied, een telefoon om video's en foto's te maken, en een kleine oplader op zonne-energie. We namen drie kilo bloem mee, wat zout, en twee kilo rijst. Tamar had zelf pemmican gemaakt – een mengsel van vlees, bessen en vet, een oud recept van de Inuit om vlees te conserveren – dat we in geval van nood zouden aanspreken. Toen we vertrokken droegen we allebei meer dan vijfentwintig kilo op onze rug.

We liftten van Westport naar Arthur's Pass, waar we vijf uur over deden. Naarmate we dieper de bergen in reden, werd het weer steeds beroerder. De toppen van de bergen waren in mist gehuld en de temperatuur daalde tot 15 graden. De bestuurder zette ons af op een parkeerplaatsje langs de weg onder een paar bomen, vanwaar we uitzicht hadden over de Waimakariri-vallei. Toen we aan een picknicktafel gingen zitten kwam de zon alsnog tevoorschijn en aten we onze laatste geciviliseerde maaltijd: rijst, groenten en een omelet die we die ochtend hadden gebakken.

Terwijl Tamar haar rugzak op haar schouders hees, haalde ik twee witte boontjes uit mijn zak. Het waren gewone boontjes die je ook kunt eten, maar ze worden engelenboontjes genoemd vanwege de roodbruine tekening op de boon waarin je twee engelenvleugels zou kunnen zien.

'Dit is onze talisman,' zei ik, en ik gaf Tamar haar boontje. 'Het weegt niks. Dat we de volgende tien weken mogen overleven,' zei ik plechtig.

'Ah, dat we de volgende tien weken mogen groeien en bloeien!' zei ze op haar beurt grinnikend en omhelsde me.

We hielden ons engelenboontje de rest van de tocht in onze zak.

We volgden een smal pad het bos in, waar de bomen een ereboog boven ons hoofd vormden en het zonlicht gouden plekken op de bosvloer wierp. Na een hele tijd kwamen we uit op een open vlakte waar een brede rivier doorheen liep, en terwijl ik daar stond dacht ik: ik kom eindelijk weer thuis in de wildernis, in het land dat ik zo goed ken, thuis in dit uitgestrekte landschap waarin de mens nietig en onbeduidend is. Ik was weer terug in de bergen en valleien zonder hekken en grenzen, waar alles leefde zoals het bedoeld was.

We volgden de rivier urenlang, baanden ons een weg door het hoog opschietende gras en luisterden naar het gezang van een leeuwerik hoog in de lucht. Toen we even uitrustten op een rotsblok om water uit de rivier te drinken, zagen we twee hazen voor de wind uit rennen en boven ons hoofd vlogen een paar paradijscascara's luidruchtig voorbij. In de late namiddag zetten we ons tentje op onder een paar beukenbomen en maakten een vuurtje om thee van mānukablaadjes te zetten. Tegen de tijd dat het begon te schemeren in de vallei gingen we voor de eerste keer op jacht. Maar nergens zagen we sporen van hazen of herten, en in de verre omtrek viel geen geit te bekennen. Het was al donker toen we terugkeerden naar ons kamp; Tamar wakkerde het vuur weer aan en ik pakte mijn notitieboekje en begon te schrijven. Sinds ik afscheid van Peter had genomen had ik vaak aan hem gedacht, en ik had besloten om hem brieven te schrijven die ik zou opsturen zodra we weer terug waren in de bewoonde wereld.

Lieve Peter,
Toen ik het oude beukenbos in liep waar het warme zonlicht schitterende patronen op de bosvloer creëerde, voelde ik tranen in mijn ogen prikken omdat ik je ontzettend mis. Jij en ik hebben door talloze valleien als deze gelopen en je zou het hier geweldig hebben gevonden.

Tamar is enthousiast en heel aardig, en ze weet erg veel over eetbare planten. Ze is de beste metgezel die ik maar kan hebben, maar het zal wel even duren voordat ik eraan gewend ben om voortdurend met iemand anders samen te zijn. Het is onwennig om Nederlands te spreken, en het is gek om in een klein tentje naast een vreemde te liggen. Tamar lijkt zich meer open te stellen voor mij dan omgekeerd. Ik voel me net een jong hondje dat een nieuw thuis heeft gekregen en vanuit een hoekje in de kamer schuw om zich heen zit te kijken. Ik weet niet zo goed waarom het bij mij wat langer duurt om aan haar gezelschap te wennen. Waarom ik me niet meteen kan aanpassen, en zij daar geen enkele moeite mee lijkt te hebben.
Miriam

De eerste dagen waren het zwaarst. We waren gewend regelmatig te eten, maar van nu af aan was het alles of niets, afhankelijk van wat de jacht opleverde. We moesten ook wennen aan een dieet van grote hoeveelheden vlees en relatief weinig koolhydraten. De eerste drie dagen hadden we geen succes met jagen. Afgezien van een paar chapati's en wat eetbare planten aten we heel weinig, en we begonnen honger te krijgen. Maar we konden ons niet veroorloven om in dit vroege stadium onze voorraden al aan te spreken.

Op de avond van de vierde dag voelde ik me futloos en had ik maagpijn van de honger. Toch pakte ik mijn geweer en ging zonder veel hoop op jacht. De zon was al achter de bergen gezonken, de hemel zag rozerood en een briesje bracht de graspollen in beweging. Ik wilde de andere kant van de vallei verkennen en waadde door de ijskoude rivier naar de overkant. Het water was melkachtig wit en steenkoud, maar reikte gelukkig niet verder dan mijn knieën. Ik kon mijn voeten niet zien en hield me met mijn wandelstok in evenwicht. Voetje voor voetje liep ik door het water en op de andere oever stapte ik van de ene op de andere kei om geen lawaai te maken. Achter een paar struiken bleef ik stilstaan en speurde de horizon af, zoekend naar tekenen van dierlijk leven. Ik bleef daar heel lang staan kijken en keerde uiteindelijk met lege handen terug naar het kamp.

Gelukkig had Tamar ondertussen wat eetbare planten verzameld. We schilden de harde stengel van de wegdistel en aten de zachte binnenkant. We zogen nectar uit de stelen van vlasbloemen en Tamar had ook asteliaplanten gevonden. Die had ik nog nooit gegeten; de stelen van deze plant smaken lekker, een beetje boterig. Maar het was niet genoeg om de knagende honger te stillen.

De volgende ochtend, toen het nog donker was, kroop ik de tent uit. Ik was nog doodmoe maar voelde intuïtief aan dat er herten rondliepen.

Bij het licht van de maan, op dat moment nog een smalle sikkel aan de hemel, trok ik mijn kleren aan. Ik pakte mijn geweer, dat elke dag zwaarder leek te worden, en sloop het bos in, waarbij ik erop lette alleen op de zachte bosgrond te stappen en niet op droge takjes, dook onder takken door, bleef stilstaan achter hoge bomen en klom geruisloos over grote omgevallen boomstammen. Ik luisterde ingespannen. Een zachte bries streek over mijn gezicht. De eerste klokvogel liet zich horen en al snel kwam het hele bos tot leven.

Ik liet me leiden door mijn reukzin en bleef heel lang doorlopen. Al mijn zintuigen stonden op scherp, ik hield me verborgen in de schaduw van bomen en tuurde naar de grazige plekken langs de oever van de rivier. Toen zag ik een groepje reeën vanaf het water rustig teruglopen naar het bos. Het was een schitterend tafereel. Een hinde bleef stilstaan en wachtte op de andere. Langzaam bracht ik mijn geweer omhoog en liet de loop op een grote tak rusten. Toen het doodstil was, haalde ik de trekker over.

Een daverende knal weerklonk tussen de bergen en de hinde stortte neer. Ik rende er zo snel mogelijk naartoe, en toen ik naast haar stond, zag ik het leven uit haar wegvloeien. Verdrietig streelde ik haar warme vacht, lichtbruin met een donkere streep over de rug, raakte haar zachte neus aan en keek naar haar lange wimpers. Tot dit moment had ze een vrij leven geleid en daar was nu een eind aan gekomen.

Ik keek omhoog naar de bergen, de hemel kleurde al blauw en ik voelde een onmetelijke dankbaarheid en opluchting voor dit geschenk. Dankzij deze hinde hoefden we geen honger meer te lijden.

De jacht in Nieuw-Zeeland is niet te vergelijken met de jacht in Europa. De inheemse vogels op deze eilanden hebben nooit iets te duchten gehad van roofdieren. Maar toen de eerste Europese kolonisten hier voet aan wal zetten en possums, ganzen, reeën, tahrgeiten en andere zoogdieren meenamen, had de inheemse flora en fauna daar enorm van te lijden. De regering doet nu al jaren pogingen om die geïntroduceerde soorten uit te roeien, en moedigt de jacht juist aan.

Ik droeg het dier naar een boom, bond een stuk touw om een grote tak en hees haar met veel moeite omhoog. Ik sneed de huid rond haar poten in en trok de huid er met mijn handen vanaf.

Daarna sneed ik de buik open en haalde de ingewanden eruit. Ik werkte snel met mijn kleine scherpe Zwitserse zakmes. Het was alweer twee jaar geleden dat ik voor het laatst een wild dier had gevild, maar ik was het niet verleerd. De ingewanden legde ik op het gras voor de haviken en daarna droeg ik het karkas naar het kamp.

Tamar werd net wakker toen ik terugkwam en kon haar ogen niet geloven. Ze sprong opgewonden op en neer en vuurde de ene na de andere vraag op me af. Waar had ik het dier gezien? Van welke afstand had ik geschoten? Hoe stond de wind? Had ik vanaf de schouder geschoten? Was het niet zwaar om het dier op te hijsen? Waar zijn de ingewanden? Wat gaan we als eerste eten?

We sneden de kop los, kraakten de schedel open en lepelden de hersenen eruit. Tamar had de grootste moeite om de tong los te trekken, wat angstaanjagend en tegelijkertijd komisch was om te zien. Ze schrok niet gauw terug voor vieze, akelige karweitjes. Op haar reizen door Centraal-Azië had ze de vreemdste dingen gegeten en ze liet zich nergens door afschrikken. Terwijl zij de hersenen bakte, spoelde ik in de rivier het bloed van mijn lijf. Daarna liep ik terug en konden we eten.

De hersenen van een hert zijn voor mij het lekkerste gerecht van de wereld. En Tamar was het daarmee eens. Nadat we alle hersenen hadden opgegeten, was ik zo moe van de vroege jachtpartij dat ik weer ging slapen. Tamar bleef de hele ochtend rond het vuur zitten en toen ik weer wakker werd, aten we de gekookte ogen. Die waren ook lekker – ze smaakten naar oesters. En daarna bakte ze een mals stuk vlees van de dikke lende. Alles wat Tamar, de Michelin-chef, bereidde, smaakte heerlijk en elk bord versierde ze met wat paarse eetbare klaverbloemen, voor het oog en voor de voedingswaarde.

Ik was blij en trots dat we het moeilijkste deel van de tocht achter de rug hadden: het begin.

De eerste pas die we moesten nemen, de Shaler Range, was bedekt met eeuwige sneeuw en ijs. Het hooggebergte veranderde voortdurend van karakter: de ene keer was het humeurig, afstandelijk en afwijzend, de andere keer verwelkomend en toegankelijk. Timing is van het grootste belang als je een hoge pas over moet. We moesten ervoor zorgen dat de berg aan onze kant stond, want we konden hem alleen op uitnodiging beklimmen, met zijn toestemming. Om in de bergen te overleven is het essentieel dat je het land leert 'lezen' en daarnaar handelt.

Toen de hemel blauw was en de besneeuwde bergtoppen er vriendelijk uitzagen, gingen we op pad. Het was een zware tocht vanuit het bos langs de met stenen bezaaide rivierbedding naar de bergpas. We volgden de rivier net zolang tot hij was drooggevallen en we tussen de graspollen liepen. Het landschap maakte hier een bijzonder onherbergzame, desolate indruk. In de verte zagen we een gems lopen. We hadden ons helemaal rond gegeten, dus deden we geen poging om hem neer te schieten, en genoten alleen maar van de schitterende aanblik van dit dier dat zich elegant, zelfverzekerd en snel voortbewoog.

We klommen nog hoger, tot we de sneeuwgrens bereikten en tot onze kuiten in de sneeuw wegzakten. Tamar liep voorop en ik volgde haar in haar voetstappen, en halverwege wisselden we van rol. Soms moesten we een sneeuwbrug over, heel behoedzaam en een voor een, uit angst dat de brug zou instorten.

We voelden ons heel nietig in dat weidse landschap, net twee miertjes die langs een besneeuwde berg omhoog proberen te kruipen. Boven aangekomen zagen we de gletsjer liggen. De aanblik van die blauwe ijsmassa was indrukwekkend: we zagen massieve lagen ijs die over elkaar heen waren geschoven en een geschiedenis van tienduizenden jaren lieten zien. De gletsjer leek een geheel eigen identiteit te hebben en ik begreep meteen waarom elke gletsjer een eigen naam heeft.

We rustten even uit en Tamar trok een plastic zak tevoorschijn. 'Wat denk je dat dit is?' zei ze grinnikend.

'Een tong!' lachte ik. Het ding leek op een penis.

De vorige dag had Tamar de tong urenlang gekookt en het resultaat was verrukkelijk. Hij was mals en had een zoetige smaak.

De volgende gang bestond uit *patty's* – vleeskoekjes. We hadden paardenbloemen en pūhā – een inheemse melkdistel – geplukt, en die vermengd met bloem en orgaanvlees. De patty's waren een beetje kruimelig omdat er eigenlijk een ei in moest, maar ze smaakten prima.

Na het eten genoten we even van het uitzicht en zagen weer een gems: deze liep over de gletsjer en was duidelijk zichtbaar tegen de witte achtergrond. We zagen hem een aanloopje nemen en de lucht in springen, alsof hij een vlieg wilde vangen, en daarna een pirouette maken. Hij rende verder, draaide zich om en nam weer een aanloop, en maakte deze keer een draai van 180 graden. Het was alsof we naar een circusact keken. Hij herhaalde de voorstelling nog een paar keer en verdween toen tussen de verticale rotswanden. Het was fantastisch om zo'n jong beest over het ijs te zien dartelen en van puur plezier omhoog te zien springen.

Vanaf de pas daalden we af naar de uitgestrekte Wilberforce-vallei. Hier stroomde de brede, zich wijd vertakkende Wilberforce-rivier door diepe geulen en ongerepte bossen. Rondom ons zagen we alleen maar reusachtige bergen en de machtige wind had hier vrij spel. Steeds als we een nieuwe bergpas overstaken raakten we verder weg van de beschaving en kwamen we dichter bij het hart van de wildernis.

Na een paar zonnige dagen in de Wilberforce-vallei draaide de wind naar het noorden en kregen we regen – hoosbuien. Het stortregende, en het water dat eerst hier en daar van de rotsen druppelde, vormde nu spectaculaire watervallen. De bergtoppen waren in mist gehuld en zagen er afstandelijker en ongenaakbaarder uit dan ooit. Overdag zaten we in de tent, vertelden elkaar verhalen over wat we allemaal hadden meegemaakt en speelden schaak op het kleine tinnen schaakbordje dat ik had meegenomen. 's Avonds kropen we de tent uit en ging Tamar vissen in de regen en ging ik jagen.

Door het warme natte weer werden alle subtiele geuren nog eens versterkt en gaven zelfs de kleinste bloempjes een duidelijke geur af. Het lange natte gras sloeg speels tegen mijn kuiten en de zaadjes voelden zacht aan op mijn huid. Ik bleef langs de oever van de rivier lopen tot ik een droog plekje onder een tōtaraboom vond. De meeste dieren schuilen liever tegen de regen, en het was duidelijk dat hier reeën hadden gelopen – want ik zag hun sporen, hun keutels en de plekken waar ze met hun gewei tegen de bomen schuurden. Al die tijd vloog er een waaierstaart met me mee, maar reeën zag ik niet. Ik kwam met lege handen terug naar het kamp en Tamar had ook al geen geluk gehad. Het was lastig vissen in het melkachtige, snelstromende water, zei ze, omdat er nergens poelen waren en ze de vissen niet kon zien. De rest van de avond plukten we maar tōtarabessen – die smakelijk waren, maar wel zuur.

De volgende ochtend was het stralend weer, dus trok ik er weer op uit met mijn geweer. Elk dier zou zich na zo'n langdurige regenbui in de zon willen koesteren en ik was er zeker van dat ik een haas zou zien zonnebaden. Ik bleef heel lang op mijn buik op de hoge oever van de rivier liggen, tot ik eindelijk een haas zag. Stilletjes legde ik aan, ademde uit en haalde de trekker over.

We maakten een vuurtje van droge boombast en toen de haas na urenlang sudderen gaar was, konden we het vlees zo van het bot trekken. Tamar schikte alles op ons enige grote plastic bord, samen met wat gekookte pūhā, die naar spinazie smaakte.

'Aan tafel!' zei ze, en ze zette het bord voor ons op de grond.

In Mongolië had ze van één bord leren eten. Ikzelf vond dat een beetje onhygiënisch en ook niet eerlijk, omdat ik veel sneller at dan Tamar. Maar Tamar zat er niet mee en ik paste me aan. Het was inderdaad veel praktischer.

We liepen een week lang door de uitgestrekte Wilberforce-vallei en staken ettelijke keren de wijdvertakte rivier over, tot we in de Rakaia-vallei kwamen. Onderweg jaagden we op possums. Als je hun witte vlees lang laat sudderen, wordt het heel zacht en smakelijk. Op een ochtend werden we wakker en zagen hier en daar wat blauw tussen de wolken. We legden snel een vuurtje aan, aten wat vlees als ontbijt, maakten patty's van possumvlees voor de lunch en pakten onze rugzak in. Tegen de tijd dat we op pad gingen was de lucht alweer betrokken. Maar in plaats van de rugzakken uit te pakken en de tent weer op te zetten besloten we zoveel mogelijk kilometers te maken naar de volgende bergpas, en dus volgden we de rivier omhoog.

Een uur later kwamen we klem te zitten tussen de hoofdrivier en een steile puinhelling. We konden de rivier niet oversteken en moesten tegen de dichtbegroeide oever op klimmen. We baanden ons moeizaam een weg door kletsnatte struiken, raakten verstrikt in klimplanten en moesten diep bukken om laaghangende takken te vermijden. Net toen ik over een dikke boomstam klom, bleef mijn geweer achter een tak vastzitten. Ik probeerde me om te draaien, maar ik viel achterover en bleef met mijn knieholte achter een tak haken. Ik schreeuwde het uit van de pijn en Tamar kwam op me toegesneld. Ze klikte mijn heupband los zodat ik niet verder naar achteren werd getrokken door het gewicht van mijn rugzak. Ik kwam er zonder kleerscheuren vanaf, maar ik was wel drijfnat.

Het lopen ging moeizaam en we moesten op handen en voeten onder de struiken door kruipen. Het was alsof we gevangen zaten in een dichtbegroeide jungle. Mijn rugzak en geweer bleven achter elke tak steken en in een uur legden we amper honderd meter af. Uiteindelijk lieten we ons langs een smalle geul omlaagglijden naar een smalle rivierbedding. De laatste twee meter moesten we springen en we waren opgelucht dat we van dat dichte struikgewas waren verlost.

Daarna bleven we dicht bij de rivier, waardoor we over grote vierkante zwarte rotsblokken moesten klimmen in het wild schuimende water, dat een oorverdovend lawaai maakte. Als de rotsen te hoog waren om overheen te klimmen moesten we door het water waden, en zelfs dicht bij de oever voelde ik hoe sterk de stroming was. De rivier liet zich die dag van haar meest genadeloze kant zien.

Een eenzame grote mantelmeeuw vloog laag boven de vallei,

en ik bleef stilstaan om hem na te kijken. 'Ha-ha-ha-ha,' lachte hij voor hij in de mist verdween. Vlak daarna begon het ook nog eens te regenen en ik kreeg spijt als haren op mijn hoofd dat we die ochtend waren vertrokken. Peter zou dat nooit hebben gedaan: hij zou geweigerd hebben om in zulke weersomstandigheden ook maar een stap buiten de droge tent te zetten. Boven ons hoofd pakten donkere wolken zich samen en dreven de vallei binnen. De bergen verkeerden in een vijandige stemming en het zag er niet naar uit dat we de pas konden oversteken. Op de kaart zagen we dat er ergens een hut was, en besloten daarheen te lopen.

We liepen een uur lang stroomopwaarts tot we op een steile rotswand stuitten en niet verder konden. Tot onze verbazing was er op dat punt een hangbrug over de rivier aangelegd. We wilden de rivier liever niet oversteken, want de hut lag aan deze kant, maar we hadden weinig keus. Het was de enige manier om verder te komen. Met behulp van een vast touw klommen we twintig meter omhoog langs de rotswand naar het begin van de hangbrug, en staken daar de bulderende rivier over. Aan de andere kant liep geen pad en moesten we ons een weg zoeken tussen gigantische rotsblokken en door dicht struikgewas. We moesten weer aan de andere kant van de rivier zien te komen, maar het was niet meteen duidelijk hoe. We zagen nergens een brug. Toen het ook nog eens harder ging regenen en het aanmerkelijk kouder werd, begon ik me zorgen te maken.

Het landschap begon steeds meer op Mordor te lijken, het Land van het Kwaad. De mist hing nu zo laag dat de rotsblokken nauwelijks zichtbaar waren. Alles wees erop dat de bergen met rust gelaten wilden worden. In een wanhopige poging om toch aan de goede kant terecht te komen probeerde ik de kolkende rivier over te steken. Het water was zo koud dat het voelde alsof er duizend naalden in mijn botten werden gestoken. Na drie stappen struikelde ik en viel in een gat, waardoor ik opeens tot mijn heupen in het water stond. Snakkend naar adem en rillend van de kou, wist ik de oever weer te bereiken.

'Hoe moeten we de rivier in godsnaam oversteken?' riep ik paniekerig.

'Verder stroomopwaarts!' zei Tamar. 'Daar staat het water denk ik wat lager!'

Hoewel ik in beweging bleef begon ik het steeds kouder te krijgen in mijn natte korte broek. Toen we even stopten om onze possumpasteitjes te eten deed ik mijn rugzak af om bij het eten te kunnen – en liet ik hem stom genoeg in de regen staan. Die rugzak had mijn rug juist warm gehouden en ik begon onmiddellijk over mijn hele lichaam te rillen en te beven. Ik hees hem weer snel op mijn rug en begon te lopen, maar ik wist dat ik nu gevaar liep om onderkoeld te raken.

'Ik heb het steenkoud!' schreeuwde ik tegen de wind en de regen in. Tamar keek bezorgd toen ze mijn bleke gezicht en blauwe lippen zag. 'Kun je dit nog doen?' Ze zette haar duim achtereenvolgens tegen haar wijsvinger, middelvinger, ringvinger en pink.

Het lukte me maar het kostte me veel moeite om mijn vingers te bewegen, die wit zagen van de kou. Op dat moment zwoer ik dat ik mijn rugzak niet meer af zou doen. Ik moest in beweging blijven en mocht niet meer in het ijskoude water vallen.

We liepen verder en langzaam maar zeker begon mijn bloedsomloop weer op gang te komen. We hadden er beter aan gedaan de tent ergens op te zetten en in onze slaapzak te kruipen, maar het vooruitzicht van een warme hut aan de andere kant van de rivier kwam ons zo aantrekkelijk voor dat we geen moment overwogen om de tent in de wind op de harde rotsachtige bodem te zetten.

We bleven nog meer dan een uur verder omhooglopen door de vallei, in de veronderstelling dat de rivier daar lager zou staan. Onze kaart bestreek slechts het middelste gedeelte van de vallei waarop de hut stond aangegeven, en we hadden geen flauw idee wat er hogerop lag – tot we een bocht om kwamen en voor ons een gigantisch gletsjermeer zagen. Geschrokken keken we elkaar aan: het zou ons uren kosten om eromheen te lopen en zonder een ijsbijl en klimijzers werd het heel lastig om de gletsjer aan de bovenkant van het meer over te steken. Verslagen wierp ik een blik op de grijze rotsen en de in mist gehulde steile rotswanden. Wat we ook besloten, het zou een gevaarlijke tocht worden.

We keken eens goed naar het punt waar het meer smaller werd en in de rivier uitkwam, en zagen dat het water daar vrij laag stond vanwege de slibafzetting. Ik realiseerde me dat dit onze enige kans was.

'Ik ga!' zei ik nadat ik de beste plek had uitgezocht.

'Oké!' zei Tamar. 'Doe voorzichtig!' Ze pakte haar noodbaken uit haar zak en hing dat om haar hals.

Ik haalde een paar keer diep adem en stapte langzaam in het vloeibare ijs. Het water was zo koud dat ik meteen hoofdpijn kreeg. De rivier stroomde hier heel traag, alsof ik door een meer waadde. Toen het tot mijn heupen kwam, begon ik me ongerust te maken, maar ik moest wel doorlopen als ik de andere kant wilde bereiken. Het voelde bijna onwerkelijk om daar hoog in de bergen door ijzig koud water te waden. Stapje voor stapje liep ik verder, met mijn blik strak op de andere oever gericht. Mijn voeten moesten zelf hun weg zoeken, want ik zag niets in het troebele water. Ik concentreerde me op mijn ademhaling en sloot de kou buiten. Toen ik eenmaal veilig de overkant had bereikt, stapte Tamar in het water. Ze volgde dezelfde weg die ik had genomen en toen ze uiteindelijk op de oever stapte, las ik angst in haar ogen.

'We hebben het gered!' Ik omhelsde haar en de angst in haar ogen maakte plaats voor opluchting. 'We hebben het overleefd!'

'Ja, we leven nog!' juichte ze. 'Joehoe!'

Onze kreten van blijdschap werden opgeslokt door de wolken en we voelden ons zo mogelijk nog kleiner worden. Twee kleine stipjes aan de oever van een gletsjermeer in Mordor. Op een zich eindeloos uitstrekkende, woeste planeet.

Uiteindelijk wisten we de oude hut te bereiken, waar al heel lang geen bezoekers meer waren geweest. Er was een open haard en er woonde een possum, die via de schoorsteen binnen was gekomen. Elke vierkante centimeter van de hut was bedekt met urine en keutels. Ik keek naar Tamar, die het vlekkerige matras gewoon omdraaide en haar slaapzak erop uitrolde. Anders dan ik maakte ze zich nooit druk om haar spullen. Ze zat er niet mee als haar sokken onder de modder zaten of als haar rugzak nat werd. En als het zo uitkwam kroop ze zonder zich te wassen gewoon in haar slaapzak. We hadden onderweg een keer een haas geschoten en Tamar had het beest aan haar rugzak gebonden, zonder zich iets aan te trekken van de bloedvlekken. Toen ik vroeg of ze dat niet vies vond keek ze me verbaasd aan, en zei: 'Miriam, dat was je er toch wel weer uit?'

Een paar dagen later klommen we bij stralend helder weer naar de volgende pas. Tot onze verbazing had een reebok die ochtend precies hetzelfde idee opgevat. Hij liep een heel eind voor ons uit, maar zijn verse hoefafdrukken waren nog duidelijk zichtbaar. Door zijn spoor te volgen hadden we het gevoel een gebied te betreden waar dieren de scepter zwaaiden en wij slechts bezoekers waren. Voor hen waren mensen een merkwaardige soort die geen enkele rol speelde in hun wereld.

We kampeerden en jaagden op de meest schitterende plekken, zochten ons een weg door de bergen en kwamen onderweg door de prachtigste valleien. En elke vallei was weer anders: we liepen door smalle valleien met steile puinhellingen waarop hier en daar een struik groeide; door kale, onherbergzame valleien waar de aarde een rode gloed had; door brede dichtbeboste valleien – het was altijd weer een verrassing als we de top van een berg bereikten en vandaar de volgende vallei in keken.

Op een dag volgden we een rivier omhoog naar een bergpas. Hoe hoger we kwamen hoe steiler het werd. Uiteindelijk moesten we ons een weg omhoog zoeken langs een bulderende waterval en ons vastklampen aan rotsen die soms verraderlijk los zaten. Met onze schoenen gleden we uit op de altijd natte rotswanden en op een gegeven moment kwamen we zelfs vast te zitten in een spleet en wisten we niet hoe we verder moesten – overal om ons heen liep de rotswand recht omhoog en zag hij er glibberig uit. Het enige wat we konden doen was onze schoenen uittrekken en op blote voeten omhoogklimmen. Toen ik eenmaal merkte hoeveel grip ik had, voelde ik me een stuk veiliger.

Onderweg viel er genoeg wild te schieten en we verzamelden zoveel mogelijk bessen en eetbare planten om voldoende voedingsstoffen binnen te krijgen. Tamar was een creatieve kok en leerde me hoe je empanada's, *momo's* en dumplings kon maken van onze bescheiden voorraad bloem. Ik leerde steeds beter koken, en Tamar leerde beter jagen. Na een hele dag lopen werd het bereiden van de avondmaaltijd een regelrecht feest voor ons. We vielen af, kregen sterkere spieren en voelden ons fit en gezond. We waren net zo sterk en snel als de dieren die we aten.

Lieve Peter,
Hoe dieper we in de wildernis doordringen, hoe intenser ik alles ervaar. Om me heen heerst stilte, maar het is geen vredige, serene stilte. Ik voel een tomeloze energie, de lucht lijkt te knetteren – alsof alles om me heen op iets zit te wachten. Het is een verwachtingsvolle stilte. Alsof je in een theater met duizend toeschouwers zit en iedereen wacht tot het eerste woord wordt uitgesproken.

Als ik in mijn eentje op jacht ga, is die intensiteit duidelijk voelbaar. Ik loop langzaam, ik kijk, ik luister. En dan verdwijnen alle gedachten naar de achtergrond en beweeg ik mee met de stilte, want de stilte zelf lijkt een beweging te zijn.

Als de zon achter de bergtoppen zakt, baadt de hele vallei in een zacht oranje licht. In de verte zie ik bizarre rotsformaties die de meest vreemde hoeken vormen, volmaakte bergpieken en opvallende spiraalvormige windingen. Ik zie bloemen en insecten die ik niet eerder heb gezien: het voelt alsof de schepper op dat moment aan het werk is, en ik getuige ben van het scheppingsproces. De bergen zijn in beweging, de planten groeien, de rivier vormt het landschap. Vandaag is

weer anders dan gisteren – alles om mij heen is voortdurend in beweging. Ik heb het gevoel dat ik door de caleidoscoop van de goden kijk. Het is een groots wonder dat het leven voortdurend in beweging is. En wat ik een nog veel groter wonder vind, is dat ik er deel van uit mag maken.
Miriam

Het bleef schitterend weer en we schoten goed op. Na vier weken bergen en rivieren oversteken bereikten we de Godley-vallei, een van de meest onherbergzame plekken waar ik ooit ben geweest. Het leek alsof een grote hand een gigantisch rotsblok uit de hemel had gegooid dat bij het neerkomen in duizenden kleinere stukken uit elkaar was gespat, en dat die brokstukken nu her en der eenzaam verspreid lagen door de vallei.

We pakten onze geweren en liepen naar een gletsjermeer boven aan de vallei. Hoe dichter we bij het meer kwamen hoe ijziger de wind werd, en op den duur leek het of we midden in de winter waren beland. Zelfs met al mijn kleren aan had ik het onvoorstelbaar koud. We schuilden achter een paar rotsblokken waar een heleboel ranonkels bloeiden en we talloze verrukkelijk zoete witte sneeuwbessen vonden.

Meer dan honderd Canadese ganzen en paradijscascara's lagen sereen op het water te dobberen. Het was een adembenemend tafereel en het was doodstil, tot een van de ganzen de andere waarschuwde voor twee gevaarlijke vrouwen. Al snel was de hele zwerm aan het gakken. Toen begon één gans met zijn vleugels te klapperen, waarop alle andere volgden en ze allemaal opvlogen. De hemel was vol klapwiekende, gakkende en snaterende vogels.

Ik dacht dat onze kans verkeken was, maar tot mijn verbazing zag ik Tamar naar iets in het gras turen. Ze schouderde haar geweer en haalde de trekker over. Het schot weerkaatste tegen de bergen. We zagen de gans ineenzijgen. Eerst spreidde hij zijn vleugels uit, daarna keek hij omhoog naar de hemel en boog toen heel langzaam zijn hals, tot zijn kop de grond raakte. Het was een ontroerend beeld. Vreemd genoeg leek het of hij wist dat dit zijn lot was – alsof hij was achtergebleven om zich op te offeren.

Tamar liep erheen en tilde de gans op, die behoorlijk groot was. Het was droevig om de vogel te zien sterven en tegelijkertijd was ik enorm dankbaar omdat we nu iets te eten hadden. Toen we het dier van zijn ingewanden ontdeden, vonden we een heleboel sneeuwbessen in zijn maag. Hij had hetzelfde gegeten als wij. Ter plekke plukten we de gans, en werden aan alle kanten omringd door een hele berg veren en dons. Tamar zette hem op een stok en roosterde hem in zijn geheel boven een vuurtje. Het duurde heel lang voordat het vlees gaar was en het bleef een beetje taai, maar we kregen er enorm veel energie van.

Vanuit de Godley-vallei moesten we onze weg zoeken over de bergketens om in de volgende vallei te komen. Diezelfde avond keken we op de kaart hoe we moesten lopen en staarden we naar de 2000 meter hoge berg die boven ons uittorende. We hadden de beste route in ons hoofd zitten, en nu was het wachten op het juiste moment om te vertrekken.

De volgende ochtend, toen de duisternis langzaam wegtrok en plaatsmaakte voor een grijze hemel, ging ik brandhout zoeken en maakte vuur. Tegen de tijd dat Tamar het ganzenvlees had opgewarmd zag de hemel helderblauw. We besloten om die dag de bergpas over te steken en werden onmiddellijk zenuwachtig bij dat vooruitzicht, want als je een bergpas oversteekt weet je nooit wat je te wachten staat.

Toen de eerste zonnestralen over de vallei gleden begonnen we aan onze klim. De uitloper van de berg was eerst met gras begroeid, ging daarna over in een rotsachtige bodem en veranderde uiteindelijk in een puinhelling. Bij iedere stap die we deden, gleden we weer een stap terug. Het was net of we door diepe sneeuw liepen. Zo bleven we urenlang doorploeteren tot we de bergkam bereikten, waar het windstil was en waar vreemd genoeg geen enkel geluid weerklonk.

We pauzeerden even om water te drinken en het uitzicht te bewonderen, en zagen een kudde tahrgeiten, een geïntroduceerde soort uit de Himalaya. Het was heel bijzonder om op een van de ruigste plekken op aarde te staan en daar toch zoveel dieren te zien. Een grote groep geiten stond op een ver weg gelegen berghelling aan blaadjes te knabbelen. Wat dichterbij zagen we een paar dieren tegen vrijwel verticale rotswanden omhoogklauteren en boven rotsspleten en ravijnen over smalle richels manoeuvreren. De tahrgeiten voelden zich duidelijk thuis te midden van de rotsen en bergpieken. Ze observeerden ons kalmpjes en waren absoluut niet bang.

We liepen verder over de bergkam, maar toen we dichterbij kwamen, maakten de tahrgeiten zich toch maar uit de voeten. Op eentje na. Een grote tahr bleef op de rotsen staan en sprong naar beneden, onze kant op. Hij maakte een soort koprol vanaf een vijf meter hoge rotswand, kwam klunzig terecht op de rotsachtige bodem eronder en begon paniekerig heen en weer te springen. Op dat moment zag ik dat zijn ogen melkachtig wit waren. Het arme beest was blind. Hij verdween even achter een paar rotsen en toen ik hem weer zag, maar nu wat dichterbij, pakte ik mijn geweer. Met de wind in mijn gezicht klom ik geruisloos omhoog langs een rotswand, legde aan en schoot de tahr van twee meter afstand door zijn kop. Toen de echo van het schot was weggestorven hoorden we het lawaai van de geit, die omlaag viel – en van de rotsblokken die mee rolden. Toen werd het stil.

Ik had gehoopt dat hij op een richel vlak onder mij terecht zou komen, maar hij was honderden meters omlaag gevallen, in een peilloze afgrond. Ik tuurde verslagen in de diepte en speelde de scène nog eens af in mijn hoofd, en vervloekte mezelf omdat ik vanuit de verkeerde hoek had geschoten. Ik voelde me schuldig omdat we dit dier nu niet konden eten en dat hij een nodeloze dood was gestorven. Maar Tamar troostte me en zei dat het beest blind was. Maar hij had tot nu toe weten te overleven, en het was niet aan mij om hem uit zijn lijden te verlossen.

Ik bevestigde het geweer weer aan de rugzak, bevochtigde mijn lippen met een slok water en volgde Tamar verder omhoog, over de smalle richel. Het was zwaar lopen, we moesten op handen en voeten verder klimmen over de rotsblokken en elke stap bracht gevaar met zich mee.

We waren doodop maar enorm opgelucht toen we eindelijk de pas bereikten, en pauzeerden even om wat ganzenvlees te eten en de omgeving in ons op te nemen. Aan de andere kant van de pas lag een droge, onherbergzame vallei met alleen maar zand en stenen. Duizend meter onder ons begon de eerste vegetatie. Ik wees Tamar hoe we misschien konden lopen. 'Als we nou rechts aanhouden tot aan die grote driehoekige rotswand, en dan naar links afbuigen, om dat grote rotsblok heen. Zie je dat rotsblok?'

'Zullen we even kijken waar we zitten?' vroeg Tamar.

'Kijken waar we zitten? Achter ons ligt de Godley-vallei en daar zie ik de rivier die naar de Cass-vallei loopt.'

Zonder antwoord te geven haalde ze haar GPS tevoorschijn en zei een minuut later: 'Deze rivier loopt terug naar de Godley-vallei, niet naar de Cass-vallei. Dit is niet de bergpas; die ligt dáár!' Ze wees naar een nog hogere berg boven ons.

Ik was al doodmoe en moest er niet aan denken dat ik nog hoger moest klimmen. We stopten het eten terug in de rugzak voor later en begonnen langzaam, voetje voor voetje, langs een steile puinhelling omhoog te klimmen naar de echte bergpas. Ik gleed voortdurend uit over de losse steenslag en zette mijn wandelstok zo diep mogelijk in de kiezels. Met mijn hele gewicht leunde ik op mijn rechterarm en ik was kapot toen we boven aankwamen.

Maar we hadden het gered. We gooiden onze handen in de lucht en feliciteerden elkaar met deze geweldige prestatie. Onder ons lag een kale, met stenen bezaaide vallei.

'Puinhelling!' riep ik boven de wind uit, en al glijdend en springend rende ik naar beneden. De kunst was om met de bovenlaag van de steentjes mee te bewegen en voortdurend in beweging te blijven. Het was alsof je over een makkelijke zeshonderd meter lange skihelling naar beneden zoefde.

We schoten nu flink op en onder aan de helling gekomen, pauzeerden we even, dronken een heleboel water en aten de rest van het vlees op. Ik trok mijn sandalen aan en liep lichtvoetig verder naar beneden, naar de rivier. Zonder ons ook maar een moment zorgen te maken, klommen we over rotsblokken heen, zochten we onze weg door smalle ravijnen en staken we keer op keer de rivier over – tot we in de verte een waterval hoorden bulderen. Daar hadden we niet op gerekend omdat die niet op de kaart stond: alleen watervallen van meer dan twintig meter stonden aangegeven. Deze waterval was ongeveer vijftien meter hoog.

'Wat moeten we nou doen?' zuchtte Tamar bezorgd.

Als Peter erbij was geweest was ik gaan zitten en in tranen uitgebarsten omdat ik geen stap meer kon zetten van vermoeidheid. Maar Peter was er niet en huilen hielp niet. We moesten een oplossing vinden.

Ik schraapte mijn keel. 'We moeten ergens een doorgang zien te vinden. Kom, dan kijken we even.'

We kwamen iets dichterbij, maar de aanblik van de afgrond bezorgde me de rillingen. De helling zag er ongenaakbaar hard uit. Als we uitgleden, zouden we steeds sneller gaan en uiteindelijk beneden te pletter slaan. Ik voelde de angst langs mijn benen omhoog kruipen.

Tamar draaide zich om. 'We moeten daar omhoog,' zei ze resoluut. 'Langs die bergkam.'

'Onmogelijk! Die rotswand loopt loodrecht omhoog! Daar kunnen alleen berggeiten tegenop!'

'Als er begroeiing is, zou het kunnen,' zei ze. 'We doen er langer over dan als we langs deze helling naar beneden gaan, maar het is veel veiliger.'

Ik keek weer omhoog. De rotswand was bedekt met struisgras. De punten van deze grassoort waren zo scherp dat je je er tot bloedens toe aan kon verwonden, maar als we de plant bij de aanzet van de wortels konden vastpakken, zou hij misschien ons gewicht kunnen dragen.

Omdat we geen andere keus hadden behalve op onze schreden terug te keren, begonnen we aan de beklimming. Ik voelde de adrenaline door mijn lijf gieren, waardoor ik weer nieuwe energie kreeg en begon met mijn zware bepakking enthousiast aan de klim.

De eerste honderd meter gingen relatief goed. Toen verdween de begroeiing en konden we ons nergens meer aan vasthouden. De helling bestond alleen nog uit door de wind op elkaar gepakte stenen en zand. Maar vijftig meter verderop zagen we een smal geitenpaadje dat naar een rotsformatie liep. Om daar te komen moesten we een bijna verticaal stuk oversteken.

'Denk je dat we bij dat geitenpaadje kunnen komen?' vroeg ik Tamar, die onder me stond.

Ze keek omhoog en knikte. 'Ja, dat denk ik wel.' Ze zei het achteloos, alsof ik had gevraagd of haar auto in een parkeervak paste.

We bevonden ons in een absurde, hachelijke situatie, maar ik draaide me om en voetje voor voetje klom ik naar het veilige geitenpad, langzaam voortschuifelend langs de zijkant van de helling – vertrouwend op mijn houten wandelstok. Onderweg hield ik me vast aan stenen waar soms schrikbarend veel beweging in zat. Onder me was een tweehonderd meter diepe afgrond: één fout en ik zou uitglijden en naar beneden storten. Ik was nog nooit zo bang geweest om te pletter te vallen.

Toen hoorde ik een stem in mijn hoofd: Miriam! Je doet dit al tien jaar! Je kent deze rotsen, dit zand, deze wildpaadjes. Je kent dit land als je broekzak! Je hebt dit al zo vaak gedaan!

Vanaf dat moment keek ik omhoog in plaats van naar beneden. Voorzichtig, kijk uit, zei ik tegen mezelf. Geen fouten maken. Langzaam, neem de tijd.

Toen ik met trillende benen even stil bleef staan op een punt waar de ondergrond iets steviger aanvoelde, keek ik achterom naar Tamar. De zon was achter de bergtoppen verdwenen; om ons heen was het doodstil.

'Gaat het goed?' vroeg ik kalm.

'Ja, ja, prima!' antwoordde ze even kalm, en tilde haar stok even op en stak haar duim op. Ze glimlachte kort en richtte haar blik weer op de helling. Ze deed twee stappen en leek heel even niet te weten hoe ze verder moest. Toen wilde ze haar rechtervoet op een grote steen zetten, maar zodra ze dat deed schoot de steen onder haar voet vandaan en rolde met veel lawaai naar beneden. Meteen plantte ze haar beide wandelstokken stevig in de grond en liet haar gewicht op haar linkerbeen rusten om niet naar beneden te glijden.

'Alles oké?' riep ik.

'Hm.'

Het bleef even stil.

'Ik denk dat ik via die kant ga.' Ze wees heuvelopwaarts.

Daarmee nam ze ongelooflijk veel risico. Mijn hart klopte in mijn keel terwijl ik naar Tamar bleef kijken tot ze op een veiliger plek was beland.

Toen ik het geitenpaadje had bereikt, volgde ik het pad naar de top van de bergkam en ging daar zitten om op adem te komen. Ik vroeg me af of dit nou een ongewoon gevaarlijke situatie was geweest of dat ik het gevaar had uitvergroot omdat Peter er niet bij was. Met hem had ik al talloze gevaarlijke situaties meegemaakt en was ik nooit bang geweest.

Toen Tamar naast me stond, was ik weer wat gekalmeerd. We bleven daar even zitten en bespraken hoe we naar beneden zouden lopen. In het laatste licht van de dag volgden we de bergkam naar beneden tot in de vallei.

Het was al halfdonker toen we de tent opzetten, wat dode takken van struiken afbraken en een vuurtje maakten om een kop thee te zetten. We hadden die avond niets te eten, maar we hadden ook totaal geen honger. Gewikkeld in onze slaapzak praatten we bij het vuur na over hoe bang we waren geweest. Dat we allebei wel konden huilen toen we die waterval zagen, maar onze angst niet aan de ander wilden tonen.

We waren doodmoe aan het eind van deze lange, enerverende dag, maar voelden ons ook enorm trots dat we het hadden gered.

'We hebben het klaargespeeld, Tamar,' zei ik op het laatst.

Ze gaf geen antwoord maar zelfs in het donker kon ik haar zien glimlachen.

Hallo mijn liefste Peter,
Expedities zijn per definitie zwaar. Je krijgt te maken met lastige situaties en benarde omstandigheden. Ik heb verhalen gelezen over expedities waarbij mensen elkaar te lijf gingen. Ik kan me voorstellen dat je gestrest en sneller geïrriteerd raakt door de gevaren en de spanningen die een expeditie met zich meebrengt. Maar gelukkig werken Tamar en ik heel goed samen. We maken nooit ruzie en we zijn juist nader tot elkaar gekomen. Ze is een heel goede vriendin geworden. De afgelopen tien jaar hebben jij en ik door onze nomadische levensstijl niet veel hechte vriendschappen met anderen kunnen sluiten. Het is een heel nieuwe ervaring om naast jou nog een goede vriendin te hebben. Ik heb ontdekt dat als je dicht op elkaar leeft, je een beetje op de ander gaat lijken. We worden de mensen met wie we ons omringen – zo ontstaan culturen ook, denk ik. Meestal zijn we ons vooral bewust van de verschillen en hebben we minder oog voor de overeenkomsten.

Mijn vriendschap met Tamar is me heel dierbaar, maar elke dag, mijn liefste, mis ik je en vraag ik me af hoe je je hier doorheen slaat met zwakke nieren en weinig energie. Ik vraag me af hoe je het uithoudt in een huis, in een stad – zonder het bos en de bergen om je heen. Hoe kun je overleven zonder de wildernis?
Miriam

We waren al meer dan vier weken onderweg en waren op een ochtend bezig de tent af te breken, toen Tamar zei: ‘Miriam, je hebt een bericht van Peter.’

Ik was net de tent aan het oprollen en keek haar aan. Het was eind januari en ik wist dat hij de uitslag van een bloedonderzoek zou krijgen.

‘Wat staat erin?’ vroeg ik, met een bonzend hart.

Tamar gaf me het oranje toestel aan.

Ik las: *Creatinine nog steeds 450, niet beter en niet slechter. Arts zegt: nieren herstellen zich misschien niet. Liefs, P.*

De nieren herstellen zich misschien niet. Wat betekende dat? Was er nu sprake van chronisch nierfalen? Had hij dialyse nodig? Moest hij een niertransplantatie ondergaan?

Ik staarde zonder iets te zien in de verte. Tamar sloeg een arm om me heen, maar ik voelde me als verdoofd. Ik stortte niet in en begon ook niet te huilen. Ik wist gewoon niet wat ik moest zeggen of doen, dus ging ik maar verder met het oprollen van de tent.

Als ontbijt aten we in stilte een enorm bord hazenstoof. Daarna zocht ik een plekje uit de wind, om Peter een brief te schrijven. Toen ik niets meer wist te schrijven keek ik op en zag dat Tamar verdwenen was. Ik riep haar, maar kreeg geen antwoord. De paniek greep me bij de keel en de tranen sprongen me in de ogen. Ik schoot overeind en rende om een paar bosjes heen om bij de rivier te kijken. Toen ik haar daar ook niet zag, voelde ik me opeens zielsalleen. Als een kind dat haar moeder kwijt was. Ik rende naar een hoger uitkijkpunt en na een minuut lang ingespannen turen zag ik Tamar in de verte aan komen slenteren met een bundeltje wasgoed in haar handen.

Ik schaamde me omdat ik zo in paniek was geraakt, veegde de tranen van mijn gezicht en ging verder met inpakken. Toen ze weer terug was, vroeg ik met een schorre stem: 'Waar was je? Ik kon je nergens vinden.'

Ze keek me aan, zag mijn rode ogen en sloeg haar armen om me heen. 'Ik was daar,' zei ze zacht, terwijl ze mijn rug streelde. Ik huilde geluidloos. 'Gewoon daar.'

Er waaide een zacht briesje door de vallei dat de goudgele pluimen van de graspollen in beweging bracht. Een vlucht ganzen vloog luid gakkend boven ons hoofd. We keken omhoog naar de hemel.

'Zou je Peter een bericht terug willen sturen?' vroeg Tamar na een tijdje.

Ik ging zitten met pen en papier en dacht lang na. Ik probeerde een paar regels uit. Ik kon maar een beperkt aantal tekens kwijt, dus elke letter telde. Uiteindelijk schreef ik:

Liefste
We hebben een wonder nodig.
Dat mijn liefde de goddelijke wind mag zijn
die jou geneest.

Peters bericht betekende het einde van ons leven samen in de wildernis. We hadden op een volledig herstel gehoopt, maar als de arts dialyse nodig vond, zouden we in een echt huis moeten wonen, met een dak, elektriciteit, telefoon en internet. Dan zouden we in een stad moeten wonen, dicht bij een ziekenhuis. Ik was bereid een nier aan hem af te staan als onze bloedgroep en ons weefseltype overeenkwamen. Dan zouden we komende winter al kunnen beginnen met de voorbereidingen voor de transplantatie.

Ik had ontzettend met Peter te doen en het liefst wilde ik de expeditie op dat moment afblazen en teruggaan. In het ergste geval zouden we niet meer zoveel tijd samen hebben. Ik maakte me ook zorgen over mezelf. Ik had al bijna een paniekaanval gehad toen ik Tamar even uit het oog was verloren en vroeg me af of ik de moeilijke periode die voor me lag wel aankon. Ik kon rivieren oversteken, bergen beklimmen en op dieren jagen, maar ik had het gevoel dat ik het zonder Peter niet zou redden.

Mijn allerliefste Peter,
Sinds je bericht moet ik alleen maar huilen. Mijn wereld staat op z'n kop. Mijn vrolijke ik is verdwenen en de tranen zijn nooit ver weg. Ik kan totaal geen enthousiasme meer opbrengen voor de expeditie; ik lijd nog liever honger dan dat ik het leven van een dier neem. De hele expeditie komt me opeens onzinnig voor. Ik ren hier rond in de bergen terwijl jij moet nadenken over dialyse en een niertransplantatie. Ik zou nu bij je moeten zijn. Ik kan niet de juiste woorden vinden om er met Tamar over te praten, en meestal zwijg ik. Ik ben eigenlijk niet goed in het delen van mijn verdriet. Wat moeten we nu doen als je niet beter wordt? Dialyse en een

transplantatie? Ik sta graag een nier aan je af, mijn liefste.

Ik zou willen dat ik nu bij je was. Ik denk voortdurend aan je en ik mis je. Ik mis je zo verschrikkelijk dat het pijn doet.

Miriam

Een week lang liep ik met een donkere wolk boven mijn hoofd en voelde ik me heel verdrietig. Ik zei niet veel en was overal bang voor. Als een zombie beklom ik de ene na de andere bergketen maar al die tijd kon ik alleen maar aan Peter denken. De dag na zijn eerste bericht stuurde hij weer een bericht om te zeggen dat het niet nodig was om de expeditie af te breken, maar het enige dat ik wilde was zijn stem horen. Tamar en ik besloten daarom naar het stadje Twizel te lopen om Peter te bellen en wat bloem en havervlokken in te slaan.

We liepen de vallei in en bereikten na twee dagen lopen een zandpad dat bij een schitterend azuurblauw meer uitkwam. Het was die dag helder weer en we konden de Aoraki/Mount Cook zien liggen, de hoogste berg van Nieuw-Zeeland. Hij zag er spectaculair uit, maar ik voelde er niets bij. Ik voelde alleen maar pijn in mijn hart.

Na uren in de brandende zon over een stoffige weg te hebben gelopen, kregen we een lift van een camper. De bestuurder zette ons in het stadje af, waar ik Peter belde.

'Miriam, luister,' zei hij. 'Misschien doe je dit nooit meer. Ik hoef nog niet meteen aan de dialyse, misschien pas over een paar maanden. En dan kunnen we het over een donortransplantatie hebben. Mijn broer Mark heeft me al een nier aangeboden, en onze vriend Hone ook. Miriam, je bent mijn heldin. Je moet nu niet terugkomen, dit is misschien jouw laatste keer. Maak je nou geen zorgen en geniet.'

Toen ik ophing, voelde ik me meteen een stuk beter. Als dit voorlopig mijn laatste tocht door de bergen zou worden, zou ik ervoor zorgen dat mijn hart gevuld was met de energie van de wildernis. Daar zou ik de komende jaren op moeten teren.

Omdat de Ben Ōhau-bergketen onneembaar was besloten we via het Ōhau-meer weer de wildernis in te trekken. Het Ōhau-meer wordt gevoed door de Hopkins-rivier, die daar een brede vallei heeft uitgesleten met aan weerszijden dichtbeboste berghellingen. We hadden al wekenlang geen bos meer gezien en ik realiseerde me weer hoe belangrijk het was om in de buurt van bomen te zijn. Onder de bomen door lopend voelde ik het verdriet van de afgelopen week van me afvallen. De licht heen en weer zwaaiende takken waren als grote zachte armen boven mijn hoofd en gaven me een veilig gevoel. Ik wist me erdoor beschermd. Bomen zijn ongelooflijk sterk en stabiel; ze weten hoe ze hun lot moeten omarmen. Ik voelde hun kracht in mij overvloeien.

Omdat het zo'n prachtig gebied was besloten we helemaal naar de bovenkant van de vallei te lopen. Op de kaart hadden we gezien dat er aan de voet van de gletsjer in de rotsen een natuurlijke bivakplek was, en het leek ons geweldig om daar de nacht door te brengen.

De rivier was wijdvertakt, en in de lagergelegen delen konden we de smalle stroompjes moeiteloos oversteken, maar naarmate we hoger kwamen veranderde de rivier in een woest kolkende stroom. Zonder duidelijk pad was het een hele opgave om onze weg te vinden. We volgden de rivierbedding, waarbij we over enorme rotsblokken klommen en ons soms omhoog moesten trekken aan overhangende takken om verder te komen. En op sommige plekken moesten we tot onze heupen door het water waden.

Na een paar dagen lopen kwamen we bij de gletsjer aan. Het was een magnifiek gezicht: links van ons lag de bergketen van de Zuidelijke Alpen, de scheidslijn tussen het oostelijke en westelijke deel van Nieuw-Zeeland. We zagen een gestage stroom kleine gele suikerspinwolkjes over de bergkam heen klimmen. Zodra ze aan onze kant waren, losten ze onmiddellijk op. Het was een magisch tafereel.

In het westen van het Zuidereiland valt de meeste neerslag: de wolken worden daar tegen de grote bergketens omhooggestuwd en vallen als regen naar beneden. In de loop der jaren hadden Peter en ik geleerd om aan de oostkant van deze grote bergketens te blijven. Sneeuw en ijs vonden we geen probleem, maar we hadden een gruwelijke hekel aan regen.

Tamar zag de bivakplek als eerste: het was een reusachtig rotsblok dat boven op een paar kleinere rustte, waaronder een soort grot was ontstaan. Andere wandelaars hadden aan de zijkanten wat platte stenen op elkaar gestapeld waardoor je heel beschut zat. We pasten er met zijn tweeën net in. Rond onze schuilplek was de valleibodem bezaaid met grote en kleine rotsblokken. Aan alle kanten werden we omringd door hoog oprijzende rotsformaties met de meest uiteenlopende vormen en patronen. De rotsbodem was door de voortdurende activiteit van de aarde omhooggeduwd en het gesteente was dooraderd met talloze verticale strepen. Iets verderop lag de gletsjer zelf. Er kwam een ijskoude wind vanaf die verhalen met zich meevoerde over hoe de wereld er in de ijstijd uitzag.

Die avond waren we afgepeigerd. We hadden het laatste possumvlees van de dag daarvoor gegeten en hadden sindsdien weinig geluk gehad met jagen. 's Ochtends hadden we als ontbijt een handvol havervlokken gegeten en 's middags hadden we een heleboel rode tōtarabessen geplukt. We hadden nog wat havervlokken en een beetje bloem over, maar wilden die liever bewaren omdat we nog drie weken voor de boeg hadden.

We legden onze spullen in de grot en gingen op jacht, klauterden omhoog over de grote rotsblokken en liepen de heuvel op om een beter zicht te hebben. We zagen wel hazenkeutels liggen – maar geen hazen. Als we niet zo moe waren geweest zouden we verder omhoog zijn geklommen voor een nog beter uitzicht. Maar we hadden gewoon geen energie meer, dus liepen we terug naar onze grot en aten nog wat tōtara- en sneeuwbessen als avondmaaltijd.

Het was een fantastische ervaring om onder een rotsblok te slapen, maar ik bleef toch op mijn hoede: als het begon te regenen zouden we doornat worden. Als er een storm opstak, zouden er stenen op ons kunnen vallen. En in geval van een aardbeving zouden we levend worden begraven. Maar die nacht gebeurde er niets, en de volgende ochtend werden we opgelucht wakker. Nadat we een kop thee hadden gedronken, gingen we weer op jacht. Maar we hadden geen puf om heel ver te lopen en vulden onze maag met sneeuwbessen. Het gekke was dat we totaal geen honger hadden. We waren alleen maar moe. Doorgaans weten de hersenen dat een gebrek aan energie verband houdt met een gebrek aan voedsel, maar de afgelopen weken was ons hongersignaal onderdrukt; we hadden geen energie, maar ook geen honger.

We aten waterige pap met sneeuwbessen, pakten onze rugzak in en vervolgden onze tocht door de vallei. Die avond vonden we een geschikte vlakke plek onder hoge zwarte beuken, met een bed van zachte varens tussen de bomen, en een eindje verderop een riviertje. Een licht briesje, dat klonk als een zoete fluistering, bracht het heldergroene gebladerte in beweging. Het was de perfecte kampeerplek.

Ik pakte mijn geweer en volgde een zijriviertje, op zoek naar wild. Ik zag een haas en sloop dichterbij om een zuiver schot te kunnen plaatsen. Maar tegen de tijd dat ik wilde aanleggen, was hij al verdwenen.

'Zou jij krekels en sprinkhanen willen eten?' vroeg Tamar, toen ik onverrichterzake terugkwam van de jacht.

'Ehm, weet ik eigenlijk niet,' antwoordde ik, terwijl ik de kogels uit het magazijn haalde.

'Zou je ze eten als ik er koekjes van bak?' Ze liet me een zakje krekels en sprinkhanen zien. Ze had er vast heel lang over gedaan om die te verzamelen. Ze leegde het zakje in een bord en we bogen ons eroverheen om eens goed te kijken.

'Hoe maak je die dan klaar?' vroeg ik.

'Ik trek de vleugels eruit en dan bak ik ze. Het is niet moeilijk.'

Ik keek haar verbluft aan. 'Heb je ze dan al eens gegeten?' vroeg ik.

'Nee,' zei ze, 'maar je kunt ze eten en ze schijnen heel voedzaam te zijn.'

Ze roosterde de insecten in de koekenpan, sneed ze in kleine stukjes, vermengde ze met bloem en wat kruiden en zout, maakte koekjes van het deeg en bakte die in de olie. Ze had de kookspullen op het mos uitgespreid: een dunne plastic snijplank, haar grote mes, een kom vol insecten, een bord en een koekenpan. Tamar was helemaal in haar element, en zat in kleermakerszit te snijden en te hakken alsof ze rechtop aan een aanrecht stond. Ze bereidde die sprinkhanen alsof ze het al duizenden keren had gedaan. Ze was echt een geweldige kok.

De koekjes waren klein maar smaakten prima. De insecten hadden een nootachtige smaak, en hoewel we onze maag er niet mee konden vullen, waren we toch trots dat we een nieuwe voedselbron hadden aangeboord.

De dagen daarop trokken we langzaam verder door de vallei en aten onderweg kilo's sneeuwbessen.

'Heb jij honger?' vroeg ik een paar dagen na onze laatste sprinkhanenmaaltijd.

'Nee, niet echt,' antwoordde Tamar.

'Heb je zin om te gaan jagen?'

'Nee, niet echt, ik ben moe. En jij?'

In plaats van op jacht te gaan aten we nog meer sneeuwbessen.

Zonder dat we het merkten, begonnen we snel af te vallen. De afgelopen zes weken hadden we al ons vet verbrand en nu had ons lichaam geen reserves meer. Ons metabolisme had ons voor de gek gehouden: we hadden geen honger meer. Ons gezonde verstand zei ons dat we niet op bessen konden leven als we zulke zware lange tochten door de bergen maakten, maar we konden simpelweg niet de energie opbrengen om te jagen en werden steeds slomer en futlozer. We stopten vaak om uit te rusten, en deden middagdutjes. En elke dag waren we uren bezig om sneeuwbessen te plukken. Maar al die tijd hebben we de voorraad pemmican die Tamar bij zich had niet aangesproken, omdat de situatie gek genoeg nooit bedreigend genoeg leek.

Na een week waarin we welgeteld één gans hadden geschoten en kilo's bessen hadden gegeten, kwamen we twee jagers tegen. We hadden geluk: de mannen hadden net een reebok geschoten en vonden het best als wij het vlees namen. Zij namen de kop met het gewei mee, en één achterbout. Wij namen de hersenen, het hart en de andere achterbout mee. De oude reebok was zo groot dat het meeste vlees achterbleef en zou wegrotten.

De daaropvolgende dagen bereidden we het hertenvlees en aten we zoveel we konden, te beginnen met de hersenen. Op de derde dag maakten we tien grote hamburgers van het vet, het hart en wat bloem, en hielden die apart voor later. Toen we uiteindelijk weer op pad gingen, namen we voor de dagen daarna een pan vol rauw vlees mee en een zak gebraden vlees. Tussen de middag aten we de smakelijke hamburgers, en ik had die van mij al op toen Tamar zei: 'Moet je kijken!' Ze maakte haar hamburger open, die krioelde van de maden. 'Dit is de eerste keer dat ik me onpasselijk voel worden,' zei ze terwijl ze de hamburger weer op het vuur legde.

Het was natuurlijk een smerig gezicht, die maden, maar Peter en ik hadden dat al eerder meegemaakt. 's Zomers zonder koelkast van de jacht te moeten leven was vaak een probleem. Toen we voor het eerst merkten dat er maden in ons vlees zaten maakten we ons grote zorgen, maar na een tijdje bedachten we dat je ze niet proeft en dat ze eigenlijk heel voedzaam zijn.

Na al dat vele vlees eten, begonnen Tamar en ik naar hert te ruiken. Onze huid, ons zweet en onze kleren stonken ernaar, en ik had het gevoel dat we zelf ook in herten veranderden. Zelfs onze stoelgang zag er dierlijk uit – we produceerden stevige, pikzwarte keutels. Het resultaat van enorme hoeveelheden eiwitrijk voedsel.

Door het eten van al dat hertenvlees hadden we weer zoveel energie gekregen dat we klaar waren voor de beklimming van de laatste bergpas: de V-Notch-pas naar de Ahuriri-vallei. Het was een steile en afmattende klim, vooral de laatste honderd meter waren heel zwaar, maar uiteindelijk bereikten we de top. Die dag was het schitterend weer en het omringende landschap zag er puur en ongerept uit. Dit landschap was al duizenden jaren onveranderd gebleven. Het was alsof je er zowel in de toekomst als in het verleden keek. Ik werd zo overweldigd door de schoonheid van dit alles dat de tranen me in de ogen sprongen.

Zes jaar geleden hadden Peter en ik drie maanden in de Ahuriri-vallei doorgebracht, en dat was een fantastische ervaring geweest. Ik herinnerde me alle plekken die we hadden verkend, de meertjes die we boven op de bergen ontdekten, de zware windstormen die we te verduren kregen en de inzichten die we er opdeden. Het waren dierbare herinneringen, maar ik voelde ook een steek van pijn omdat Peter er niet bij was.

Lieve Peter,
Ik schrijf je deze brief vanuit onze geliefde Ahuriri-vallei. De afgelopen negen weken zijn heel extreem geweest. Ik ben rustiger, zit minder in mijn hoofd. Ik hou me niet bezig met de toekomst, want die lijkt op dit moment heel ver weg. Ik haal adem, ik loop, ik jaag. Ik ben heel veel afgevallen waardoor ik me kwetsbaarder voel. Ik heb bijna geen vet meer op mijn lijf om mezelf te beschermen en zonder die bescherming ben ik veel gevoeliger voor alles. Mijn longen voelen elke diepe ademteug frisse lucht, mijn huid voelt elk koel briesje en elke zonnestraal, mijn voeten voelen voortdurend de ondergrond en wijzen me de weg. Ik ben me scherp bewust van die hogere sensitiviteit. Het is alsof er heel veel uienrokken van me zijn afgepeld en dat het licht nu op mijn oerzelf schijnt.

Vandaag heb ik een gans geschoten. Het dier leefde nog toen ik ernaartoe rende en ik moest hem met mijn blote handen de nek omdraaien. Dat was verschrikkelijk en wreed,

maar ik kon alleen maar aan eten denken. We hebben krekels en sprinkhanen gegeten. We hebben maden in het vlees zien krioelen – en het maakte me eigenlijk niets uit. Niets doet er nog toe in het hart van de wildernis. We zitten ver weg van de beschaving; we zijn goed en kwaad ontstegen. Kunstmatige, morele overwegingen en wetten lijken een barrière te vormen tussen mens en natuur. Zonder die wetten ben ik net zo rauw en primitief als alle andere roofdieren in het dierenrijk. Ik heb het gevoel alsof we terug zijn gegaan in de tijd en op een oeroud bewustzijn terugvallen. Vreemd genoeg ervaar ik deze geestestoestand als heel puur en oprecht.
Miriam

Daarboven op de bergpas brachten we een paar heerlijke luie dagen door en liepen daarna de vallei in. Toen we uiteindelijk op een zandpad uitkwamen, hadden we het gevoel dat we weer terug waren in de beschaving. Wandelaars en mountainbikers kwamen recht uit de stad rijden in hun schone fourwheeldrives, in hun schone, naar wasverzachter ruikende kleren. Onze eigen kleren stonken naar houtrook, onze rugzakken zagen er afgeragd uit, op onze geweren zaten bloedvlekken, de leren riemen stonken naar possumvlees en mijn houten wandelstokken glommen van het vet van mijn handen.

We hadden door weer en wind, sneeuw, ijs en in de felle zon gelopen, en we hadden ons gekoesterd in de warmte van een houtvuur. We waren gebruind en gespierd. Onze wangen waren ingevallen, ons gezicht was getaand door de zon waardoor onze ogen nog meer leken te glanzen, en onze neus was verveld. Maar dat alles weerspiegelde wat we de afgelopen tien weken in de wildernis hadden meegemaakt.

We liepen nog een paar dagen over het pad langs de Ahuriri-rivier en vonden 's avonds een beschutte plek tussen de bomen om de tent op te zetten. Voor het eerst zaten we zo ver van de gletsjers vandaan dat het water in de rivier helder was en je tot op de bodem kon kijken. Tamar kreeg eindelijk de kans om een forel in een van de poelen te vangen. We rookten de vis boven een vuurtje en aten die avond voor het laatst samen.

De volgende ochtend werden we vroeg wakker.

'Misschien was dit mijn laatste nacht in de wildernis,' zei ik, terwijl ik een vuurtje aanlegde voor het ontbijt. 'Van nu af aan wonen Peter en ik in een huis. Een huis! Kun je je dat voorstellen?'

Tamar zuchtte hoofdschuddend. 'Wat een wreed einde van een geweldig leven,' zei ze. En toen lachte ze en zei met haar grappige Kiwi-accent, waarmee ze mij ook aan het lachen wist te maken: 'Komt wel goed, mate!'

'Ik weet het niet,' zei ik. 'Ik ben bijna vergeten hoe het is om in een echt huis met elektriciteit te wonen.'

'Mijn vader zegt altijd: "een mens lijdt het meest door het lijden dat hij vreest",' zei Tamar. 'Je kunt niet altijd kiezen hoe het loopt in het leven maar je kunt wel kiezen hoe je ermee omgaat. Ik weet zeker dat jij het geluk zult vinden, waar je ook bent.'

'Als ik het nou niet vind,' zei ik, 'moet jij me helpen zoeken.'

Het moment van afscheid kwam nu dichterbij. Tamar zou naar het Midden-Oosten vliegen om de zeshonderd kilometer lange Jordan Trail te lopen. Ik was de afgelopen weken erg op haar gesteld geraakt en ik kon alleen maar bewondering opbrengen voor het enthousiasme waarmee ze steeds weer andere landen en culturen wilde leren kennen. Haar passie voor voedsel was aanstekelijk. Zij had me veel nieuwe recepten geleerd. Ook kon ik nu langzaam genieten van elke hap die ik nam.

'Je kunt alles leren,' zei ze altijd, en die woorden bleven in mijn hoofd hangen. In al die weken dat we samen waren was haar elegante en verfijnde manier van doen langzaam in mij doorgesijpeld en was haar optimisme op mij overgeslagen. Aan het eind van de reis roken we hetzelfde, spraken we hetzelfde en lachten we hetzelfde. Tamar maakte onverbrekelijk deel van mij uit en ik voelde me verdrietig worden bij de gedachte aan ons afscheid. Maar ik had ook ontdekt waarom het een tijdje duurde voordat ik me voor iemand openstelde. Als mijn hart eenmaal openstond, voelde de scheiding bijna ondraaglijk.

Samen legden we de laatste kilometers af. Het bos maakte plaats voor droge graspollen, de droge graspollen gingen over in weilanden met schapenkudden. Toen hoorden we het lawaai van auto's en vrachtwagens.

'Daar is de weg,' zei Tamar. Ik hoorde de schrik in haar stem. 'Jammer dat ons avontuur achter de rug is. Ik had nog jaren kunnen doorlopen.'

Ik keek naar het asfalt voor ons. Na al die weken in de bergen was het alsof ik voor het eerst in mijn leven een weg zag. Ik was terug op het kaarsrechte, smalle pad dat vroeg of laat tot stille wanhoop leidt.

We liftten naar de oostkust, naar de luchthaven van Christchurch, waar het warm en zomers weer was en de cicades in de bladerrijke bomen zongen. Ik zou naar Peter vliegen op het Noordereiland en Tamar vloog door naar Jordanië.

We omhelsden elkaar en namen afscheid.

'Tot kijk, lieve vriendin,' zei ik. 'Wees sterk, wees voorzichtig, en zorg goed voor je engelenboontje.'

'En voor de engel in mezelf.' Glimlachend omhelsde ze me nog eens. 'Ja, jij ook, lieverd, zorg goed voor de engel in jezelf.'

Ze liep naar de internationale vertrekhal. Bij elke stap leek ze een sprongetje te maken. Het zou iedereen die haar nakeek moeten opvallen dat ze zo sterk was als een tahrgeit, zo fit als een haas en zo wild als een hinde. Ze draaide zich om en zwaaide met beide handen. Ik zwaaide terug en deed met mijn armen een vliegende gans na.

'Vlieg hoog!' riep ik haar na.

Ik zag haar lachen. Ze deed op haar beurt ook een vogel na tot ze om de hoek was verdwenen.

11

Nieuw-Zeeland

Op het randje

Peter zag er breekbaar uit bij ons weerzien in Whanganui. Hij was lusteloos, zijn haar was dunner geworden en hij bewoog heel traag, als een oude man. Hij bracht veel tijd door in bed en op de bank. Soms voelden zijn armen zo zwaar dat hij ze niet eens kon optillen en ze in zijn schoot liet liggen, en hij had zo weinig energie dat zelfs glimlachen hem moeite leek te kosten.

Maar het was heerlijk om hem weer te zien en zijn zachte stem te horen. We gingen met een kop thee in de achtertuin zitten en hij wees op de bloemen, de glanzende rode pepers en de basilicum en de auberginepant die het die zomer zo fantastisch hadden gedaan. Ik realiseerde me hoe ontzettend ik hem de afgelopen tien weken had gemist. Peter bracht een element van rust in mijn bestaan waardoor ik me voortdurend verwonderde over de wereld waarin we leven. Hoewel hij ziek en zwak was, was hij nog steeds heel scherp van geest. Praten met Peter was alsof je op weg ging naar het grote onbekende. Met hem kon ik mysterieuze verten verkennen. Waar geen grenzen bestaan. We spraken over leven en dood, over wetenschap en politiek, over het mensdom en over de essentie van het denken. Telkens als wij zo'n gesprek voerden, sprong er een vonk over: Peter ontstak mijn innerlijke vuur, deed een puur geluksgevoel in mij ontbranden. Ik wist nu dat als ik moest kiezen tussen Peter en de wildernis, ik bij hem wilde blijven. Hij was mijn thuis. Het maakte me niet uit dat we samen geen lange tochten meer konden maken: de volgende onbekende gebieden zouden we met onze geest verkennen.

Een week na mijn terugkeer ging ik met Peter naar de specialist. 'Ik ben Peters echtgenote,' zei ik en ik schudde hem de hand. 'Miriam. Prettig met u kennis te maken.'

De arts keek me lichtelijk verbaasd aan.

Hij ging achter zijn bureau zitten, bladerde door de recentste labuitslagen en keek Peter aan. 'Uit het bloedonderzoek komt naar voren dat uw nieren er niet op vooruit zijn gegaan,' zei hij op zakelijke toon. Hij leek me iemand die liever meteen zei waar het op stond in plaats van omtrekkende bewegingen te maken.

'Hoelang is het nu geleden?' vroeg Peter.

'Bijna vier maanden sinds u uit het ziekenhuis bent ontslagen. De kans dat uw nieren volledig zullen herstellen is nu wel heel klein geworden, vrees ik. Minder dan drie procent.'

We hadden dit al verwacht, maar toch kwam het hard bij me aan.

Het bleef even stil. Ik keek de arts aan en zag zijn droevige ogen. Hij leek moe, moe om altijd maar de boodschapper van slecht nieuws te moeten zijn.

'We bepalen uw nierfunctie met de zogeheten glomerulaire filtratiesnelheid. Als die langere tijd onder de vijftien blijft, beginnen we over dialyse te praten.' Hij leek zijn patiënten te willen troosten met medische termen.

'En hoeveel is die van mij nu?' vroeg Peter.

De arts sloeg een paar bladzijden om. 'Twaalf. Het belangrijkste neveneffect van nierfalen is een te hoge bloeddruk, die weer nadelig is voor de nierfunctie. Daar zal ik u een medicijn voor geven omdat een hoge bloeddruk heel gevaarlijk is. En ik raad u aan een informatiebijeenkomst bij te wonen om te horen hoe een dialyse in zijn werk gaat.'

Vijf dagen later reed Peter ons naar die bijeenkomst. Door zijn ziekte kon hij zich vreemd genoeg niet meer goed oriënteren. Whanganui is maar een klein stadje, maar hij raakte in de war en reed de verkeerde kant op, waardoor we veel te laat waren voor de bijeenkomst. 'Sorry dat we te laat zijn,' zei Peter. 'We waren de weg kwijt.'

De weg kwijt, dat klopt, dacht ik.

De bijeenkomst vond plaats in een kleine ruimte waar twintig mensen achter tafels zaten die in een U-vorm waren opgesteld.

'De reden waarom u hier zit, dames en heren,' zei de arts, 'is dat uw specialist denkt dat u binnenkort aan de dialyse moet.'

Hij startte een diapresentatie en legde uit hoe een hemodialyse in zijn werk ging. Daarna kwam een vrouw van een jaar of vijftig naar voren om over haar ervaringen te vertellen. Ze wees op de fistels op haar arm. Haar huid zag daar bont en blauw. Ik staarde naar iets wat leek op een luciferdoosje onder haar huid. Ik had nog nooit zoiets engs gezien. Dat doosje was de plek waar de naalden om de dag ingingen om haar bloed te filteren.

'Die dagen in het ziekenhuis zijn verschrikkelijk,' vertelde ze. 'Je bent er de hele dag mee bezig. Ik moet eerst een uur rijden om hier te komen, dan wachten tot er een stoel vrijkomt, en daarna word ik vijf uur lang op de machine aangesloten. Al met al duurt het acht uur, en aan het eind van de dag ben ik doodop. Maar de dag daarna is fantastisch,' voegde ze er glimlachend aan toe.

Ik keek Peter aan en trok schele ogen.

'De meeste gevallen van nierfalen hier in Nieuw-Zeeland worden veroorzaakt door diabetes,' zei de arts. 'Omdat het aantal diabetici schrikbarend stijgt, raken de ziekenhuizen overbelast en is er niet genoeg dialyseapparatuur beschikbaar. Daarom propageert de overheid de thuisdialyse. Dat heet peritoneale dialyse of buikspoeling. Vijf keer per dag een uur lang spoelen aan een machine. Of elke nacht, de hele nacht.'

'Dat lukt ons wel!' fluisterde ik tegen Peter. Vijf keer per dag een uur lang spoelen kostte net zoveel tijd als brandhout zoeken, in de regen een vuur aanleggen of je kleren wassen in een ijskoude rivier.

'Al deze behandelingen brengen ook de nodige complicaties met zich mee,' zei de arts. 'U hebt altijd te kampen met bijwerkingen, zoals buikvliesontsteking, bloedproppen, infecties, aneurysma's of een bloedende fistel. Daarnaast heeft u ook medicijnen nodig en antibiotica, en soms moet u zelfs geopereerd worden. Als uw fistel thuis begint te bloeden moet u onmiddellijk een ambulance bellen.'

'Een niertransplantatie is absoluut de beste optie,' zei een verpleegkundige. 'U kunt zich beter zo snel mogelijk op een wachtlijst laten plaatsen.'

Ik glimlachte Peter bemoedigend toe.

'Tenzij de nier wordt afgestoten,' vervolgde ze, 'gaat een transplantatie vijftien tot twintig jaar mee. De bloedgroep en het weefseltype van de donor en de ontvanger moeten overeenkomen. Na de operatie kan de ontvanger een vrijwel normaal leven leiden en kan de donor ook bijna hetzelfde leven leiden als daarvoor.'

Bijna? Dat klonk niet veelbelovend.

'Na een niertransplantatie moet u wel immunosuppressiva nemen om afstoting te voorkomen,' zei de arts. 'Dat houdt in dat u weinig weerstand hebt tegen griep of bacteriële infecties. Daar komt nog eens bij dat als er zich één kankercel in uw lichaam ontwikkelt, deze vrij spel heeft. Dat geldt vooral voor basocellulaire carcinomen en melanomen.'

Peter had door de jaren heen met heel wat huidproblemen gekampt vanwege de felle Nieuw-Zeelandse zon. 'Stel je voor dat ik een nier van jou krijg,' fluisterde hij, 'en dat ik zes maanden later huidkanker krijg! Dan ben je mij kwijt én je nier!'

'Kun je niet gewoon voor altijd met dialyse leven?' vroeg een vrouw naast me.

'Niemand leeft voor altijd,' antwoordde de arts bloedserieus, 'maar gemiddeld leven mensen vijf jaar met dialyse.'

'Als je gedialyseerd moet worden maar ervoor kiest om dat niet te doen, hoeveel tijd heb je dan nog?' vroeg Peter.

'Dat varieert enorm,' zei de arts, 'maar de kans dat de nieren zich vanzelf herstellen is minder dan drie procent. Als u iedere behandeling weigert hebt u nog tussen de zes maanden en vijf jaar. Mensen die al in de negentig zijn willen soms niet behandeld worden.'

Iedereen keek naar de oude man in de hoek. Zijn vrouw zat naast hem. Hij staarde naar de vloer.

'Dat ga ik niet doen,' zei Peter terwijl we langzaam terugliepen naar de auto. 'Dat weiger ik,' zei hij. 'Dat wil ik niet. Ik wil niet afhankelijk worden van machines.' Hij schudde zijn hoofd. 'Nee, geen sprake van.'

'Maar...' Mijn keel zat dicht en ik kon niet zeggen: maar dan ga je dood.

Hij draaide zich om en legde zijn hand zacht op mijn wang. 'Niet na het leven dat wij hebben geleid, mijn liefste.'

Hij stapte langzaam in de auto en voor hij startte bleef hij even gebogen over het stuur zitten. Hij was doodmoe van de bijeenkomst. Het viel me weer op hoe bleek hij zag. Het was alsof hij zich al had neergelegd bij een leven in de schaduw. Alsof hij was weggerukt uit de warme zon die hem iedere dag zoveel levensgeluk had gegeven.

Hij startte de motor en reed het terrein af in de richting van de snelweg. Onderweg kwamen we langs keurige kleine huisjes met al even keurige gemaaide gazonnetjes.

'Stel je voor dat je in zo'n burgermanshuis moet wonen,' zei Peter, 'om veilig dicht in de buurt van een ziekenhuis te zitten. Stel je voor dat je om de dag naar de stad moet rijden voor een behandeling. Ik moet er niet aan denken. Ik zou eerder doodgaan van depressiviteit dan dat ik zou sterven door nierfalen.'

Er stonden bomen langs de weg, maar de kronen waren eruit gehaald omdat ze de elektrische leidingen erboven anders zouden raken. 'Waarom hebben ze die bomen niet aan de andere kant van de weg gezet! Of de leidingen aan de andere kant?' zei Peter.

'De andere mogelijkheid was thuisdialyse,' zei ik, en zocht in mijn aantekeningen naar het juiste woord. 'Peritoneale dialyse. Dat klinkt goed.'

'Vijf keer per dag aan zo'n machine gekoppeld worden? Of een hele nacht? Zodat ik nooit meer echt goed kan slapen? Dat klinkt mij als pure gruwel in de oren. Nee, dat doe ik niet. Ik ga nog liever dood dan aan een machine geketend te zitten.'

'We kunnen ook niet voor dialyse kiezen en dan krijg je mijn nier,' zei ik. 'En als we niet matchen laat je jezelf op een wachtlijst zetten.'

'Herinner je je nog wat hij zei over die medicijnen die je afweersysteem onderdrukken? Ik kan kiezen tussen doodgaan aan huidkanker en doodgaan aan nierfalen. Dan kies ik voor doodgaan aan nierfalen want met kanker kan je op een hele nare manier dood gaan.'

We wachtten voor een zebrapad. Rechts was het park waar we elke dag gingen wandelen. Ik keek naar het meertje en zag drie zwanen. Een ervan was zwart. Ze gleden moeiteloos door het water.

'Als jij een seconde lang zou kunnen ervaren hoe het is om in mijn lichaam te zitten,' zei Peter, 'dan zou je snappen hoe weinig kwaliteit van leven ik op dit moment heb. Constant misselijk, constant een smaak van kippenstront in mijn mond, en geen energie om meer dan honderd meter af te leggen. Ik heb ontzettende maagpijn vanwege die medicijnen tegen hoge bloeddruk. Zo leven is waardeloos. Moet je kijken: mijn haar valt uit, dat kan toch geen goed teken zijn!' Hij trok aan zijn haar en er kwam een hele pluk los, die hij uit het raam gooide. 'De afgelopen maanden waren een hel. Zo wil ik niet leven.'

'Als mijn nieren niet meer werkten zou ik voor dialyse kiezen,' zei ik toen we weer verder reden, 'en leren hoe ik daarmee om kan gaan. Ze zeggen dat je meer energie hebt als je aan de dialyse gaat omdat die machine de giftige stoffen uit je lichaam haalt.'

'Als ik net zo oud was als jij zou ik het ook doen, maar ik heb een goed leven gehad. Sinds ik die nacht in het ziekenhuis de dood eraan voelde komen, weet ik dat het niet iets is om bang voor te zijn. Ik wil niet koste wat kost blijven leven. Het leven is geen gevangenis, weet je,' zei hij. 'We zouden de kans moeten hebben om elk moment, om wat voor reden dan ook, eruit te stappen.'

'Ja,' zei ik zacht, en ik raakte zijn hand aan.

'Ik wil jou niet tot last zijn,' zei Peter. 'Stel je voor dat je dan in een stad moet wonen en mij elke dag naar het ziekenhuis moet rijden. Dat zou ik je nooit aan willen doen.'

'Je moet geen medische behandeling weigeren omdat dat betekent dat ik dan voor je moet zorgen!' Ik voelde paniek opkomen. 'Ik zorg liever de rest van mijn leven voor je dan dat ik je kwijtraak!'

We reden naar huis en voelden ons ellendig. Onze vriend Nick probeerde Peter er ook van te overtuigen om aan de dialyse te gaan en een transplantatie te overwegen. Maar vergeefs.

Nu Peter had besloten dat hij niet behandeld wilde worden, moest ik aanvaarden dat er een reële kans bestond dat hij zou overlijden. Ik had geen enkele ervaring met stervende mensen. Mijn grootouders waren al lang geleden overleden en ik had nog nooit de dood van een dierbare meegemaakt. Maar in al die jaren in de wildernis had ik wel geleerd dat zelfs bij een strakblauwe hemel het weer zomaar kon omslaan. In de bergen kan je elk moment worden overvallen door regen, sneeuw en ijs. Daar moest je te allen tijde op voorbereid zijn. Nu ik wist dat het verdriet eraan zou komen, vroeg ik me af hoe ik mezelf daarop kon voorbereiden.

Ik praatte daarover met onze vriendin Celine, die als kankerspecialist vrijwel elke dag met terminaal zieke patiënten te maken kreeg.

'Ja, het is alsof je je voorbereidt op een expeditie,' zei ze. 'Sommige dingen zul je nooit weten, maar andere dingen kun je plannen. Hoe beter je bent voorbereid, hoe beter je hier doorheen komt. Je moet praktische dingen regelen zoals zijn laatste wil, maar ook nadenken over bij wie je emotionele steun kunt vinden en waar je wilt wonen als je straks alleen bent.'

Ik nam haar advies ter harte en begon minutieus na te denken over alles. Op de momenten dat ik me kalm voelde en vertrouwen in mezelf had was ik wel nieuwsgierig naar hoe ik hiermee om zou gaan. Stond ik sterk genoeg in mijn schoenen wanneer het serieus begon te waaien en de winden verandering met zich meebrachten? Op andere momenten werd ik overmand door verdriet. Maar ik hoorde altijd dat stemmetje in mijn achterhoofd dat me eraan herinnerde om in het heden te blijven leven. Want als hij eenmaal overleden was kon ik de klok niet meer terugdraaien.

Ik wilde deze laatste maanden heel zorgvuldig met hem omgaan, nadenken bij elke stap die ik zette, hem alles zeggen wat ertoe deed. Elke stap, elk woord en elk gebaar zou mijn volledige aandacht hebben. Ik kon me geen fouten veroorloven want misschien kwam er geen morgen om sorry te zeggen.

Als hij nog maar een paar maanden of op zijn hoogst een paar jaar had, wilden we op de mooiste plek wonen die we maar konden vinden. Voor het eerst in negen jaar zouden we een echt huis huren. Voor het eerst zouden we elektriciteit hebben, een warme douche, wifi, slaapkamers, een keuken, een kachel, en een zonnige tuin met tuinstoelen, zodat Peter het zo comfortabel mogelijk zou hebben.

In april vonden we in het dorpje Mārahau een gemeubileerde huurwoning in de heuvels, met uitzicht op zee. Het huis keek uit op het beroemde Abel Tasman National Park en lag maar twee kilometer van een schitterend strand. We prezen ons gelukkig: het was een plek waarvan velen alleen maar konden dromen.

Het was een lange rit, en toen we eindelijk aankwamen was Peter doodmoe. Hij ging op de bank zitten terwijl ik onze tassen uitpakte en de waterkoker aanzette.

We dronken onze thee uitkijkend op de dichtbeboste heuvels en de zee, met vlak voor de kust een eilandje.

De volgende ochtend vroeg begon ik ons verhaal te schrijven op onze nieuwe laptop, en hield ondertussen een oogje op Peter.

De afgelopen week was hij gestopt met zijn medicijnen tegen hoge bloeddruk. Hij riskeerde liever een beroerte of een hartaanval dan de rest van zijn leven last te blijven hebben van de bijwerkingen. Peter liep langs de rand van de afgrond en kon er elk moment in vallen. Hij had de grenzen altijd al opgezocht, maar deze keer was hij zo zwak dat het zomaar voorbij kon zijn.

Als hij om halftien 's ochtends nog in zijn bed lag begon ik me al zorgen te maken. Was hij die nacht gestorven? Moest ik gaan kijken? Ik had een lijst met alarmnummers aan de muur voor het geval hem iets overkwam. En elke dag was ik weer opgelucht wanneer hij naar beneden kwam.

Ik had het leven lief, en alles wat het leven met zich meebrengt, en ik leerde de dood te aanvaarden, want het besef dat ik Peter kwijt zou raken had ons leven samen veel intenser gemaakt. Een enkel moment met hem voelde als een eeuwigheid. De dood rekte de tijd. Het aantal dagen en weken telde niet meer. Telkens als ik er even niet aan dacht hoe enorm verknocht ik aan hem was en mijn verdriet vergat, gunde de dood ons een moment van respijt.

Ik voelde me gezond en fit, maar Peter had het heel zwaar. Voor hem was het een lijdensweg. Hij klaagde vaak over de smerige smaak in zijn mond, de misselijkheid, het gebrek aan energie. Het enige waar hij van genoot, was slapen: in zijn dromen had hij volop energie en liep hij de hele wereld over.

De dagen werden korter, de nachten kouder. We staken de kachel aan en hadden het heerlijk warm. De weken gleden voorbij. Bijna elke dag maakten we een wandeling langs de treurwilgen en de magnoliaboom. Langs de hoge populieren waarvan de bladeren langzaam vergeelden. Ze fladderden in de wind als duizend vlinders die weg willen vliegen maar zich nog niet helemaal los kunnen rukken. Onderweg plukten we vijgen en *feijoa's*, klopten de paarden op hun schoften en voerden gesprekken met de schapen. Na een halfuur lopen kwamen we bij het strand en gingen daar op een boomstam zitten.

'Het is vreemd dat iedereen het proces van sterven moet doormaken,' zei Peter op een dag in juni, 'maar dat de meeste mensen denken dat hen dat nooit zal overkomen. Merkwaardig. Denk jij weleens aan je eigen dood?'

'Ik? Nee, niet echt. Meestal denk ik aan jouw dood, niet aan die van mij.'

We keken naar de spiegelgladde zee die als een zijden lap in de wind bewoog.

'Het belangrijkste wat ik van deze ziekte heb geleerd, is dat het lichaam de baas is,' zei hij. 'Ik heb altijd gedacht dat de geest onafhankelijk van het lichaam functioneert, dat de geest het fysieke kan beïnvloeden en zelfs kan overheersen. Ik realiseer me nu pas dat het er niet toe doet wat ik denk. Waar het om gaat is dat je naar je lichaam moet luisteren. Het lichaam geeft aan wanneer ik moet rusten of slapen, wanneer en wat ik moet eten, en als mijn lichaam niet in orde is, ben ik op weg naar de uitgang.'

We wandelden langzaam terug langs de rivier.

'Zie je die wilg daar?' Peter wees naar de bomen langs de oever. 'Als ik een tak afbreek, wat gebeurt er dan?'

Ik lachte; ik wist wat hij ging zeggen. Ik had hetzelfde gezien toen hij in Australië in het ziekenhuis lag. 'Dan heelt hij zichzelf.'

'Ja,' zei hij. 'Alles wat leeft heelt zichzelf voortdurend. De wil om te leven zit diep verankerd in alles wat leeft. Misschien kan mijn lichaam zichzelf ook helen,' vervolgde hij. 'Misschien heb ik gewoon meer tijd nodig. Nieren schijnen zich uiterst langzaam te herstellen. De artsen in Nieuw-Zeeland waren pessimistisch, maar zij zien vooral suikerpatiënten. In Australië hebben ze vaker te maken met mensen die in de woestijn zijn uitgedroogd, zoals ik. Herinner je je die arts in Townsville nog die zei dat het wel anderhalf jaar kan duren voordat ik weer helemaal genezen ben? Mijn nieren zijn nog niet begonnen met het herstelproces, maar dat kan nog komen.'

Ik keek Peter van opzij aan en zag dat zijn ogen iets helderder stonden dan anders.

Onze hoop op volledig herstel nam toe. In de maanden daarna verdween de angst dat Peter elk moment kon sterven langzaam maar zeker naar de achtergrond. Omdat we weer hoop koesterden, leefden we niet langer in het heden. De hoop maakte dat we naar de toekomst keken en plannen gingen maken.

Peter had een thuis nodig, een plek waar hij snel toegang had tot medische zorg. Lange reizen maken zat er niet meer in – zelfs de twintig minuten durende rit naar de dichtstbijzijnde stad putte hem al te veel uit. Van Bulgarije en ons huisje in Miliva konden we alleen maar dromen. We overwogen om een stukje land in de buurt van Mārahau te kopen en ons daar permanent te vestigen.

Dus ging ik naar de stad en liep daar de tweedehandswinkels af, op zoek naar theepotten, leuke kommen en andere keukenspullen, en ik vond een paar wandtapijten voor in ons toekomstige huis. Ik kocht loopschoenen en rende elke dag tien kilometer om in conditie te blijven. Ik verloor lichaamskracht doordat ik niet meer in de wildernis leefde, dus kocht ik een paar halters zodat ik op regenachtige dagen gewichten kon heffen. Mijn lichaam was stijf en stram geworden van het zitten op stoelen en het slapen op zachte matrassen en ik kocht een yogamatje om oefeningen op te doen. Mijn lichaam voelde nu ook minder schoon en ik kocht biologische producten om zo min mogelijk gifstoffen binnen te krijgen. Mijn geest was rusteloos en ik deed iedere dag meditatieoefeningen. Geleidelijk aan vulden mijn dagen zich met een hele reeks activiteiten om gezond van lichaam en geest te blijven – iets waar ik me in de wildernis nooit om had bekommerd.

Toen de eerste nieuwigheid er vanaf was, begon ik ons comfortabele huisje als een gevangenis te ervaren. Ik voelde me klemzitten in een kunstmatige werkelijkheid. De afgelopen tien jaar hadden we nooit langer dan een paar weken in een echt huis gezeten, en in die perioden was ik altijd bezig geweest met de voorbereidingen voor de volgende tocht. Ik was vergeten hoe het was om in een huis te leven. Ik stond ervan versteld hoeveel tijd ik kwijt was in de keuken en had het gevoel dat ik uren bezig was met koken, schoonmaken, afwassen, schoonmaken en koken. En nog meer afwassen. Het leven in de wildernis was zoveel eenvoudiger met een koekenpan waar we uit aten en een lepel.

Onze vriendin Celine gaf me haar oude telefoon. Sinds ik de mijne veertien jaar geleden in India had weggegooid wilde ik nooit meer een telefoon hebben, maar nu hadden we er een nodig om in geval van nood de hulpdiensten te kunnen bellen. In het begin vergat ik altijd waar ik hem had neergelegd, maar langzamerhand begon ik eraan te wennen. Hoe meer ik met anderen communiceerde, hoe belangrijker de telefoon werd, en hoe meer de telefoon een rol ging spelen in mijn dagelijkse leven, hoe rustelozer ik werd. Sinds die telefoon er was leek het leven veel sneller te gaan, en het voelde alsof de rest van de wereld nu naar ons toekwam. We werden gebeld door journalisten en tv-ploegen, die wilden weten hoe het ons was vergaan sinds de publicatie van mijn boek in 2017. Ze wilden allemaal een programma maken over het product *Mijn leven in de wildernis*, over de vrouw die nu in een huis woonde en verhalen vertelde over de goede oude tijd in de wildernis, en langzaam begon te wennen aan een normaal leven.

Ik was iemand geworden die ik nooit had willen worden: iemand die uren in de keuken stond, die voortdurend op haar telefoon keek, iemand die in de spiegel staarde en zich afvroeg of ze er wel goed uitzag, iemand die in het park ging joggen met oortelefoontjes in, iemand die het grootste gedeelte van de dag achter een laptop zat en turend naar het scherm gedachteloos haar eten naar binnen werkte terwijl haar man zijn eigen film streamde.

De gedachte dat mijn leven er de komende jaren zo uit zou zien, stemde me behoorlijk somber. Het huis was heerlijk; we woonden er geweldig en we hadden er prachtige dingen in staan, maar niets van dat alles *leefde*. De muren vormden een barrière tussen mij en de buitenwereld. Ik kon de wind niet ruiken, de rivier niet horen. Ik kon de levende wereld niet voelen.

Op een dag zaten we op onze boomstam aan het strand. De middagzon glinsterde op het water, de golfjes klotsten zachtjes tegen het goudgele zand en een groepje scholeksters stond in het water rustig om zich heen te kijken.

'Ik heb het gevoel alsof het wonen in een huis me vanbinnen doet verschrompelen,' zei ik, terwijl ik met een stok patronen in het zand tekende. 'Dit is een mooie plek, maar ik word treurig van het wonen in een menselijke omgeving. Ik weet niet waarom.'

'Dat geldt voor mij ook,' zei Peter. 'Alsof ik langzaam uitdroog als een mossel die op het strand is aangespoeld.'

'Als een mossel op het strand?' herhaalde ik lachend. 'Ja, dat is een mooi beeld.'

'Je maakt anders wel een opgewekte en gelukkige indruk,' zei Peter.

'Meestal ben ik ook gelukkig,' antwoordde ik. 'Maar ik geloof dat gelukkig zijn niet het ultieme doel is in het leven. Ik ben gelukkig als ik bij jou ben, als ik goed geslapen heb, als ik genoeg eet en als er geen ruzie is. Een blije hond kwispelt, maar een blij huisdier is iets totaal anders dan een wilde wolf in de bergen. Nee, ik geloof niet dat gelukkig zijn mijn ultieme levensdoel is. Er is meer in het leven dan slechts geluk. Ik wil het gevoel hebben dat ik leef, ik wil de intensiteit, de rauwheid van het leven voelen. Ik wil klaarheid en ik wil een machtig innerlijk vuur voelen branden waardoor ik angst en gevaar durf te trotseren. En de veiligheid van een huis neemt die intensiteit weg. Misschien doen we er toch niet goed aan om een huis te kopen. In het begin vinden we het spannend en gaan we bomen planten en de tuin inrichten, en zo. Maar na een tijdje begint het als een gevangenis te voelen. Het is niet vergelijkbaar met ons goedkope vakantiehuisje in Bulgarije: je voorgoed settelen in een duur huis in Nieuw-Zeeland is van een heel andere orde.'

'Daar ben ik het natuurlijk mee eens,' zei Peter. 'Ik zou ook veel liever in een tent in de wildernis willen wonen. Maar als ik niet beter word, hebben we geen andere keus. Ik vind het heel erg, mijn liefste. Ik vind het heel erg dat ik jou hierin meesleur.'

Ik sloeg mijn armen om hem heen en we bleven daar zwijgend zitten. Een zeemeeuw kreeg ons in de gaten en voerde een duikvlucht uit om te zien of we iets voor hem te eten hadden.

Hoewel Peter een paar kilo was aangekomen en zijn haar niet meer uitviel, had hij nog steeds heel weinig energie. Als het op onze wandelingen ook maar even heuvelopwaarts ging, raakte hij al buiten adem en liep zijn hartslag verontrustend snel op. Telkens als ik hem zo zwaar hoorde ademhalen, was ik bang dat hij een hartaanval zou krijgen.

Peter volgde het nieuws en keek films, en probeerde zo weinig mogelijk over chronisch nierfalen te lezen, want dat stemde hem alleen maar treurig. We bleven positief en gingen door met plannenmaken. We bleven onszelf voorhouden dat hij beter zou worden maar wisten ook dat die kans heel klein was.

Vier maanden later kregen we een brief van de huisarts met een verslag van de specialist, dat slecht nieuws bevatte. In de brief stond dat Peter aan chronisch nierfalen leed en zo snel mogelijk contact moest opnemen met de specialist om met dialyse te beginnen. Het was een harde klap voor ons om dit zwart op wit te zien. Tussen de regels door lazen we dat als hij iedere medische behandeling weigerde, hij niet lang meer te leven zou hebben.

'Misschien is dit het wel,' zei Peter met tranen in zijn ogen. 'Misschien ga ik binnenkort dood. Of erger, blijf ik jarenlang zo door sukkelen. Hoe moet het dan met jou? Ik wil je niet tegenhouden. Jij moet een avontuurlijk leven kunnen leiden – in de wildernis. Niet het leven van een bejaarde in een huis. Voor zieke mensen is het fantastisch dat we zoiets als een beschaving hebben en een hoogstaande technologie, maar als je jong en sterk bent maken ze je ziel kapot.'

Ik keek hem aan met pijn in mijn hart. 'Maak je over mij geen zorgen. Ik wil alleen maar bij jou zijn, dat is voor mij het belangrijkste in mijn leven,' zei ik en ik klemde me aan hem vast als een possumjong aan zijn moeder. Ik wilde hem stevig vasthouden. Voor altijd.

Peter en ik hadden het er nooit over hoe ik zou verder leven als hij zou overlijden, maar ik dacht er soms wel over na. Waar zou ik naartoe gaan? Zou ik het gezelschap van andere mensen zoeken? Teruggaan naar Bulgarije en daar in mijn eentje in ons huisje zitten? In Nieuw-Zeeland in een huis gaan wonen of een kamer huren en een baan zoeken om dat allemaal te betalen? Het was een beangstigende en onwerkelijke gedachte.

Mijn thuis was bij Peter. Wanneer hij zou overlijden zou ik me niet thuis voelen tussen vier muren. Ik hoorde thuis in de wildernis, waar ik intens kon leven, waar het bos groeide, waar de rivieren stroomden en waar de wind vrij spel had. Maar zou ik de eenzaamheid aankunnen, het gemis aan menselijk contact en zou ik de ongebreidelde kracht van de natuur kunnen weerstaan? Had ik genoeg geleerd om in m'n eentje te overleven? Dat wilde ik uitzoeken.

Toen de eerste voorboden van het voorjaar zich aandienden met lelies langs de kant van de weg en bloesems in de bomen, besloot ik een tijdje in het Kahurangi National Park door te brengen. Ik wilde niet veel meenemen – een kilo bloem en wat zout, en leven van de jacht. Ik wist dat het zwaar zou worden, maar ik was het comfortabele leven beu. Ik wilde weer rondzwerven, op de grond slapen, mijn lijf voelen, hongerig en moe zijn. Ik wilde mijn grenzen opzoeken en voeling krijgen met de natuur, de werkelijkheid.

Peter verzekerde me dat hij makkelijk tien dagen alleen kon zijn. Ik kreeg een lift van iemand en liep daarna met mijn rugzak en geweer het Kahurangi-park in. Daar volgde ik het pad naar een uitkijkpunt. Ik ging op een omgevallen boom zitten en keek naar de blauwgroene rivier onder me. Het was een prachtig gezicht en op dat moment miste ik Peter ontzettend. Zou het niet fantastisch zijn als hij hier naast mij kon staan, al was het maar één keer? Ik zat daar met tranen in mijn ogen, tot ik dacht: ik ga leren hoe het is om alleen te zijn, en ik zie wel wat er gebeurt.

Ik keek om me heen en zag een jong, recht mānukaboompje. Met mijn zakmes zaagde ik een nieuwe wandelstok af, want mijn oude wandelstokken had ik na de expeditie weggegooid. Ik had het warm en zweette toen ik mijn rugzak weer op de schouders hees. Ik ritste het zijvakje open om een haarelastiekje te zoeken, en vond mijn talisman: het engelenboontje. Ik was het helemaal vergeten. Engelen komen uit de hemel, zeggen ze. De hemel is de plek waar overledenen naartoe gaan. De dood beschermt dus in wezen het leven, concludeerde ik met een glimlach.

Op lagergelegen hellingen was de begroeiing weelderig en dicht, als in een jungle. De lianen van de *supplejack* vormden een bijna ondoordringbaar web, en alleen de inheemse boskip, de weka, kon zich er een weg doorheen banen. Ik volgde het pad. Telkens als ik even stopte was het stil om mij heen: er klonken geen voetstappen of stemmen. Het voelde onwennig maar ook heel bijzonder om hier in mijn eentje te lopen. Twee dagen lang volgde ik het pad door de bergen, en toen het landschap opener werd verliet ik het pad en klom ik verder omhoog over de grote keien van een rivier. Er was geen pad, geen hut en geen spoor van mensen. Hier moest ik mijn eigen weg vinden.

Onder een grote boom vond ik een kleine, met gras begroeide open plek voor de tent. De daaropvolgende dagen verkende ik in alle rust deze verlaten vallei, die zo vol leven zat, zo ongelooflijk mooi en wild was dat ik me geen moment eenzaam voelde. 's Ochtends werd ik wakker van het heerlijke ochtendconcert van de klokvogels. In de schemering zat ik urenlang onder een struik verscholen naar open plekken te turen, op zoek naar herten of geiten. Toen ik eindelijk een jonge geit had geschoten, maakte ik hem klaar boven het vuur en at het vlees. Ik voelde me sterk worden door het eten van vlees. Het voelde volstrekt natuurlijk om zo te leven. De dieren en ik leefden daar samen, en we zwierven daar allemaal rond, op zoek naar eten en een plek om te rusten.

Op een avond keek ik naar de dansende lichtjes boven een

bed van gloeiende kooltjes terwijl het om mij heen langzaam donkerder werd. In de verte hoorde ik de roep van de boeboekuil, die beantwoord werd door een andere uil vlakbij. In de absolute stilte die daarop volgde, besefte ik opeens dat ik geen doel had, geen plan, en dat ik precies om die reden in een soort bewustzijnstoestand kwam te verkeren waarin er geen tijdsbesef meer bestond. Ik had het gevoel dat het verleden en de toekomst waren opgelost en ik in het natuurlijke ritme was gestapt. Het ritme van de bomen, planten en wilde dieren. En er kwam een gevoel van diepe rust over me heen.

Ik besefte opeens dat ik de afgelopen maanden een slaaf van de klok en van mijn agenda was geweest. Ik was bezig geweest een toekomst te plannen die gebaseerd was op het verleden. Ik had mezelf geïdentificeerd met het verleden, en de tijd – *chronos* – was deel van mijzelf geworden. Ik besefte dat als ik in dat bewustzijn wilde leven waar de tijd niet bestond, ik de technologie en alle zekerheden achter me moest laten en terug moest keren naar de wildernis. Maar dan zonder een reis van A naar B te willen maken, en zonder doel. Het meest simpele zou het moeilijkst worden om in de praktijk te brengen.

Alleen – dat hadden we al eerder gedaan. Ik herinnerde me de dag nog goed dat we de wildernis introkken, negen jaar geleden. Het voelde destijds alsof we het grote Niets in stapten. Alsof de toekomst niet meer bestond. We hadden geen telefoon, we hadden afscheid genomen van familie en vrienden, en lieten het verleden achter ons. Die eerste jaren hadden tijdloos aangevoeld. We sprokkelden hout, maakten wandelingen en ik ging op jacht, maar elke dag bleven er nog heel veel uren over waarin we niks te doen hadden, behalve gewoon te *zijn*. Destijds duurde het weken voordat onze geest tot rust was gekomen, maar die jaren van contemplatie en reflectie hadden ons veel inzichten opgeleverd. Hoe kon ik terugkeren naar die rustige staat van zijn?

'Degene die op een tijger galoppeert, kan niet afstijgen,' zei Peter eens. Zou ik van deze tijger kunnen afstappen? De tijger die 'Tijd' heet? Of zou de tijger me verslinden als ik afstapte?

De dagen daarna, terwijl ik in mijn eentje door de vallei zwierf, moest ik vaak aan Peters woorden denken. Hij had gezegd dat hij liever dood ging dan een onvrij leven te leiden. Nog nooit van mijn leven had ik zoiets moedigs gehoord. Zijn kracht was de laatste maanden beetje voor beetje in mij overgevloeid, en nu had ik het gevoel dat ik hetzelfde kon zeggen. Ik nam me voor om al mijn moed te verzamelen en van de tijger af te stappen, zodat ik weer een vrij leven kon leiden. Ik was van plan om terug te keren naar de stille, tijdloze wildernis: mét Peter als hij beter werd, of zonder hem als hij dood zou gaan.

Toen ik weer terug was, besloot Peter een bloedonderzoek te laten doen. Hij wilde weten of zijn nieren zich herstelden. Zes maanden lang was hij doodsbang geweest voor autoritten, artsen en slecht nieuws. Maar op een ochtend in oktober was hij zover.

De arts bestudeerde zijn dossier, keek bezorgd, mompelde iets over bloeddruk en stuurde ons naar het lab. Met één keer prikken vulden ze daar het ene na het andere buisje met donkerrood bloed. Toen dat achter de rug was, reden we naar huis.

Een week later ging de telefoon.

'De dokter!' zei ik, en voelde meteen paniek opkomen. Mijn hart klopte in mijn keel.

Peter nam de telefoon over. De dokter gaf hem de waarden en de uitslag van het onderzoek.

'En de GFR?' vroeg hij. 'Twintig? Weet u dat zeker, twintig?'

Ik keek hem ongelovig aan. Zijn nierfunctie was van twaalf naar twintig gegaan. Het was een wonder. Na al die maanden van gestage achteruitgang hadden zijn nieren een omslag doorgemaakt en begonnen ze zich te herstellen. De tranen rolden over mijn wangen. Dit overtrof mijn stoutste verwachtingen. Peter bevond zich nu in stadium vier van nierfalen, en niet meer in stadium vijf. Dialyse was nu niet meer nodig. Dit herstel was volgens de doktoren statistisch gezien vrijwel onmogelijk.

Peter hing op en kwam overeind. Totaal overrompeld door dit nieuws.

'Miriam, liefste van me, ik blijf léven!'

'Het is ongelooflijk,' fluisterde ik door mijn tranen heen.

'Ik blijf léven. De goddelijke wind is echt gekomen! Mijn lichaam herstelt zich!'

'Dit is fantastisch,' zei ik, en ik pakte zijn gezicht vast en kuste hem innig.

'We gaan terug naar Bulgarije zodra ik kan vliegen, naar ons kleine huisje in de bergen, en dan zien we alle oude mensen in Miliva terug. En wanneer het winter wordt zoeken we warmere streken op zoals Griekenland, of misschien wel Oman, en in het voorjaar varen we de Zwarte Zee over en reizen we naar Georgië, en wie weet kunnen we een huisje huren in Rusland. We zullen rond blijven trekken zolang het gaat. We zullen weer het ritme van de natuur volgen, en niet de kloktijd. We zullen weer zo vrij als vogels zijn.

Maar voorlopig kan ik nog niet vliegen. Dus eerst trekken we hier de wildernis in.' Hij draaide zich om en keek door het raam naar de bergen. 'Zodra het kan gaan we weer in het bos leven. We zetten de tent op en gaan rustig bij het vuur zitten. Kijken naar een overvliegende kea. Luisteren naar de wind in de boomtoppen, terwijl er een roodborstje op bezoek komt. We gaan weer slapen onder onze opossumdeken, en jij schiet een geit voor het avondeten. Ons haar, onze kleren, ons hele hebben en houwen zal eindelijk weer naar rook ruiken. Als de zon schijnt, maken we een wandelingetje. Niet te ver natuurlijk, want ik ben voorlopig nog te zwak. Maar laten we dat doen. Ons terugtrekken uit deze snelle wereld en terugkeren naar de wildernis. Daar kan mijn lichaam verder herstellen.' Hij raakte mijn arm zachtjes aan. 'Wil jij dat ook?'

Ik lachte en huilde en hield hem een hele tijd stevig vast.

Epiloog

Het duurde nog vijf maanden, maar uiteindelijk was Peter voldoende hersteld om weer aan een leven in de bergen te gaan denken. In februari 2020 begonnen we met de voorbereidingen. We gaven onze huishoudelijke spullen terug aan de tweedehandswinkel. We duikelden onze oude kampeerspullen op, repareerden ons gereedschap en onze uitrusting en kochten genoeg munitie voor een jaar.

In maart, net toen we wilden vertrekken, begon de Covid-19-pandemie zich razendsnel over de wereld te verspreiden. Het land ging op slot en alles werd rustig. Ik had het gevoel dat daarmee een eind kwam aan het tijdperk van overvloed en dat er nieuwe tijden zouden aanbreken.

Omdat Peters nieren zich nog niet volledig hersteld hadden, was het noodzakelijk dat hij in zelfisolatie ging. Hij wilde absoluut niet ziek worden, dus deden we de laatste klusjes, sloegen voor zes maanden eten in en gingen op pad.

We zitten nu in een mysterieuze vallei.

We lieten het dorp en de weg achter ons en volgden een geitenpaadje de bossen in. We klommen hoger en hoger, tot de bomen kleiner werden en we de bergtop bereikten, waar de wind vrij spel had. In de mist en de regen beklommen we de bergpas en daalden aan de andere kant af naar een verborgen vallei.

Daar baanden we ons een weg door het dichte struikgewas, dat door weer en wind bijna ondoordringbaar was geworden. Uiteindelijk zagen we de hoge zwarte beuken, omringd door een tapijt van mos. We volgden de kreek verder naar beneden tot we uitkwamen bij een oude boom die zich in de middagzon koesterde. We zetten de tent op bij het water, sprokkelden wat takken en maakten een vuur.

Toen gingen we zitten.

We hadden een vredige, stille plek gevonden.

Dankbetuiging

Aanvankelijk was ik helemaal niet van plan een tweede boek te schrijven, tot mijn Nieuw-Zeelandse uitgever Allen&Unwin mij aanmoedigde. Het is weer dankzij Jenny Hellen dat dit boek er is. Veel dank aan Maggie Thomson van Allen&Unwin in Sydney, die veel moeite heeft gedaan om mijn boeken in zo veel landen uit te brengen.

Ik wil graag het hele team van Kosmos Uitgevers in Nederland bedanken. In het bijzonder Martine Litjens, Sofie Defraye en Kelly Weerdestijn. Veel dank aan redacteur Jan Wagner en de twee goede vertalers Ernst de Boer en Ankie Klootwijk.

Natuurlijk ben ik Peter erg dankbaar omdat hij me altijd bleef aanmoedigen om door te schrijven en mijn lieve ouders en mijn zus Sofie voor het meelezen.

Ik wil graag alle artsen, het verplegend personeel en maatschappelijk werkers in het ziekenhuis bedanken; zij hebben heel goed voor Peter gezorgd en ook voor mij. Met een lief gebaar en een vriendelijk woord hebben ze me op de been gehouden. En ik ben Astrid en Marc-Peter eeuwig dankbaar voor hun gastvrijheid in hun huis in Cairns.

Het was Nick Maverick die voor Peter zorgde toen ik op expeditie was en die me aanmoedigde om naar de onherbergzame bergen te trekken om daar de kern van alle wijsheid te vinden.

Ik wil graag de buitensportwinkel *Fourseasons* bedanken voor de gesponsorde kampeeruitrusting. In het bijzonder Jeroen Hoveling, die alles zo goed voor ons heeft geregeld bij *Fourseasons*, en later bij *Outdoor Tycoon* en nu *Hike-a-way*.

Dank aan Ben Fogle en zijn televisieploeg voor de uitzending in hun programma *New Lives in the wild*. Met veel plezier kijken we terug op de prachtige documentaire gefilmd in Bulgarije.

En natuurlijk dank aan Floortje Dessing, die in haar programma *Terug naar het einde van de wereld* weer een ontroerende aflevering aan ons wijdde die zoveel mensen heeft aangesproken.

En dank voor de honderden lieve en bemoedigende berichtjes van kijkers in Nederland, die daarop volgden.

En u, dank u wel beste lezer, voor het lezen van dit boek!

Kia kaha, Kia māia, Kia manawanui.
Wees sterk, dapper en standvastig.

www.miriamlancewood.com